Parleremo Languages
Presents

Basic Vocabulary Quizzes
French - Volume 1

Compiled by Erik Zidowecki

For more language learning materials visit
https://www.scriveremo.com

Copyright © 2015. All Rights Reserved

ISBN: 978-1522892830

Published by Scriveremo Publishing, a division of Parleremo Languages.

Welcome to this Vocabulary Quizzes book!

This puzzle book contains 180 quizzes in 12 categories of words:

Airport	**Clothing**	**Hotel**
Animals	**Family**	**Parts of the Body**
Around the House	**Food**	**Restaurant**
Birds	**Fruit**	**Vegetables**

This book is divided into three main sections:

Word lists. These are the words for the different categories, listed in alphabetical order with parts of speech and the closest English translations. Parts of speech are given in []. The words are presented so you know what words are being used for the quizzes.

Quizzes. This section contains the quizzes themselves. For each category, there are 15 quizzes, and each quiz has 24 questions. You must choose the best match for the word given.

Solutions. If you are stumped or want to see if you got the correct answers, this section contains the answers for each quiz.

Note: In some cases , the common word for something may be used instead of the formal word, so as to help provide you with a more natural vocabulary.

We hope you learn some new vocabulary and have fun doing it!

Airport

agence de voyage *[f]* - travel agency

aile *[f]* - wing

aller simple *[m]* - single ticket

aller-retour *[m]* - round trip ticket

allée centrale *[f]* - gangway

altitude *[f]* - altitude

annuler *[v]* - to cancel

arrivée *[f]* - arrival

atterrir *[v]* - to land

avion *[m]* - airplane

aéroport *[m]* - airport

bagage *[m]* - luggage

billet *[m]* - ticket

cabine *[f]* - cabin

carte d'embarquement *[f]* - boarding pass

classe économique *[f]* - economy class

copilote *[m]* - copilot

correspondance *[f]* - connection

destination *[f]* - destination

direct *[adj]* - nonstop

déclarer *[v]* - to declare

décoler *[v]* - to take off

décollage *[m]* - liftoff

défense de fumer *[adj]* - no smoking

départ *[m]* - departure

détecteur de métal *[m]* - metal detector

enregistrement *[m]* - check-in

fenêtre *[f]* - window

fumeur *[adj]* - smoking

gilet de sauvetage *[m]* - life preserver

hangar *[m]* - hangar

hors-taxes *[adv]* - duty-free

hélicoptère *[m]* - helicopter

hélistation *[f]* - helipad

hôstesse de l'air *[f]* - stewardess

hôtesse de l'air *[f]* - air hostess

information *[f]* - information

international *[adj]* - international

non-fumeur *[adj]* - non-smoking

officier *[m]* - officer

oxygène *[m]* - oxygen

passager *[m]* - passenger

passeport *[m]* - passport

pilote *[m]* - pilot

piste *[f]* - runway

place *[f]* - seat

plateau *[m]* - tray

poids *[m]* - weight

porter *[v]* - to carry

première classe *[f]* - first class

roue *[f]* - wheel

réserver *[v]* - to book

sac à dos *[m]* - rucksack

salle d'embarquement *[f]* - gate

s'asseoir *[v]* - to sit down

s'embarquer *[v]* - to board

sortie *[f]* - exit

sécurité *[f]* - security

tard *[adv]* - late

terre *[f]* - land

toilette *[m]* - toilet

turbulance *[f]* - turbulence

tôt *[adv]* - early

urgence *[f]* - emergency

valise *[f]* - suitcase

vendeur de billet *[m]* - ticket agent

vol *[m]* - flight

vol direct *[m]* - direct

vol intérieur *[m]* - domestic

volant *[adj]* - flying

voler *[v]* - to fly

vérifier les sacs *[v]* - to check bags

écouteurs *[mp]* - headphones

équipage *[m]* - crew

Animals

agneau *[m]* - lamb
alligator *[m]* - alligator
animal *[m]* - animal
babouin *[m]* - baboon
baudet *[m]* - donkey
bison *[m]* - buffalo
blaireau *[m]* - badger
castor *[m]* - beaver
cerf *[m]* - deer
chameau *[m]* - camel
chat *[m]* - cat
cheval *[m]* - horse
chien *[m]* - dog
chiot *[m]* - pup
chèvre *[f]* - goat
cochon *[m]* - pig
couguar *[m]* - cougar
crapaud *[m]* - toad
crocodile *[m]* - crocodile
gazelle *[f]* - gazelle
girafe *[f]* - giraffe
gorille *[m]* - gorilla
grenouille *[f]* - frog
guépard *[m]* - cheetah
hippopotame *[m]* - hippopotamus
hyène *[f]* - hyena
jaguar *[m]* - jaguar
kangourou *[m]* - kangaroo
koala *[m]* - koala
lama *[m]* - llama
lapin *[m]* - rabbit

lion *[m]* - lion
loup *[m]* - wolf
lynx *[m]* - bobcat
léopard *[m]* - leopard
mouton *[m]* - sheep
mulet *[m]* - mule
ocelot *[m]* - ocelot
oryctérope du Cap *[m]* - aardvark
ours *[m]* - bear
panda *[m]* - panda
panthère *[f]* - panther
petit chien *[m]* - little dog
porc-épic *[m]* - porcupine
rat *[m]* - rat
renard *[m]* - fox
rhinocéros *[m]* - rhinoceros
serpent *[m]* - snake
singe *[m]* - monkey
souris *[f]* - mouse
tamanoir *[m]* - anteater
tamias rayé *[m]* - chipmunk
tatou *[m]* - armadillo
taureau *[m]* - bull
tigre *[m]* - tiger
tortue *[f]* - tortoise
vache *[f]* - cow
wallaby *[m]* - wallaby
zèbre *[m]* - zebra
écureuil *[m]* - squirrel
éléphant *[m]* - elephant

Around the House

armoire *[f]* - wardrobe

aspirateur *[m]* - hoover

assiette *[f]* - plate

baignoire *[f]* - bath (tub)

balai *[m]* - broom

bibliothèque *[f]* - bookcase

bol *[m]* - bowl

bouilloire *[f]* - kettle

bouteille *[f]* - bottle

boîte *[f]* - box

cafetière *[f]* - coffee pot

canapé *[m]* - couch

cendrier *[m]* - ashtray

chaise *[f]* - chair

clé *[f]* - key

commode *[f]* - dresser

congélateur *[m]* - freezer

couteau *[m]* - knife

couverture *[f]* - blanket

cuillière *[f]* - spoon

cuisine *[f]* - kitchen

cuisinière *[f]* - stove

douche *[f]* - shower

drap *[m]* - sheet

eau *[f]* - water

escalier *[m]* - staircase

fourchette *[f]* - fork

grille-pain *[m]* - toaster

horloge *[f]* - clock

image *[f]* - image

interrupteur *[m]* - switch

lampe *[f]* - lamp

lampe de poche *[f]* - torch

lave-vaisselle *[m]* - dishwasher

lit *[m]* - bed

lit de camp *[m]* - cot

machine à laver *[f]* - washing machine

maison *[f]* - house

marmite *[f]* - pot

meuble *[m]* - furniture

miroir *[m]* - mirror

mixeur *[m]* - blender

mur *[m]* - wall

oreiller *[m]* - pillow

peinture *[f]* - painting

placard *[m]* - cabinet

plafond *[m]* - ceiling

plancher *[m]* - floor

plat *[m]* - dish

porte *[f]* - door

porte-monnaie *[m]* - purse

portefeuille *[m]* - wallet

poste de radio *[m]* - radio

poubelle *[f]* - rubbish can

poêle *[f]* - frying pan

rideau *[m]* - curtain

rideau de douche *[m]* - shower curtain

robinet *[m]* - tap

réfrigérateur *[m]* - refrigerator

réveille-matin *[m]* - alarm clock

sac *[m]* - bag

sac de couchage *[m]* - sleeping bag

sac poubelle *[m]* - rubbish bag

sac à main *[m]* - handbag

salle de bain *[f]* - loo

savon *[m]* - soap

seau *[m]* - pail

serviette *[f]* - napkin

sèche-linge *[m]* - drier

table *[f]* - table

tableau *[m]* - picture

tapis *[m]* - carpet

tasse *[f]* - cup

tiroir *[m]* - drawer

toit *[m]* - roof

téléphone *[m]* - telephone

télévision *[f]* - television

vase *[m]* - vase

verre *[m]* - drinking glass

étagère *[f]* - shelf

évier *[m]* - kitchen sink

Birds

aigle *[m]* - eagle
autruche *[f]* - ostrich
canard *[m]* - duck
cigogne *[f]* - stork
colombe *[f]* - dove
coq *[m]* - rooster
corbeau *[m]* - crow
cygne *[m]* - swan
dinde *[f]* - turkey
faisan *[m]* - pheasant
faucon *[m]* - hawk
flamant *[m]* - flamingo

hibou *[m]* - owl
héron *[m]* - heron
moineau *[m]* - sparrow
mouette *[f]* - seagull
oie *[f]* - goose
oiseau *[m]* - bird
perroquet *[m]* - parrot
pigeon *[m]* - pigeon
poule *[f]* - hen
pélican *[m]* - pelican
rossignol *[m]* - nightingale
vautour *[m]* - vulture

Clothing

anorak *[m]* - anorak
baskets *[fp]* - running shoes
bikini *[m]* - bikini
bretelles *[fp]* - braces/suspenders
cardigan *[m]* - cardigan
casquette *[f]* - cap
ceinture *[f]* - belt
chapeau *[m]* - hat
chaussettes *[fp]* - socks
chaussure de marche *[f]* - hiking boots
chemise *[f]* - shirt
chemisier *[m]* - blouse
collants *[fp]* - stockings
combinaison *[f]* - jumpsuit
costume *[m]* - suit
cravate *[f]* - necktie
culotte *[f]* - knickers
fermeture-éclair *[f]* - zip
gaine *[f]* - corset
gant *[m]* - glove
gants *[mp]* - gloves
gilet *[m]* - waistcoat
imperméable *[m]* - mackintosh

jeans *[m]* - jeans
jupe *[f]* - skirt
maillot de bain *[m]* - bathing suit
maillot de sport *[m]* - sweatshirt
manteau *[m]* - coat
mouchoir *[m]* - handkerchief
noeud papillon *[m]* - bow tie
pantalon *[m]* - trousers
pantoufles *[fp]* - slippers
parapluie *[m]* - umbrella
pardessus *[m]* - overcoat
peignoir *[m]* - dressing gown
pyjama *[m]* - pyjamas
robe *[f]* - dress
salopette *[f]* - overalls
sandales *[fp]* - sandals
slip *[m]* - briefs
soutien-gorge *[m]* - bra
T-shirt *[m]* - T-shirt
taille *[f]* - size
veste *[m]* - jacket
vêtements *[mp]* - clothes
écharpe *[f]* - scarf

Family

beau-fils *[m]* - stepson

beau-père *[m]* - stepfather

belle-fille *[f]* - stepdaughter

belle-mère *[f]* - stepmother

cousin *[m]* - cousin

demi-frère *[m]* - stepbrother

demi-mère *[f]* - stepsister

famille *[f]* - family

fille *[f]* - daughter

fils *[m]* - son

frère *[m]* - brother

grand-mère *[f]* - grandmother

grand-père *[m]* - grandfather

maman *[f]* - mum

mari *[m]* - husband

marié *[adj]* - bride

mère *[f]* - mother

neveu *[m]* - nephew

nièce *[f]* - niece

oncle *[m]* - uncle

papa *[m]* - dad

parents *[mp]* - parent

petit-fils *[m]* - grandchild

père *[m]* - father

soeur *[f]* - sister

tante *[f]* - aunt

épouse *[f]* - wife

Food

barre de chocolat *[f]* - chocolate bar

beurre *[m]* - butter

biscuit *[m]* - biscuit

crackers *[mp]* - cracker

crême glacée *[f]* - ice-cream

fromage *[m]* - cheese

gâteau *[m]* - cake

huile d'olive *[f]* - olive oil

lait *[m]* - milk

moutarde *[f]* - mustard

nourriture *[f]* - food

oeuf *[m]* - egg

pain *[m]* - bread

pain pistolet *[m]* - roll

petit pain *[m]* - bun

pâtisserie *[f]* - pastry

salade *[f]* - salad

sel *[m]* - salt

soupe de légume *[f]* - vegetable soup

sucre *[m]* - sugar

vinaigre *[m]* - vinegar

yaourt *[m]* - yoghurt

Fruit

abricot *[m]* - apricot

amande *[f]* - almond

ananas *[m]* - pineapple

banane *[f]* - banana

cacahuète *[f]* - peanut

cerise *[f]* - cherry

châtaigne *[f]* - chestnut

citron *[m]* - lemon

citron vert *[m]* - lime

datte *[f]* - date

figue *[f]* - fig

fraise *[f]* - strawberry

framboise *[f]* - raspberry

fruit *[m]* - fruit

mandarine *[f]* - tangerine

melon *[m]* - melon

myrtille *[f]* - blueberry

mûre *[f]* - blackberry

noisette *[f]* - hazelnut

noix *[f]* - walnut

noix de coco *[f]* - coconut

orange *[f]* - orange

pamplemousse *[m]* - grapefruit

pastèque *[f]* - watermelon

poire *[f]* - pear

pomme *[f]* - apple

prune *[f]* - plum

pruneau *[m]* - prune

pêche *[f]* - peach

raisin *[m]* - grape

raisin sec *[m]* - raisin

rhubarbe *[f]* - rhubarb

Hotel

ascenseur *[m]* - lift

balcon *[m]* - balcony

bonne *[f]* - maid

chambre *[f]* - room

check-out *[m]* - check-out

climatisation *[f]* - air conditioning

directeur *[m]* - manager

entrée *[f]* - entrance

escaliers *[mp]* - stairs

facture *[f]* - bill

foyer *[m]* - lobby

garage *[m]* - garage

glace *[f]* - ice

groom *[m]* - bellboy

hôtel *[m]* - hotel

internet *[m]* - internet

message *[m]* - message

payer *[v]* - to pay

petit-déjeuner *[m]* - breakfast

piscine *[f]* - swimming pool

portier *[m]* - doorman

prix *[m]* - price

rez-de-chaussé *[m]* - ground floor

reçu *[m]* - receipt

réception *[f]* - reception desk

réceptionniste *[f]* - receptionist

réclamation *[f]* - complaint

récréation *[f]* - recreation

réservation *[f]* - booking

salle à manger *[f]* - dining room

salon *[m]* - living room

service de chambre *[m]* - room service

suite *[f]* - suite

taxi *[m]* - taxi

vue *[f]* - view

étage *[m]* - floor

Parts of the Body

amygdales *[fp]* - tonsils

appendice *[m]* - appendix

articulation *[f]* - joint

artère *[f]* - artery

barbe *[f]* - beard

bouche *[f]* - mouth

bras *[m]* - arm

cerveau *[m]* - brain

cheveux *[m]* - hair

cheville *[f]* - ankle

cil *[m]* - eyelash

coeur *[m]* - heart

colonne vertébrale *[f]* - backbone

corps *[m]* - body

cou *[m]* - neck

coude *[m]* - elbow

cuisse *[f]* - thigh

côte *[f]* - rib

dent *[f]* - tooth

dents *[fp]* - teeth

doigt *[m]* - finger

dos *[m]* - back

estomac *[m]* - stomach

foie *[m]* - liver

front *[m]* - forehead

genou *[m]* - knee

glande *[f]* - gland

gorge *[f]* - throat

hanche *[f]* - hip

iris *[m]* - iris

jambe *[f]* - leg

joue *[f]* - cheek

langue *[f]* - tongue

lèvre *[f]* - lip

main *[f]* - hand

menton *[m]* - chin

mollet *[m]* - calf

moustache *[f]* - moustache

muscle *[m]* - muscle

mâchoire *[f]* - jaw

nerf *[m]* - nerve

nez *[m]* - nose

oeil *[m]* - eye

ongle *[m]* - fingernail

oreille *[f]* - ear

orteil *[m]* - toe

os *[m]* - bone

parties du corps *[fp]* - parts of the body

paupière *[f]* - eyelid

peau *[f]* - skin

pied *[m]* - foot

pieds *[mp]* - feet

poignet *[m]* - wrist

poing *[m]* - fist

pouce *[m]* - thumb

poumon *[m]* - lung

rein *[m]* - kidney

sang *[m]* - blood

sein *[m]* - breast

sourcil *[m]* - eyebrow

taches de rousseur *[fp]* - freckles

tendon *[m]* - tendon

thorax *[m]* - thorax

tête *[f]* - head

veine *[f]* - vein

ventre *[m]* - belly

vessie *[f]* - bladder

visage *[m]* - face

épaule *[f]* - shoulder

Restaurant

assoiffé *[adj]* - thirsty
boire *[v]* - to drink
boisson *[f]* - beverage
bol à soupe *[m]* - soup bowl
bon marché *[adj]* - cheap
cadre *[m]* - setting
carte *[f]* - menu
carte des vins *[f]* - wine list
cher *[adj]* - expensive
commander *[v]* - to order
cuillière à soupe *[f]* - soup spoon
dessert *[m]* - dessert

déjeuner *[m]* - lunch
dîner *[m]* - dinner
faim *[f]* - hungry
fourchette à salade *[f]* - salad fork
garçon *[m]* - waiter
hors-d'oeuvre *[m]* - main course
manger *[v]* - to eat
nappe *[f]* - tablecloth
repas *[m]* - meal
restaurent *[m]* - restaurant
saladier *[m]* - salad bowl
serveuse *[f]* - waitress

Vegetables

ail *[m]* - garlic
artichaut *[m]* - artichoke
asperge *[f]* - asparagus
aubergine *[f]* - aubergine
betterave *[f]* - beet
brocolis *[mp]* - broccoli
carotte *[f]* - carrot
champignon *[m]* - mushroom
chou *[m]* - cabbage
chou-fleur *[m]* - cauliflower
citrouille *[f]* - pumpkin
concombre *[m]* - cucumber
cornichons *[mp]* - gherkins
courgettes *[fp]* - zucchini
céleri *[m]* - celery

fenouil *[m]* - fennel
haricots *[mp]* - beans
laitue *[f]* - lettuce
légume *[m]* - vegetable
maïs *[m]* - corn
oignon *[m]* - onion
persil *[m]* - parsley
petits pois *[mp]* - peas
pois chiche *[mp]* - chick-peas
poivre *[m]* - pepper
pomme de terre *[f]* - potato
radis *[m]* - radish
tomate *[f]* - tomato
épinards *[mp]* - spinach

#1 - Airport
Select the closest English word to match the French word.

1) correspondance
a) connection
b) turbulence
c) to land
d) window

2) passeport
a) passport
b) exit
c) round trip ticket
d) life preserver

3) allée centrale
a) gangway
b) emergency
c) wing
d) departure

4) décoler
a) helicopter
b) wing
c) to declare
d) to take off

5) voler
a) to fly
b) ticket
c) to check bags
d) round trip ticket

6) hôstesse de l'air
a) stewardess
b) wing
c) hangar
d) copilot

7) équipage
a) crew
b) airport
c) passport
d) boarding pass

8) défense de fumer
a) copilot
b) crew
c) flight
d) no smoking

9) aller-retour
a) wheel
b) helicopter
c) information
d) round trip ticket

10) décollage
a) officer
b) luggage
c) ticket agent
d) liftoff

11) volant
a) helipad
b) runway
c) ticket
d) flying

12) aller simple
a) single ticket
b) direct
c) luggage
d) international

13) cabine
a) gate
b) oxygen
c) to land
d) cabin

14) carte d'embarquement
a) hangar
b) non-smoking
c) boarding pass
d) seat

15) enregistrement
a) exit
b) nonstop
c) check-in
d) to fly

16) vérifier les sacs
a) to check bags
b) boarding pass
c) to declare
d) gate

17) place
a) single ticket
b) helipad
c) seat
d) oxygen

18) déclarer
a) nonstop
b) oxygen
c) to sit down
d) to declare

19) valise
a) cabin
b) domestic
c) suitcase
d) metal detector

20) sécurité
a) round trip ticket
b) liftoff
c) domestic
d) security

21) fumeur
a) security
b) toilet
c) smoking
d) round trip ticket

22) vendeur de billet
a) ticket agent
b) passport
c) airport
d) to book

23) pilote
a) pilot
b) smoking
c) to book
d) gangway

24) détecteur de métal
a) turbulence
b) to fly
c) metal detector
d) to land

#2 - Airport
Select the closest English word to match the French word.

1) information
a) gangway
b) information
c) to sit down
d) oxygen

2) vol direct
a) round trip ticket
b) direct
c) single ticket
d) wing

3) vendeur de billet
a) to cancel
b) emergency
c) officer
d) ticket agent

4) terre
a) land
b) security
c) runway
d) to take off

5) enregistrement
a) officer
b) check-in
c) gangway
d) departure

6) annuler
a) smoking
b) pilot
c) to cancel
d) flying

7) passager
a) crew
b) ticket agent
c) pilot
d) passenger

8) salle d'embarquement
a) gate
b) economy class
c) helicopter
d) toilet

9) toilette
a) emergency
b) metal detector
c) turbulence
d) toilet

10) valise
a) suitcase
b) headphones
c) to fly
d) round trip ticket

11) cabine
a) cabin
b) rucksack
c) weight
d) wheel

12) première classe
a) tray
b) security
c) first class
d) airplane

13) gilet de sauvetage
a) life preserver
b) ticket
c) officer
d) flight

14) agence de voyage
a) travel agency
b) stewardess
c) to land
d) copilot

15) poids
a) to declare
b) weight
c) to land
d) air hostess

16) avion
a) to land
b) to carry
c) airplane
d) to board

17) correspondance
a) smoking
b) connection
c) nonstop
d) arrival

18) altitude
a) altitude
b) security
c) turbulence
d) single ticket

19) départ
a) departure
b) air hostess
c) ticket
d) land

20) direct
a) nonstop
b) rucksack
c) departure
d) early

21) classe économique
a) liftoff
b) to board
c) economy class
d) gangway

22) aile
a) wing
b) gate
c) land
d) oxygen

23) bagage
a) boarding pass
b) life preserver
c) gangway
d) luggage

24) urgence
a) ticket agent
b) to take off
c) emergency
d) turbulence

#3 - Airport
Select the closest English word to match the French word.

1) départ
a) departure
b) gangway
c) to board
d) to sit down

2) piste
a) to declare
b) to carry
c) to sit down
d) runway

3) classe économique
a) economy class
b) gate
c) to check bags
d) nonstop

4) salle d'embarquement
a) to book
b) domestic
c) gate
d) oxygen

5) bagage
a) flying
b) oxygen
c) luggage
d) travel agency

6) vol intérieur
a) domestic
b) late
c) wing
d) officer

7) hélistation
a) land
b) to check bags
c) domestic
d) helipad

8) première classe
a) flying
b) toilet
c) security
d) first class

9) valise
a) direct
b) domestic
c) airport
d) suitcase

10) poids
a) life preserver
b) airport
c) weight
d) headphones

11) équipage
a) exit
b) cabin
c) to book
d) crew

12) décoler
a) arrival
b) helipad
c) to take off
d) to declare

13) aller-retour
a) economy class
b) round trip ticket
c) life preserver
d) duty-free

14) oxygène
a) oxygen
b) non-smoking
c) late
d) suitcase

15) toilette
a) toilet
b) gangway
c) passport
d) crew

16) passager
a) exit
b) seat
c) flying
d) passenger

17) correspondance
a) ticket
b) connection
c) tray
d) helicopter

18) copilote
a) copilot
b) stewardess
c) weight
d) altitude

19) fumeur
a) hangar
b) arrival
c) passenger
d) smoking

20) déclarer
a) smoking
b) crew
c) to fly
d) to declare

21) agence de voyage
a) travel agency
b) airport
c) turbulence
d) ticket

22) décollage
a) liftoff
b) pilot
c) helicopter
d) turbulence

23) plateau
a) liftoff
b) information
c) tray
d) to land

24) aile
a) wing
b) altitude
c) security
d) economy class

#4 - Airport
Select the closest English word to match the French word.

1) turbulance
a) turbulence
b) metal detector
c) exit
d) information

2) hôstesse de l'air
a) liftoff
b) land
c) turbulence
d) stewardess

3) vol intérieur
a) domestic
b) airplane
c) to fly
d) tray

4) agence de voyage
a) to carry
b) weight
c) exit
d) travel agency

5) billet
a) flight
b) single ticket
c) ticket
d) exit

6) tard
a) to land
b) late
c) luggage
d) to sit down

7) oxygène
a) to take off
b) cabin
c) oxygen
d) luggage

8) passager
a) passenger
b) late
c) check-in
d) headphones

9) défense de fumer
a) tray
b) to book
c) no smoking
d) single ticket

10) gilet de sauvetage
a) life preserver
b) check-in
c) air hostess
d) early

11) porter
a) to fly
b) round trip ticket
c) to carry
d) wheel

12) non-fumeur
a) copilot
b) toilet
c) flying
d) non-smoking

13) aéroport
a) airport
b) nonstop
c) passport
d) connection

14) hélistation
a) suitcase
b) boarding pass
c) helipad
d) direct

15) annuler
a) headphones
b) travel agency
c) toilet
d) to cancel

16) international
a) international
b) helipad
c) life preserver
d) destination

17) s'embarquer
a) cabin
b) gate
c) to board
d) international

18) destination
a) destination
b) first class
c) round trip ticket
d) land

19) enregistrement
a) to board
b) check-in
c) flight
d) duty-free

20) sécurité
a) security
b) to sit down
c) wheel
d) wing

21) départ
a) stewardess
b) wing
c) departure
d) luggage

22) bagage
a) luggage
b) life preserver
c) pilot
d) smoking

23) aller-retour
a) wing
b) round trip ticket
c) ticket
d) turbulence

24) classe économique
a) economy class
b) international
c) liftoff
d) flying

#5 - Airport
Select the closest English word to match the French word.

1) agence de voyage
a) check-in
b) non-smoking
c) travel agency
d) to board

2) valise
a) window
b) to declare
c) suitcase
d) copilot

3) turbulance
a) direct
b) air hostess
c) wing
d) turbulence

4) passeport
a) to declare
b) passport
c) to sit down
d) flying

5) enregistrement
a) gate
b) runway
c) check-in
d) domestic

6) roue
a) wheel
b) boarding pass
c) connection
d) to fly

7) avion
a) airplane
b) passport
c) stewardess
d) oxygen

8) hôtesse de l'air
a) air hostess
b) early
c) economy class
d) exit

9) international
a) round trip ticket
b) international
c) flight
d) headphones

10) allée centrale
a) rucksack
b) cabin
c) to cancel
d) gangway

11) urgence
a) to fly
b) emergency
c) single ticket
d) nonstop

12) classe économique
a) to declare
b) economy class
c) direct
d) to sit down

13) billet
a) ticket
b) international
c) airplane
d) airport

14) départ
a) liftoff
b) departure
c) tray
d) boarding pass

15) copilote
a) travel agency
b) copilot
c) passenger
d) weight

16) destination
a) pilot
b) tray
c) hangar
d) destination

17) volant
a) airplane
b) to take off
c) first class
d) flying

18) vérifier les sacs
a) to check bags
b) turbulence
c) altitude
d) domestic

19) pilote
a) connection
b) hangar
c) late
d) pilot

20) passager
a) direct
b) gate
c) smoking
d) passenger

21) fumeur
a) smoking
b) to fly
c) duty-free
d) destination

22) toilette
a) travel agency
b) flying
c) international
d) toilet

23) équipage
a) tray
b) runway
c) to carry
d) crew

24) hangar
a) emergency
b) exit
c) cabin
d) hangar

#6 - Airport
Select the closest English word to match the French word.

1) atterrir
a) hangar
b) to land
c) weight
d) stewardess

2) salle d'embarquement
a) helipad
b) smoking
c) gate
d) check-in

3) départ
a) weight
b) to carry
c) to declare
d) departure

4) aéroport
a) airport
b) late
c) check-in
d) life preserver

5) hélistation
a) life preserver
b) helipad
c) headphones
d) cabin

6) voler
a) runway
b) to fly
c) helicopter
d) destination

7) allée centrale
a) weight
b) runway
c) toilet
d) gangway

8) déclarer
a) to declare
b) runway
c) passenger
d) round trip ticket

9) défense de fumer
a) direct
b) pilot
c) no smoking
d) to declare

10) valise
a) helicopter
b) suitcase
c) early
d) hangar

11) aile
a) wing
b) cabin
c) crew
d) to land

12) billet
a) officer
b) altitude
c) ticket
d) metal detector

13) décollage
a) destination
b) liftoff
c) no smoking
d) land

14) hangar
a) direct
b) domestic
c) travel agency
d) hangar

15) vol intérieur
a) window
b) weight
c) life preserver
d) domestic

16) annuler
a) officer
b) gate
c) to cancel
d) turbulence

17) pilote
a) pilot
b) first class
c) duty-free
d) gate

18) hôtesse de l'air
a) to check bags
b) early
c) helipad
d) air hostess

19) hors-taxes
a) wheel
b) late
c) emergency
d) duty-free

20) s'embarquer
a) to board
b) tray
c) nonstop
d) altitude

21) toilette
a) runway
b) hangar
c) airport
d) toilet

22) copilote
a) seat
b) copilot
c) connection
d) departure

23) sac à dos
a) liftoff
b) life preserver
c) rucksack
d) altitude

24) terre
a) land
b) round trip ticket
c) oxygen
d) connection

#7 - Airport
Select the closest English word to match the French word.

1) s'embarquer
a) helipad
b) wheel
c) to board
d) to land

2) information
a) information
b) single ticket
c) arrival
d) toilet

3) hélicoptère
a) headphones
b) domestic
c) departure
d) helicopter

4) altitude
a) altitude
b) runway
c) arrival
d) departure

5) copilote
a) ticket agent
b) headphones
c) turbulence
d) copilot

6) sac à dos
a) rucksack
b) departure
c) window
d) liftoff

7) non-fumeur
a) economy class
b) to carry
c) to land
d) non-smoking

8) fenêtre
a) window
b) helipad
c) exit
d) international

9) aller simple
a) single ticket
b) nonstop
c) first class
d) air hostess

10) passager
a) officer
b) information
c) airplane
d) passenger

11) hôstesse de l'air
a) no smoking
b) duty-free
c) stewardess
d) wheel

12) pilote
a) to book
b) to fly
c) window
d) pilot

13) hélistation
a) to carry
b) helipad
c) liftoff
d) duty-free

14) arrivée
a) arrival
b) gangway
c) non-smoking
d) cabin

15) départ
a) altitude
b) runway
c) helipad
d) departure

16) plateau
a) tray
b) liftoff
c) helicopter
d) travel agency

17) voler
a) life preserver
b) flying
c) to fly
d) pilot

18) international
a) wing
b) international
c) late
d) non-smoking

19) vendeur de billet
a) ticket agent
b) window
c) duty-free
d) single ticket

20) première classe
a) first class
b) flight
c) suitcase
d) to book

21) décollage
a) liftoff
b) arrival
c) luggage
d) travel agency

22) s'asseoir
a) to sit down
b) ticket
c) round trip ticket
d) weight

23) vérifier les sacs
a) boarding pass
b) late
c) to check bags
d) headphones

24) avion
a) liftoff
b) travel agency
c) airplane
d) gate

#8 - Airport
Select the closest English word to match the French word.

1) gilet de sauvetage
a) life preserver
b) emergency
c) pilot
d) rucksack

2) copilote
a) information
b) no smoking
c) copilot
d) stewardess

3) officier
a) airplane
b) officer
c) flying
d) window

4) information
a) to sit down
b) information
c) window
d) travel agency

5) fenêtre
a) stewardess
b) to land
c) first class
d) window

6) porter
a) to carry
b) first class
c) smoking
d) destination

7) vérifier les sacs
a) no smoking
b) to check bags
c) helipad
d) to board

8) tôt
a) check-in
b) stewardess
c) early
d) to take off

9) bagage
a) luggage
b) passenger
c) check-in
d) wing

10) tard
a) smoking
b) single ticket
c) airport
d) late

11) détecteur de métal
a) emergency
b) toilet
c) seat
d) metal detector

12) fumeur
a) smoking
b) emergency
c) early
d) airport

13) s'embarquer
a) information
b) to board
c) wing
d) late

14) toilette
a) gangway
b) domestic
c) helicopter
d) toilet

15) hangar
a) first class
b) to cancel
c) ticket agent
d) hangar

16) destination
a) weight
b) destination
c) headphones
d) smoking

17) vendeur de billet
a) copilot
b) ticket agent
c) wheel
d) helipad

18) aller simple
a) air hostess
b) late
c) turbulence
d) single ticket

19) aile
a) wing
b) to carry
c) non-smoking
d) flying

20) altitude
a) altitude
b) window
c) to declare
d) gangway

21) non-fumeur
a) rucksack
b) to land
c) non-smoking
d) metal detector

22) allée centrale
a) gangway
b) rucksack
c) wing
d) non-smoking

23) direct
a) nonstop
b) to carry
c) late
d) to book

24) piste
a) runway
b) to book
c) first class
d) to land

#9 - Airport
Select the closest French word to match the English word.

1) tray
a) départ
b) aile
c) plateau
d) terre

2) stewardess
a) carte d'embarquement
b) hôstesse de l'air
c) annuler
d) passeport

3) check-in
a) déclarer
b) tôt
c) enregistrement
d) passeport

4) nonstop
a) plateau
b) direct
c) carte d'embarquement
d) terre

5) gangway
a) atterrir
b) plateau
c) allée centrale
d) roue

6) early
a) tôt
b) direct
c) sac à dos
d) place

7) emergency
a) bagage
b) direct
c) urgence
d) tôt

8) non-smoking
a) atterrir
b) oxygène
c) avion
d) non-fumeur

9) toilet
a) défense de fumer
b) toilette
c) aller simple
d) avion

10) window
a) fenêtre
b) carte d'embarquement
c) hélistation
d) vol intérieur

11) to fly
a) toilette
b) gilet de sauvetage
c) valise
d) voler

12) seat
a) piste
b) s'asseoir
c) place
d) urgence

13) duty-free
a) hôstesse de l'air
b) réserver
c) décoler
d) hors-taxes

14) hangar
a) hangar
b) sac à dos
c) hélistation
d) hôstesse de l'air

15) economy class
a) vol direct
b) classe économique
c) correspondance
d) fenêtre

16) crew
a) équipage
b) turbulance
c) sortie
d) gilet de sauvetage

17) headphones
a) écouteurs
b) urgence
c) détecteur de métal
d) sac à dos

18) late
a) tard
b) direct
c) fumeur
d) sortie

19) officer
a) carte d'embarquement
b) officier
c) plateau
d) porter

20) airport
a) aéroport
b) volant
c) déclarer
d) destination

21) copilot
a) copilote
b) valise
c) enregistrement
d) direct

22) direct
a) vol direct
b) international
c) volant
d) terre

23) life preserver
a) gilet de sauvetage
b) écouteurs
c) valise
d) sac à dos

24) single ticket
a) altitude
b) aller simple
c) salle d'embarquement
d) direct

#10 - Airport
Select the closest French word to match the English word.

1) luggage
a) bagage
b) déclarer
c) agence de voyage
d) poids

2) duty-free
a) carte d'embarquement
b) salle d'embarquement
c) hors-taxes
d) piste

3) wing
a) s'embarquer
b) détecteur de métal
c) passeport
d) aile

4) to fly
a) voler
b) départ
c) hôtesse de l'air
d) information

5) metal detector
a) salle d'embarquement
b) détecteur de métal
c) poids
d) piste

6) hangar
a) billet
b) hangar
c) officier
d) hélicoptère

7) round trip ticket
a) aller-retour
b) détecteur de métal
c) passeport
d) correspondance

8) window
a) écouteurs
b) altitude
c) fenêtre
d) sac à dos

9) arrival
a) arrivée
b) vol direct
c) équipage
d) détecteur de métal

10) to board
a) allée centrale
b) salle d'embarquement
c) première classe
d) s'embarquer

11) ticket agent
a) vol intérieur
b) vendeur de billet
c) agence de voyage
d) enregistrement

12) direct
a) vol direct
b) hors-taxes
c) valise
d) copilote

13) security
a) classe économique
b) sécurité
c) tard
d) vol intérieur

14) airplane
a) sortie
b) avion
c) décoler
d) arrivée

15) land
a) billet
b) décoler
c) écouteurs
d) terre

16) nonstop
a) première classe
b) direct
c) fenêtre
d) roue

17) early
a) écouteurs
b) roue
c) urgence
d) tôt

18) helicopter
a) hélicoptère
b) direct
c) réserver
d) aller-retour

19) flight
a) vol
b) toilette
c) décollage
d) fenêtre

20) check-in
a) première classe
b) piste
c) enregistrement
d) annuler

21) gangway
a) allée centrale
b) valise
c) direct
d) atterrir

22) altitude
a) terre
b) billet
c) annuler
d) altitude

23) helipad
a) tôt
b) hélistation
c) vendeur de billet
d) officier

24) ticket
a) billet
b) piste
c) salle d'embarquement
d) première classe

#11 - Airport
Select the closest French word to match the English word.

1) weight
a) hangar
b) poids
c) arrivée
d) cabine

2) security
a) gilet de sauvetage
b) sécurité
c) s'asseoir
d) fumeur

3) connection
a) sac à dos
b) correspondance
c) agence de voyage
d) tard

4) departure
a) départ
b) international
c) correspondance
d) première classe

5) runway
a) pilote
b) piste
c) enregistrement
d) allée centrale

6) land
a) hôtesse de l'air
b) terre
c) passager
d) porter

7) headphones
a) avion
b) écouteurs
c) s'asseoir
d) valise

8) destination
a) classe économique
b) vol direct
c) piste
d) destination

9) information
a) sac à dos
b) passeport
c) information
d) volant

10) helicopter
a) cabine
b) turbulance
c) atterrir
d) hélicoptère

11) round trip ticket
a) équipage
b) aller-retour
c) écouteurs
d) passager

12) late
a) tard
b) bagage
c) carte d'embarquement
d) sortie

13) seat
a) copilote
b) décollage
c) place
d) hélicoptère

14) emergency
a) bagage
b) passager
c) aller simple
d) urgence

15) airport
a) déclarer
b) poids
c) vol
d) aéroport

16) window
a) toilette
b) fenêtre
c) urgence
d) fumeur

17) to cancel
a) annuler
b) altitude
c) hélistation
d) bagage

18) officer
a) défense de fumer
b) officier
c) urgence
d) sortie

19) air hostess
a) vol direct
b) hôtesse de l'air
c) agence de voyage
d) international

20) wing
a) aéroport
b) bagage
c) atterrir
d) aile

21) nonstop
a) pilote
b) vol
c) direct
d) international

22) wheel
a) roue
b) piste
c) vendeur de billet
d) première classe

23) life preserver
a) équipage
b) gilet de sauvetage
c) volant
d) s'embarquer

24) suitcase
a) première classe
b) hangar
c) urgence
d) valise

#12 - Airport
Select the closest French word to match the English word.

1) seat
a) valise
b) copilote
c) place
d) bagage

2) destination
a) toilette
b) poids
c) fumeur
d) destination

3) to take off
a) agence de voyage
b) carte d'embarquement
c) voler
d) décoler

4) security
a) vendeur de billet
b) sac à dos
c) allée centrale
d) sécurité

5) non-smoking
a) non-fumeur
b) hangar
c) valise
d) vol

6) airport
a) sortie
b) aéroport
c) oxygène
d) vol direct

7) hangar
a) salle d'embarquement
b) départ
c) hangar
d) passager

8) tray
a) passager
b) plateau
c) information
d) vol intérieur

9) arrival
a) terre
b) sac à dos
c) atterrir
d) arrivée

10) passport
a) s'asseoir
b) passeport
c) fumeur
d) piste

11) helipad
a) sac à dos
b) vol direct
c) hélistation
d) toilette

12) luggage
a) oxygène
b) s'asseoir
c) bagage
d) arrivée

13) early
a) première classe
b) hors-taxes
c) tôt
d) pilote

14) air hostess
a) gilet de sauvetage
b) bagage
c) hôtesse de l'air
d) déclarer

15) no smoking
a) agence de voyage
b) valise
c) défense de fumer
d) place

16) smoking
a) départ
b) vol intérieur
c) fumeur
d) passeport

17) toilet
a) atterrir
b) toilette
c) enregistrement
d) décollage

18) duty-free
a) hors-taxes
b) allée centrale
c) sortie
d) destination

19) nonstop
a) valise
b) aller simple
c) enregistrement
d) direct

20) helicopter
a) départ
b) défense de fumer
c) tôt
d) hélicoptère

21) window
a) voler
b) direct
c) fenêtre
d) carte d'embarquement

22) gate
a) salle d'embarquement
b) voler
c) turbulance
d) billet

23) ticket
a) non-fumeur
b) billet
c) décoler
d) officier

24) ticket agent
a) gilet de sauvetage
b) voler
c) tôt
d) vendeur de billet

#13 - Airport
Select the closest French word to match the English word.

1) gangway
a) terre
b) allée centrale
c) écouteurs
d) destination

2) land
a) carte d'embarquement
b) atterrir
c) urgence
d) terre

3) suitcase
a) sortie
b) valise
c) poids
d) s'asseoir

4) luggage
a) passeport
b) cabine
c) volant
d) bagage

5) hangar
a) aile
b) hangar
c) aéroport
d) aller-retour

6) copilot
a) copilote
b) sécurité
c) correspondance
d) valise

7) cabin
a) destination
b) copilote
c) cabine
d) arrivée

8) seat
a) vol
b) avion
c) oxygène
d) place

9) crew
a) équipage
b) hors-taxes
c) aéroport
d) sécurité

10) rucksack
a) piste
b) sac à dos
c) hélistation
d) s'asseoir

11) duty-free
a) hors-taxes
b) turbulance
c) classe économique
d) défense de fumer

12) passenger
a) hélistation
b) voler
c) hôtesse de l'air
d) passager

13) first class
a) départ
b) voler
c) vérifier les sacs
d) première classe

14) helipad
a) hélistation
b) défense de fumer
c) destination
d) écouteurs

15) to check bags
a) classe économique
b) réserver
c) écouteurs
d) vérifier les sacs

16) to take off
a) arrivée
b) décoler
c) s'asseoir
d) défense de fumer

17) no smoking
a) passager
b) défense de fumer
c) fumeur
d) aller simple

18) flight
a) valise
b) défense de fumer
c) gilet de sauvetage
d) vol

19) runway
a) poids
b) piste
c) classe économique
d) vendeur de billet

20) arrival
a) équipage
b) classe économique
c) vérifier les sacs
d) arrivée

21) to declare
a) déclarer
b) vol intérieur
c) place
d) décollage

22) window
a) valise
b) agence de voyage
c) hélicoptère
d) fenêtre

23) security
a) sécurité
b) défense de fumer
c) décoler
d) pilote

24) information
a) information
b) oxygène
c) fumeur
d) avion

#14 - Airport
Select the closest French word to match the English word.

1) duty-free
a) hors-taxes
b) terre
c) hangar
d) agence de voyage

2) smoking
a) turbulance
b) défense de fumer
c) international
d) fumeur

3) toilet
a) première classe
b) toilette
c) passager
d) altitude

4) air hostess
a) gilet de sauvetage
b) hôtesse de l'air
c) vol direct
d) volant

5) single ticket
a) hors-taxes
b) aller simple
c) décollage
d) non-fumeur

6) ticket agent
a) turbulance
b) décoler
c) avion
d) vendeur de billet

7) late
a) valise
b) tard
c) réserver
d) roue

8) helicopter
a) équipage
b) défense de fumer
c) hélicoptère
d) pilote

9) oxygen
a) aller-retour
b) s'embarquer
c) information
d) oxygène

10) luggage
a) roue
b) hélistation
c) hélicoptère
d) bagage

11) cabin
a) voler
b) agence de voyage
c) vol
d) cabine

12) stewardess
a) fenêtre
b) billet
c) oxygène
d) hôtesse de l'air

13) crew
a) équipage
b) correspondance
c) détecteur de métal
d) classe économique

14) airplane
a) avion
b) valise
c) volant
d) direct

15) passport
a) cabine
b) passeport
c) officier
d) place

16) connection
a) correspondance
b) défense de fumer
c) déclarer
d) toilette

17) early
a) carte d'embarquement
b) sécurité
c) tôt
d) destination

18) emergency
a) décollage
b) urgence
c) international
d) s'asseoir

19) helipad
a) place
b) allée centrale
c) hélistation
d) cabine

20) to land
a) hors-taxes
b) roue
c) atterrir
d) tard

21) window
a) fenêtre
b) classe économique
c) agence de voyage
d) vol intérieur

22) economy class
a) atterrir
b) classe économique
c) terre
d) fenêtre

23) travel agency
a) première classe
b) agence de voyage
c) défense de fumer
d) cabine

24) information
a) hôtesse de l'air
b) passager
c) information
d) s'asseoir

#15 - Airport
Select the closest French word to match the English word.

1) international
a) piste
b) international
c) passeport
d) sortie

2) first class
a) première classe
b) hélicoptère
c) copilote
d) vérifier les sacs

3) cabin
a) hélicoptère
b) cabine
c) correspondance
d) arrivée

4) toilet
a) roue
b) agence de voyage
c) hélistation
d) toilette

5) to cancel
a) destination
b) annuler
c) non-fumeur
d) agence de voyage

6) direct
a) place
b) vol direct
c) volant
d) fenêtre

7) ticket agent
a) aéroport
b) sortie
c) vendeur de billet
d) atterrir

8) single ticket
a) passager
b) aller simple
c) porter
d) départ

9) suitcase
a) valise
b) piste
c) direct
d) détecteur de métal

10) liftoff
a) piste
b) annuler
c) décollage
d) toilette

11) information
a) aile
b) passeport
c) information
d) déclarer

12) to carry
a) s'embarquer
b) tôt
c) porter
d) défense de fumer

13) to take off
a) atterrir
b) décoler
c) écouteurs
d) destination

14) passenger
a) urgence
b) passager
c) porter
d) classe économique

15) tray
a) plateau
b) piste
c) urgence
d) atterrir

16) security
a) sortie
b) sécurité
c) poids
d) s'embarquer

17) air hostess
a) information
b) salle d'embarquement
c) hôtesse de l'air
d) passeport

18) rucksack
a) sac à dos
b) bagage
c) première classe
d) classe économique

19) boarding pass
a) non-fumeur
b) direct
c) carte d'embarquement
d) cabine

20) pilot
a) hors-taxes
b) sécurité
c) correspondance
d) pilote

21) wing
a) détecteur de métal
b) porter
c) aile
d) équipage

22) wheel
a) enregistrement
b) roue
c) départ
d) passager

23) headphones
a) billet
b) sac à dos
c) officier
d) écouteurs

24) emergency
a) vol intérieur
b) hélicoptère
c) urgence
d) roue

#16 - Animals
Select the closest English word to match the French word.

1) gorille
a) gorilla
b) wallaby
c) mouse
d) tiger

2) couguar
a) zebra
b) goat
c) cougar
d) jaguar

3) mulet
a) mule
b) rhinoceros
c) pig
d) gazelle

4) rat
a) elephant
b) rat
c) bobcat
d) squirrel

5) panda
a) mouse
b) goat
c) horse
d) panda

6) cheval
a) horse
b) zebra
c) rat
d) gazelle

7) hippopotame
a) llama
b) mouse
c) hyena
d) hippopotamus

8) cerf
a) squirrel
b) goat
c) kangaroo
d) deer

9) castor
a) jaguar
b) beaver
c) donkey
d) goat

10) wallaby
a) bear
b) rat
c) animal
d) wallaby

11) lama
a) rabbit
b) llama
c) squirrel
d) gorilla

12) ours
a) bear
b) gorilla
c) fox
d) leopard

13) serpent
a) anteater
b) bear
c) snake
d) ocelot

14) chameau
a) little dog
b) gazelle
c) alligator
d) camel

15) crapaud
a) elephant
b) beaver
c) kangaroo
d) toad

16) baudet
a) fox
b) mule
c) gorilla
d) donkey

17) tigre
a) rat
b) gazelle
c) little dog
d) tiger

18) kangourou
a) hyena
b) fox
c) kangaroo
d) monkey

19) singe
a) frog
b) baboon
c) wallaby
d) monkey

20) renard
a) camel
b) lamb
c) fox
d) ocelot

21) panthère
a) panther
b) lion
c) pig
d) zebra

22) chien
a) tortoise
b) dog
c) wolf
d) mule

23) chat
a) llama
b) badger
c) cat
d) alligator

24) porc-épic
a) aardvark
b) pig
c) porcupine
d) sheep

#17 - Animals
Select the closest English word to match the French word.

1) tatou
   a) elephant
   b) armadillo
   c) zebra
   d) koala

2) zèbre
   a) tortoise
   b) cat
   c) zebra
   d) pup

3) oryctérope du Cap
   a) donkey
   b) lion
   c) jaguar
   d) aardvark

4) mulet
   a) baboon
   b) armadillo
   c) elephant
   d) mule

5) babouin
   a) wallaby
   b) crocodile
   c) monkey
   d) baboon

6) cheval
   a) rhinoceros
   b) panther
   c) horse
   d) chipmunk

7) bison
   a) baboon
   b) kangaroo
   c) buffalo
   d) deer

8) cochon
   a) pig
   b) wallaby
   c) sheep
   d) giraffe

9) girafe
   a) squirrel
   b) armadillo
   c) giraffe
   d) tortoise

10) hippopotame
   a) little dog
   b) monkey
   c) hippopotamus
   d) goat

11) agneau
   a) tortoise
   b) elephant
   c) giraffe
   d) lamb

12) animal
   a) anteater
   b) bobcat
   c) beaver
   d) animal

13) loup
   a) goat
   b) koala
   c) wolf
   d) sheep

14) taureau
   a) tortoise
   b) bull
   c) kangaroo
   d) horse

15) vache
   a) snake
   b) anteater
   c) animal
   d) cow

16) hyène
   a) gazelle
   b) elephant
   c) snake
   d) hyena

17) chat
   a) lion
   b) cat
   c) hyena
   d) bear

18) renard
   a) rhinoceros
   b) fox
   c) bull
   d) giraffe

19) crocodile
   a) crocodile
   b) tortoise
   c) cow
   d) jaguar

20) chèvre
   a) pup
   b) tiger
   c) zebra
   d) goat

21) lapin
   a) monkey
   b) rabbit
   c) little dog
   d) panda

22) panthère
   a) buffalo
   b) animal
   c) panther
   d) alligator

23) crapaud
   a) toad
   b) cheetah
   c) tortoise
   d) badger

24) cerf
   a) alligator
   b) monkey
   c) sheep
   d) deer

#18 - Animals
Select the closest English word to match the French word.

1) hippopotame
a) hippopotamus
b) fox
c) kangaroo
d) aardvark

2) rat
a) lion
b) anteater
c) rat
d) cheetah

3) crapaud
a) pig
b) aardvark
c) toad
d) gazelle

4) loup
a) wolf
b) mule
c) bobcat
d) camel

5) animal
a) animal
b) horse
c) mouse
d) wolf

6) lion
a) squirrel
b) cougar
c) lion
d) ocelot

7) tigre
a) deer
b) sheep
c) donkey
d) tiger

8) couguar
a) rhinoceros
b) cougar
c) panda
d) buffalo

9) renard
a) fox
b) dog
c) armadillo
d) cat

10) wallaby
a) cougar
b) rhinoceros
c) hyena
d) wallaby

11) léopard
a) dog
b) leopard
c) snake
d) bull

12) porc-épic
a) lamb
b) porcupine
c) rabbit
d) wolf

13) gorille
a) gorilla
b) cougar
c) wallaby
d) cheetah

14) souris
a) hyena
b) mouse
c) badger
d) sheep

15) gazelle
a) gazelle
b) bear
c) fox
d) wallaby

16) grenouille
a) pup
b) frog
c) cow
d) badger

17) chien
a) dog
b) hyena
c) armadillo
d) bear

18) lynx
a) wallaby
b) bobcat
c) buffalo
d) gazelle

19) tatou
a) armadillo
b) kangaroo
c) gazelle
d) ocelot

20) crocodile
a) pig
b) crocodile
c) beaver
d) horse

21) cochon
a) hyena
b) beaver
c) pig
d) lion

22) agneau
a) aardvark
b) hyena
c) lamb
d) cougar

23) hyène
a) hyena
b) little dog
c) panther
d) wolf

24) ours
a) cougar
b) bear
c) llama
d) mule

#19 - Animals
Select the closest English word to match the French word.

1) tortue
a) tortoise
b) sheep
c) lamb
d) crocodile

2) tamanoir
a) ocelot
b) buffalo
c) frog
d) anteater

3) mulet
a) cat
b) mule
c) sheep
d) llama

4) mouton
a) chipmunk
b) koala
c) pup
d) sheep

5) chameau
a) bobcat
b) snake
c) zebra
d) camel

6) ocelot
a) cougar
b) monkey
c) snake
d) ocelot

7) loup
a) wolf
b) giraffe
c) goat
d) wallaby

8) bison
a) buffalo
b) cat
c) bear
d) ocelot

9) hippopotame
a) hippopotamus
b) toad
c) crocodile
d) cheetah

10) hyène
a) wallaby
b) aardvark
c) buffalo
d) hyena

11) couguar
a) bear
b) badger
c) cougar
d) pup

12) cochon
a) hippopotamus
b) panther
c) fox
d) pig

13) koala
a) llama
b) deer
c) koala
d) buffalo

14) rat
a) rat
b) pig
c) armadillo
d) cow

15) babouin
a) armadillo
b) porcupine
c) badger
d) baboon

16) gazelle
a) rhinoceros
b) rabbit
c) jaguar
d) gazelle

17) chiot
a) cheetah
b) wolf
c) pup
d) fox

18) taureau
a) pup
b) bear
c) bull
d) gazelle

19) lion
a) bull
b) frog
c) lion
d) zebra

20) animal
a) koala
b) bear
c) animal
d) bull

21) crapaud
a) cheetah
b) tiger
c) lion
d) toad

22) guépard
a) rhinoceros
b) wolf
c) bear
d) cheetah

23) agneau
a) lamb
b) elephant
c) dog
d) wolf

24) lama
a) hippopotamus
b) armadillo
c) llama
d) frog

#20 - Animals
Select the closest English word to match the French word.

1) girafe
a) lamb
b) wallaby
c) giraffe
d) panther

2) chat
a) cat
b) lion
c) wolf
d) ocelot

3) oryctérope du Cap
a) horse
b) squirrel
c) aardvark
d) koala

4) écureuil
a) buffalo
b) squirrel
c) chipmunk
d) gazelle

5) baudet
a) lamb
b) donkey
c) jaguar
d) beaver

6) blaireau
a) baboon
b) lamb
c) kangaroo
d) badger

7) cheval
a) horse
b) snake
c) rabbit
d) lamb

8) mulet
a) dog
b) deer
c) camel
d) mule

9) castor
a) little dog
b) jaguar
c) ocelot
d) beaver

10) jaguar
a) jaguar
b) porcupine
c) gazelle
d) beaver

11) mouton
a) deer
b) sheep
c) wallaby
d) hippopotamus

12) tatou
a) cat
b) armadillo
c) giraffe
d) beaver

13) léopard
a) alligator
b) bear
c) chipmunk
d) leopard

14) alligator
a) baboon
b) bobcat
c) alligator
d) cow

15) lama
a) goat
b) little dog
c) monkey
d) llama

16) couguar
a) pup
b) cougar
c) gazelle
d) hyena

17) petit chien
a) buffalo
b) rabbit
c) mule
d) little dog

18) koala
a) elephant
b) koala
c) porcupine
d) bobcat

19) hippopotame
a) bobcat
b) hippopotamus
c) mouse
d) rabbit

20) lion
a) cat
b) gazelle
c) donkey
d) lion

21) rhinocéros
a) rhinoceros
b) monkey
c) dog
d) zebra

22) zèbre
a) zebra
b) crocodile
c) alligator
d) llama

23) lynx
a) cat
b) bobcat
c) cougar
d) beaver

24) crapaud
a) wallaby
b) mule
c) rabbit
d) toad

#21 - Animals
Select the closest English word to match the French word.

1) lama
a) gazelle
b) llama
c) beaver
d) cow

2) chiot
a) frog
b) rabbit
c) pup
d) dog

3) lapin
a) panther
b) pig
c) koala
d) rabbit

4) crocodile
a) squirrel
b) beaver
c) buffalo
d) crocodile

5) souris
a) panda
b) mouse
c) wallaby
d) squirrel

6) ocelot
a) monkey
b) ocelot
c) horse
d) toad

7) baudet
a) bear
b) donkey
c) zebra
d) gazelle

8) jaguar
a) jaguar
b) llama
c) wolf
d) rabbit

9) crapaud
a) gorilla
b) ocelot
c) toad
d) kangaroo

10) gazelle
a) frog
b) little dog
c) hippopotamus
d) gazelle

11) tamanoir
a) anteater
b) koala
c) kangaroo
d) fox

12) lion
a) cheetah
b) lion
c) cat
d) porcupine

13) serpent
a) snake
b) sheep
c) elephant
d) pig

14) guépard
a) ocelot
b) chipmunk
c) goat
d) cheetah

15) singe
a) monkey
b) leopard
c) cat
d) rat

16) hyène
a) hyena
b) porcupine
c) llama
d) animal

17) tamias rayé
a) pig
b) koala
c) hyena
d) chipmunk

18) wallaby
a) crocodile
b) camel
c) bull
d) wallaby

19) loup
a) cat
b) goat
c) wolf
d) cow

20) chat
a) badger
b) cheetah
c) cat
d) deer

21) castor
a) ocelot
b) porcupine
c) buffalo
d) beaver

22) couguar
a) pig
b) cheetah
c) koala
d) cougar

23) grenouille
a) frog
b) gazelle
c) baboon
d) rabbit

24) bison
a) rat
b) porcupine
c) camel
d) buffalo

#22 - Animals
Select the closest English word to match the French word.

1) rat
a) wallaby
b) rat
c) wolf
d) koala

2) tamanoir
a) anteater
b) elephant
c) gorilla
d) frog

3) gorille
a) cow
b) gorilla
c) kangaroo
d) cougar

4) tigre
a) hippopotamus
b) tiger
c) buffalo
d) ocelot

5) lama
a) wallaby
b) jaguar
c) llama
d) koala

6) blaireau
a) hyena
b) goat
c) badger
d) bull

7) hyène
a) hyena
b) mule
c) squirrel
d) little dog

8) écureuil
a) aardvark
b) cow
c) squirrel
d) tortoise

9) petit chien
a) little dog
b) goat
c) panther
d) frog

10) chat
a) panda
b) mouse
c) cat
d) panther

11) chiot
a) crocodile
b) pup
c) mouse
d) llama

12) singe
a) monkey
b) tiger
c) lamb
d) donkey

13) lion
a) badger
b) dog
c) zebra
d) lion

14) cerf
a) giraffe
b) hippopotamus
c) baboon
d) deer

15) couguar
a) cougar
b) jaguar
c) rat
d) snake

16) cochon
a) gorilla
b) pig
c) porcupine
d) cat

17) hippopotame
a) sheep
b) elephant
c) cat
d) hippopotamus

18) cheval
a) horse
b) cat
c) squirrel
d) mule

19) babouin
a) hippopotamus
b) baboon
c) llama
d) koala

20) crapaud
a) cheetah
b) giraffe
c) little dog
d) toad

21) lynx
a) bobcat
b) llama
c) pup
d) mouse

22) chèvre
a) badger
b) goat
c) anteater
d) camel

23) crocodile
a) crocodile
b) alligator
c) baboon
d) beaver

24) tamias rayé
a) ocelot
b) cow
c) chipmunk
d) bull

#23 - Animals
Select the closest English word to match the French word.

1) tigre
a) camel
b) rat
c) badger
d) tiger

2) hyène
a) tiger
b) baboon
c) elephant
d) hyena

3) animal
a) cow
b) animal
c) chipmunk
d) jaguar

4) agneau
a) alligator
b) cow
c) chipmunk
d) lamb

5) zèbre
a) koala
b) zebra
c) hyena
d) panther

6) baudet
a) beaver
b) animal
c) horse
d) donkey

7) kangourou
a) kangaroo
b) gorilla
c) chipmunk
d) snake

8) cheval
a) horse
b) donkey
c) wallaby
d) deer

9) jaguar
a) cat
b) lamb
c) buffalo
d) jaguar

10) cochon
a) wallaby
b) alligator
c) crocodile
d) pig

11) babouin
a) rhinoceros
b) cow
c) zebra
d) baboon

12) tortue
a) beaver
b) tortoise
c) mule
d) goat

13) girafe
a) gorilla
b) goat
c) giraffe
d) toad

14) castor
a) wolf
b) beaver
c) panda
d) aardvark

15) blaireau
a) lion
b) badger
c) frog
d) anteater

16) wallaby
a) mule
b) cheetah
c) wallaby
d) leopard

17) lapin
a) rabbit
b) cow
c) rat
d) chipmunk

18) lion
a) donkey
b) squirrel
c) cheetah
d) lion

19) serpent
a) snake
b) toad
c) bobcat
d) baboon

20) koala
a) baboon
b) koala
c) bull
d) panda

21) chiot
a) baboon
b) jaguar
c) hyena
d) pup

22) taureau
a) gazelle
b) crocodile
c) bull
d) cat

23) petit chien
a) little dog
b) panther
c) beaver
d) porcupine

24) oryctérope du Cap
a) fox
b) mule
c) aardvark
d) monkey

#24 - Animals
Select the closest French word to match the English word.

1) tiger
a) guépard
b) chiot
c) chameau
d) tigre

2) snake
a) tamias rayé
b) blaireau
c) tortue
d) serpent

3) pig
a) cochon
b) mouton
c) chien
d) tamanoir

4) bobcat
a) grenouille
b) chameau
c) lynx
d) animal

5) mule
a) mulet
b) vache
c) souris
d) tamanoir

6) little dog
a) babouin
b) petit chien
c) lama
d) vache

7) sheep
a) alligator
b) panda
c) mouton
d) taureau

8) donkey
a) kangourou
b) léopard
c) baudet
d) loup

9) cat
a) panda
b) singe
c) chat
d) chèvre

10) porcupine
a) chameau
b) mouton
c) porc-épic
d) tortue

11) anteater
a) tamanoir
b) jaguar
c) mouton
d) mulet

12) deer
a) chat
b) couguar
c) cerf
d) lion

13) dog
a) baudet
b) chèvre
c) bison
d) chien

14) wolf
a) crocodile
b) singe
c) loup
d) mouton

15) panda
a) chameau
b) panda
c) ocelot
d) vache

16) bull
a) chat
b) taureau
c) alligator
d) rhinocéros

17) chipmunk
a) wallaby
b) cerf
c) grenouille
d) tamias rayé

18) llama
a) lynx
b) lama
c) alligator
d) cheval

19) koala
a) alligator
b) chiot
c) mulet
d) koala

20) cougar
a) rat
b) gorille
c) panthère
d) couguar

21) rat
a) blaireau
b) souris
c) rat
d) écureuil

22) hippopotamus
a) castor
b) jaguar
c) hippopotame
d) bison

23) cheetah
a) guépard
b) hippopotame
c) renard
d) loup

24) giraffe
a) girafe
b) jaguar
c) couguar
d) cerf

#25 - Animals
Select the closest French word to match the English word.

1) hippopotamus
  a) chiot
  b) cerf
  c) hippopotame
  d) souris

2) donkey
  a) gorille
  b) baudet
  c) tortue
  d) serpent

3) camel
  a) alligator
  b) serpent
  c) couguar
  d) chameau

4) little dog
  a) cerf
  b) souris
  c) petit chien
  d) rat

5) fox
  a) crocodile
  b) éléphant
  c) lapin
  d) renard

6) mouse
  a) couguar
  b) baudet
  c) souris
  d) taureau

7) pig
  a) chiot
  b) tamias rayé
  c) cochon
  d) agneau

8) jaguar
  a) alligator
  b) tigre
  c) jaguar
  d) singe

9) aardvark
  a) agneau
  b) oryctérope du Cap
  c) guépard
  d) panda

10) bull
  a) chameau
  b) taureau
  c) chiot
  d) bison

11) wallaby
  a) chameau
  b) wallaby
  c) chat
  d) baudet

12) kangaroo
  a) tortue
  b) kangourou
  c) hippopotame
  d) alligator

13) sheep
  a) tortue
  b) agneau
  c) mouton
  d) porc-épic

14) bear
  a) girafe
  b) souris
  c) ours
  d) porc-épic

15) alligator
  a) porc-épic
  b) alligator
  c) animal
  d) oryctérope du Cap

16) badger
  a) singe
  b) wallaby
  c) blaireau
  d) tatou

17) snake
  a) taureau
  b) kangourou
  c) serpent
  d) singe

18) rhinoceros
  a) cochon
  b) agneau
  c) rhinocéros
  d) babouin

19) porcupine
  a) porc-épic
  b) castor
  c) panda
  d) chameau

20) panther
  a) taureau
  b) ours
  c) panthère
  d) chiot

21) wolf
  a) hyène
  b) loup
  c) lynx
  d) tatou

22) rat
  a) gazelle
  b) chien
  c) rat
  d) rhinocéros

23) tortoise
  a) tortue
  b) panda
  c) mouton
  d) baudet

24) giraffe
  a) ocelot
  b) cochon
  c) souris
  d) girafe

#26 - Animals
Select the closest French word to match the English word.

1) snake
 a) wallaby
 b) agneau
 c) serpent
 d) rat

2) gorilla
 a) wallaby
 b) gorille
 c) rat
 d) porc-épic

3) kangaroo
 a) tamias rayé
 b) léopard
 c) cheval
 d) kangourou

4) tiger
 a) rat
 b) guépard
 c) tigre
 d) hippopotame

5) mule
 a) oryctérope du Cap
 b) baudet
 c) zèbre
 d) mulet

6) monkey
 a) singe
 b) renard
 c) écureuil
 d) bison

7) porcupine
 a) tamanoir
 b) hippopotame
 c) porc-épic
 d) chameau

8) leopard
 a) rat
 b) hyène
 c) léopard
 d) castor

9) panda
 a) lapin
 b) rhinocéros
 c) panda
 d) tigre

10) sheep
 a) loup
 b) serpent
 c) singe
 d) mouton

11) camel
 a) lama
 b) chameau
 c) léopard
 d) kangourou

12) pup
 a) chiot
 b) lama
 c) ours
 d) panda

13) beaver
 a) guépard
 b) gazelle
 c) castor
 d) lapin

14) elephant
 a) kangourou
 b) éléphant
 c) tigre
 d) mouton

15) little dog
 a) grenouille
 b) petit chien
 c) vache
 d) lynx

16) toad
 a) cerf
 b) crapaud
 c) tatou
 d) souris

17) rabbit
 a) crocodile
 b) lapin
 c) bison
 d) wallaby

18) pig
 a) girafe
 b) singe
 c) tamanoir
 d) cochon

19) bull
 a) taureau
 b) petit chien
 c) porc-épic
 d) lion

20) llama
 a) taureau
 b) bison
 c) lama
 d) mulet

21) cougar
 a) gorille
 b) grenouille
 c) cheval
 d) couguar

22) badger
 a) blaireau
 b) ocelot
 c) chèvre
 d) cheval

23) horse
 a) loup
 b) cheval
 c) lapin
 d) kangourou

24) baboon
 a) cerf
 b) gazelle
 c) wallaby
 d) babouin

#27 - Animals
Select the closest French word to match the English word.

1) armadillo
a) tatou
b) taureau
c) chèvre
d) rhinocéros

2) buffalo
a) gorille
b) blaireau
c) ocelot
d) bison

3) badger
a) cheval
b) castor
c) blaireau
d) jaguar

4) panther
a) tortue
b) panthère
c) rhinocéros
d) hippopotame

5) cougar
a) lion
b) chiot
c) couguar
d) girafe

6) monkey
a) mouton
b) chat
c) singe
d) kangourou

7) mule
a) mulet
b) lama
c) couguar
d) gorille

8) leopard
a) lynx
b) éléphant
c) blaireau
d) léopard

9) giraffe
a) koala
b) hyène
c) crapaud
d) girafe

10) alligator
a) renard
b) alligator
c) ours
d) baudet

11) zebra
a) panda
b) couguar
c) zèbre
d) blaireau

12) gorilla
a) gorille
b) castor
c) souris
d) cochon

13) bull
a) souris
b) éléphant
c) castor
d) taureau

14) bear
a) ours
b) ocelot
c) chien
d) écureuil

15) tortoise
a) rhinocéros
b) tortue
c) crapaud
d) hyène

16) hyena
a) souris
b) hyène
c) ours
d) petit chien

17) llama
a) chèvre
b) lama
c) hippopotame
d) babouin

18) little dog
a) petit chien
b) hyène
c) hippopotame
d) chien

19) lamb
a) tigre
b) agneau
c) chien
d) taureau

20) anteater
a) oryctérope du Cap
b) babouin
c) tamanoir
d) agneau

21) cow
a) ours
b) vache
c) bison
d) wallaby

22) chipmunk
a) gorille
b) tamias rayé
c) animal
d) renard

23) gazelle
a) chameau
b) chat
c) panda
d) gazelle

24) kangaroo
a) grenouille
b) jaguar
c) kangourou
d) porc-épic

35

#28 - Animals
Select the closest French word to match the English word.

1) porcupine
- a) porc-épic
- b) zèbre
- c) kangourou
- d) tamanoir

2) wallaby
- a) singe
- b) bison
- c) écureuil
- d) wallaby

3) pig
- a) animal
- b) bison
- c) cochon
- d) petit chien

4) panther
- a) lynx
- b) chat
- c) petit chien
- d) panthère

5) alligator
- a) koala
- b) chat
- c) gorille
- d) alligator

6) horse
- a) grenouille
- b) agneau
- c) cheval
- d) chien

7) fox
- a) éléphant
- b) écureuil
- c) renard
- d) castor

8) koala
- a) chat
- b) cerf
- c) cochon
- d) koala

9) hippopotamus
- a) tigre
- b) grenouille
- c) alligator
- d) hippopotame

10) buffalo
- a) girafe
- b) lama
- c) bison
- d) petit chien

11) tiger
- a) lama
- b) couguar
- c) tigre
- d) baudet

12) monkey
- a) renard
- b) kangourou
- c) singe
- d) hippopotame

13) baboon
- a) animal
- b) rhinocéros
- c) babouin
- d) crapaud

14) anteater
- a) cerf
- b) taureau
- c) vache
- d) tamanoir

15) cougar
- a) bison
- b) couguar
- c) hyène
- d) chien

16) wolf
- a) loup
- b) écureuil
- c) mouton
- d) léopard

17) armadillo
- a) tatou
- b) souris
- c) lapin
- d) panda

18) gorilla
- a) cochon
- b) tamias rayé
- c) gorille
- d) lynx

19) bobcat
- a) panthère
- b) lynx
- c) kangourou
- d) tamias rayé

20) cheetah
- a) guépard
- b) zèbre
- c) souris
- d) cerf

21) chipmunk
- a) alligator
- b) jaguar
- c) tamias rayé
- d) mouton

22) camel
- a) petit chien
- b) chameau
- c) chèvre
- d) grenouille

23) frog
- a) ocelot
- b) rhinocéros
- c) chameau
- d) grenouille

24) zebra
- a) blaireau
- b) éléphant
- c) panda
- d) zèbre

#29 - Animals
Select the closest French word to match the English word.

1) tiger
a) porc-épic
b) ours
c) tigre
d) tamias rayé

2) bear
a) jaguar
b) ours
c) lapin
d) wallaby

3) tortoise
a) tortue
b) alligator
c) cochon
d) blaireau

4) mouse
a) lynx
b) zèbre
c) hippopotame
d) souris

5) badger
a) hippopotame
b) singe
c) couguar
d) blaireau

6) leopard
a) éléphant
b) léopard
c) tamanoir
d) lapin

7) cougar
a) hyène
b) babouin
c) couguar
d) girafe

8) rat
a) gorille
b) éléphant
c) vache
d) rat

9) toad
a) crapaud
b) panthère
c) gorille
d) léopard

10) elephant
a) éléphant
b) zèbre
c) cochon
d) crocodile

11) aardvark
a) crocodile
b) oryctérope du Cap
c) baudet
d) souris

12) bobcat
a) chiot
b) couguar
c) léopard
d) lynx

13) panther
a) serpent
b) panthère
c) grenouille
d) lapin

14) zebra
a) chat
b) koala
c) wallaby
d) zèbre

15) kangaroo
a) éléphant
b) kangourou
c) chat
d) crocodile

16) giraffe
a) ocelot
b) animal
c) lapin
d) girafe

17) jaguar
a) oryctérope du Cap
b) loup
c) jaguar
d) cheval

18) pig
a) bison
b) blaireau
c) tatou
d) cochon

19) donkey
a) tamias rayé
b) serpent
c) baudet
d) tamanoir

20) gazelle
a) souris
b) gazelle
c) taureau
d) castor

21) frog
a) rat
b) chèvre
c) grenouille
d) cerf

22) animal
a) animal
b) alligator
c) zèbre
d) girafe

23) panda
a) kangourou
b) panda
c) lion
d) animal

24) cheetah
a) tamanoir
b) éléphant
c) castor
d) guépard

#30 - Animals
Select the closest French word to match the English word.

1) hyena
a) hyène
b) tamanoir
c) tigre
d) wallaby

2) wolf
a) grenouille
b) loup
c) écureuil
d) gorille

3) llama
a) porc-épic
b) cerf
c) lama
d) taureau

4) animal
a) lion
b) singe
c) éléphant
d) animal

5) leopard
a) babouin
b) léopard
c) ours
d) renard

6) pig
a) léopard
b) lion
c) cochon
d) blaireau

7) cougar
a) koala
b) ocelot
c) porc-épic
d) couguar

8) kangaroo
a) kangourou
b) wallaby
c) singe
d) hippopotame

9) buffalo
a) tortue
b) vache
c) souris
d) bison

10) chipmunk
a) petit chien
b) cheval
c) tamias rayé
d) gorille

11) bull
a) ocelot
b) lapin
c) taureau
d) tamanoir

12) bobcat
a) lynx
b) baudet
c) couguar
d) crapaud

13) aardvark
a) couguar
b) oryctérope du Cap
c) agneau
d) babouin

14) mouse
a) baudet
b) souris
c) gorille
d) taureau

15) cow
a) souris
b) gorille
c) vache
d) porc-épic

16) bear
a) chèvre
b) gazelle
c) ours
d) couguar

17) toad
a) vache
b) porc-épic
c) crapaud
d) chien

18) panda
a) couguar
b) castor
c) panda
d) gazelle

19) snake
a) guépard
b) petit chien
c) serpent
d) couguar

20) donkey
a) baudet
b) chèvre
c) singe
d) hippopotame

21) jaguar
a) jaguar
b) wallaby
c) crocodile
d) tatou

22) cheetah
a) léopard
b) kangourou
c) jaguar
d) guépard

23) wallaby
a) couguar
b) éléphant
c) wallaby
d) chiot

24) pup
a) vache
b) singe
c) tamanoir
d) chiot

#31 - Around the House
Select the closest English word to match the French word.

1) lit de camp
a) pillow
b) radio
c) cot
d) washing machine

2) toit
a) roof
b) curtain
c) clock
d) television

3) rideau de douche
a) shower curtain
b) handbag
c) dishwasher
d) stove

4) lave-vaisselle
a) broom
b) dresser
c) dishwasher
d) clock

5) mur
a) table
b) knife
c) chair
d) wall

6) tiroir
a) shower
b) tap
c) drawer
d) radio

7) oreiller
a) water
b) clock
c) blanket
d) pillow

8) mixeur
a) fork
b) blender
c) spoon
d) floor

9) bouteille
a) radio
b) floor
c) bottle
d) wardrobe

10) réveille-matin
a) table
b) rubbish bag
c) alarm clock
d) frying pan

11) téléphone
a) television
b) rubbish can
c) kitchen
d) telephone

12) balai
a) broom
b) chair
c) hoover
d) cabinet

13) grille-pain
a) lamp
b) loo
c) soap
d) toaster

14) télévision
a) plate
b) loo
c) box
d) television

15) douche
a) cup
b) shower
c) alarm clock
d) ceiling

16) cuisinière
a) stove
b) alarm clock
c) box
d) painting

17) cuisine
a) tap
b) painting
c) ceiling
d) kitchen

18) maison
a) lamp
b) house
c) clock
d) dish

19) robinet
a) torch
b) tap
c) bed
d) bag

20) salle de bain
a) carpet
b) freezer
c) loo
d) curtain

21) vase
a) dishwasher
b) blender
c) blanket
d) vase

22) armoire
a) wardrobe
b) box
c) bottle
d) bookcase

23) horloge
a) washing machine
b) rubbish can
c) bed
d) clock

24) portefeuille
a) cot
b) soap
c) wallet
d) dresser

#32 - Around the House
Select the closest English word to match the French word.

1) cuillière
a) drier
b) spoon
c) bed
d) bottle

2) évier
a) kitchen sink
b) shelf
c) frying pan
d) bath (tub)

3) couverture
a) roof
b) vase
c) blanket
d) switch

4) réfrigérateur
a) pillow
b) refrigerator
c) telephone
d) mirror

5) télévision
a) television
b) bowl
c) chair
d) sleeping bag

6) téléphone
a) knife
b) pail
c) bath (tub)
d) telephone

7) rideau de douche
a) drier
b) bowl
c) shower curtain
d) carpet

8) miroir
a) loo
b) drinking glass
c) stove
d) mirror

9) couteau
a) knife
b) purse
c) handbag
d) blanket

10) congélateur
a) purse
b) bottle
c) freezer
d) switch

11) bol
a) dish
b) drawer
c) bowl
d) kitchen

12) baignoire
a) chair
b) curtain
c) bath (tub)
d) sleeping bag

13) boîte
a) box
b) switch
c) tap
d) sleeping bag

14) chaise
a) door
b) shower
c) chair
d) lamp

15) eau
a) ceiling
b) box
c) drier
d) water

16) image
a) washing machine
b) kettle
c) image
d) hoover

17) maison
a) frying pan
b) blender
c) lamp
d) house

18) poêle
a) ashtray
b) sleeping bag
c) fork
d) frying pan

19) lampe
a) vase
b) coffee pot
c) lamp
d) rubbish can

20) sac de couchage
a) torch
b) sleeping bag
c) handbag
d) kitchen

21) lit de camp
a) dresser
b) pot
c) cot
d) bath (tub)

22) porte-monnaie
a) alarm clock
b) chair
c) purse
d) box

23) vase
a) bowl
b) alarm clock
c) stove
d) vase

24) oreiller
a) water
b) pillow
c) roof
d) house

#33 - Around the House
Select the closest English word to match the French word.

1) vase
a) washing machine
b) box
c) pillow
d) vase

2) boîte
a) kitchen
b) switch
c) broom
d) box

3) eau
a) painting
b) kettle
c) pail
d) water

4) oreiller
a) water
b) pillow
c) kitchen sink
d) lamp

5) fourchette
a) freezer
b) fork
c) napkin
d) washing machine

6) réfrigérateur
a) refrigerator
b) freezer
c) telephone
d) roof

7) table
a) water
b) table
c) cup
d) box

8) cuisinière
a) knife
b) bowl
c) kitchen sink
d) stove

9) canapé
a) couch
b) spoon
c) table
d) switch

10) lampe
a) lamp
b) torch
c) vase
d) handbag

11) rideau
a) bottle
b) drier
c) washing machine
d) curtain

12) poubelle
a) knife
b) rubbish can
c) ashtray
d) bottle

13) salle de bain
a) painting
b) dishwasher
c) loo
d) pillow

14) étagère
a) torch
b) bookcase
c) sleeping bag
d) shelf

15) meuble
a) furniture
b) hoover
c) blanket
d) fork

16) commode
a) cabinet
b) drawer
c) dresser
d) hoover

17) toit
a) handbag
b) ashtray
c) bag
d) roof

18) marmite
a) toaster
b) pot
c) clock
d) napkin

19) chaise
a) clock
b) sleeping bag
c) blender
d) chair

20) congélateur
a) telephone
b) lamp
c) shelf
d) freezer

21) lit
a) blanket
b) shower
c) bed
d) ashtray

22) porte-monnaie
a) purse
b) bowl
c) soap
d) floor

23) tapis
a) wall
b) carpet
c) cup
d) dresser

24) douche
a) pillow
b) hoover
c) napkin
d) shower

#34 - Around the House
Select the closest English word to match the French word.

1) bol
a) bowl
b) purse
c) switch
d) staircase

2) lit
a) alarm clock
b) door
c) bed
d) carpet

3) congélateur
a) freezer
b) furniture
c) switch
d) spoon

4) armoire
a) door
b) table
c) wardrobe
d) carpet

5) placard
a) kettle
b) cabinet
c) clock
d) shelf

6) mixeur
a) pillow
b) staircase
c) blender
d) roof

7) plat
a) bookcase
b) image
c) coffee pot
d) dish

8) cuisinière
a) rubbish can
b) stove
c) fork
d) bath (tub)

9) douche
a) coffee pot
b) freezer
c) shower
d) roof

10) tapis
a) carpet
b) chair
c) television
d) kitchen sink

11) télévision
a) television
b) shower curtain
c) torch
d) couch

12) eau
a) rubbish can
b) curtain
c) water
d) loo

13) lampe de poche
a) wallet
b) pot
c) torch
d) drinking glass

14) poste de radio
a) radio
b) handbag
c) house
d) ceiling

15) oreiller
a) pillow
b) bath (tub)
c) couch
d) freezer

16) aspirateur
a) house
b) carpet
c) hoover
d) dish

17) rideau
a) stove
b) dresser
c) curtain
d) kitchen sink

18) chaise
a) house
b) curtain
c) radio
d) chair

19) vase
a) purse
b) broom
c) vase
d) dresser

20) fourchette
a) torch
b) vase
c) bag
d) fork

21) maison
a) bookcase
b) house
c) dish
d) rubbish can

22) assiette
a) plate
b) refrigerator
c) staircase
d) shelf

23) téléphone
a) rubbish can
b) key
c) curtain
d) telephone

24) poêle
a) spoon
b) rubbish bag
c) hoover
d) frying pan

#35 - Around the House
Select the closest English word to match the French word.

1) porte-monnaie
a) purse
b) dish
c) loo
d) fork

2) sèche-linge
a) cot
b) drier
c) kettle
d) alarm clock

3) sac de couchage
a) staircase
b) torch
c) broom
d) sleeping bag

4) canapé
a) switch
b) loo
c) couch
d) wardrobe

5) rideau
a) curtain
b) rubbish bag
c) purse
d) roof

6) robinet
a) shower
b) pail
c) tap
d) bed

7) réveille-matin
a) wall
b) kitchen sink
c) alarm clock
d) carpet

8) miroir
a) mirror
b) lamp
c) curtain
d) wall

9) sac poubelle
a) staircase
b) drinking glass
c) pail
d) rubbish bag

10) commode
a) door
b) dresser
c) refrigerator
d) painting

11) portefeuille
a) napkin
b) wallet
c) alarm clock
d) stove

12) marmite
a) pot
b) tap
c) rubbish can
d) toaster

13) douche
a) plate
b) shower
c) clock
d) kettle

14) boîte
a) roof
b) bag
c) chair
d) box

15) image
a) image
b) sheet
c) toaster
d) hoover

16) lave-vaisselle
a) dishwasher
b) house
c) bed
d) tap

17) lit de camp
a) key
b) cot
c) carpet
d) vase

18) couteau
a) knife
b) wardrobe
c) floor
d) furniture

19) sac à main
a) pail
b) handbag
c) rubbish bag
d) shelf

20) poubelle
a) rubbish bag
b) rubbish can
c) purse
d) bottle

21) escalier
a) stove
b) image
c) pail
d) staircase

22) lampe de poche
a) roof
b) torch
c) lamp
d) loo

23) clé
a) shower
b) key
c) switch
d) picture

24) cafetière
a) coffee pot
b) radio
c) blender
d) rubbish can

#36 - Around the House
Select the closest English word to match the French word.

1) cendrier
a) lamp
b) ashtray
c) napkin
d) floor

2) bol
a) box
b) lamp
c) dishwasher
d) bowl

3) lit
a) pillow
b) radio
c) blender
d) bed

4) chaise
a) box
b) drier
c) chair
d) fork

5) lit de camp
a) box
b) drinking glass
c) cot
d) dishwasher

6) boîte
a) kitchen
b) vase
c) box
d) dish

7) serviette
a) hoover
b) napkin
c) vase
d) wall

8) plancher
a) bath (tub)
b) cabinet
c) floor
d) carpet

9) placard
a) alarm clock
b) blender
c) cabinet
d) ceiling

10) table
a) furniture
b) bed
c) bottle
d) table

11) meuble
a) shower
b) vase
c) picture
d) furniture

12) commode
a) drier
b) dresser
c) torch
d) furniture

13) maison
a) house
b) picture
c) fork
d) bag

14) bibliothèque
a) kitchen
b) bookcase
c) purse
d) rubbish bag

15) eau
a) kitchen
b) cot
c) dishwasher
d) water

16) tapis
a) drawer
b) pail
c) carpet
d) handbag

17) porte-monnaie
a) purse
b) wall
c) bath (tub)
d) hoover

18) poêle
a) frying pan
b) soap
c) napkin
d) torch

19) escalier
a) pail
b) staircase
c) table
d) soap

20) sac de couchage
a) knife
b) blanket
c) sleeping bag
d) shelf

21) savon
a) tap
b) roof
c) sheet
d) soap

22) portefeuille
a) plate
b) purse
c) napkin
d) wallet

23) congélateur
a) wardrobe
b) roof
c) alarm clock
d) freezer

24) bouteille
a) blanket
b) sheet
c) curtain
d) bottle

#37 - Around the House
Select the closest English word to match the French word.

1) portefeuille
a) stove
b) television
c) bookcase
d) wallet

2) étagère
a) carpet
b) picture
c) house
d) shelf

3) chaise
a) chair
b) dishwasher
c) coffee pot
d) image

4) plat
a) dish
b) clock
c) wall
d) television

5) salle de bain
a) dishwasher
b) blender
c) loo
d) broom

6) téléphone
a) wardrobe
b) box
c) telephone
d) ceiling

7) assiette
a) plate
b) picture
c) ashtray
d) torch

8) commode
a) soap
b) dresser
c) shower
d) key

9) plancher
a) bath (tub)
b) floor
c) bowl
d) ceiling

10) drap
a) refrigerator
b) switch
c) picture
d) sheet

11) bibliothèque
a) bookcase
b) bed
c) plate
d) rubbish can

12) réveille-matin
a) toaster
b) alarm clock
c) picture
d) mirror

13) cafetière
a) radio
b) rubbish can
c) key
d) coffee pot

14) réfrigérateur
a) lamp
b) carpet
c) drier
d) refrigerator

15) porte
a) pail
b) key
c) door
d) fork

16) bouteille
a) chair
b) plate
c) bottle
d) napkin

17) télévision
a) chair
b) furniture
c) blender
d) television

18) maison
a) water
b) wardrobe
c) house
d) drier

19) mixeur
a) curtain
b) blender
c) key
d) furniture

20) balai
a) rubbish can
b) floor
c) frying pan
d) broom

21) porte-monnaie
a) water
b) soap
c) frying pan
d) purse

22) lampe de poche
a) napkin
b) vase
c) blender
d) torch

23) miroir
a) key
b) loo
c) mirror
d) hoover

24) verre
a) bag
b) fork
c) drinking glass
d) roof

45

#38 - Around the House
Select the closest English word to match the French word.

1) bibliothèque
a) bookcase
b) cabinet
c) cup
d) coffee pot

2) salle de bain
a) dishwasher
b) television
c) ceiling
d) loo

3) verre
a) ceiling
b) drawer
c) drinking glass
d) blanket

4) seau
a) frying pan
b) pail
c) telephone
d) stove

5) bouteille
a) bag
b) bottle
c) house
d) knife

6) interrupteur
a) couch
b) switch
c) ashtray
d) stove

7) tapis
a) curtain
b) carpet
c) roof
d) pillow

8) plancher
a) washing machine
b) floor
c) alarm clock
d) tap

9) bol
a) dishwasher
b) vase
c) rubbish can
d) bowl

10) porte
a) shelf
b) cabinet
c) door
d) freezer

11) boîte
a) box
b) telephone
c) pail
d) purse

12) armoire
a) wardrobe
b) switch
c) dresser
d) blanket

13) eau
a) refrigerator
b) clock
c) water
d) washing machine

14) robinet
a) table
b) tap
c) painting
d) blender

15) table
a) shower curtain
b) chair
c) table
d) drawer

16) sac de couchage
a) sleeping bag
b) ceiling
c) switch
d) picture

17) cafetière
a) coffee pot
b) loo
c) dishwasher
d) pillow

18) sac à main
a) cup
b) handbag
c) floor
d) vase

19) toit
a) bed
b) roof
c) drinking glass
d) couch

20) savon
a) drier
b) torch
c) water
d) soap

21) rideau
a) curtain
b) door
c) blanket
d) picture

22) vase
a) mirror
b) purse
c) vase
d) plate

23) étagère
a) telephone
b) broom
c) shelf
d) carpet

24) rideau de douche
a) shower curtain
b) handbag
c) dish
d) washing machine

#39 - Around the House
Select the closest French word to match the English word.

1) picture
a) tableau
b) tapis
c) seau
d) rideau

2) rubbish bag
a) cuisine
b) sac poubelle
c) sèche-linge
d) sac à main

3) coffee pot
a) cafetière
b) drap
c) évier
d) sac à main

4) ceiling
a) plafond
b) évier
c) bouilloire
d) cafetière

5) sleeping bag
a) sac de couchage
b) bouteille
c) oreiller
d) douche

6) cot
a) lit de camp
b) interrupteur
c) table
d) seau

7) radio
a) bibliothèque
b) poste de radio
c) vase
d) table

8) door
a) porte
b) marmite
c) lampe de poche
d) rideau de douche

9) pillow
a) oreiller
b) réveille-matin
c) cuisine
d) clé

10) curtain
a) douche
b) maison
c) rideau
d) interrupteur

11) bottle
a) image
b) lampe
c) bouteille
d) commode

12) roof
a) cuisine
b) évier
c) plafond
d) toit

13) house
a) maison
b) poubelle
c) lampe
d) douche

14) bookcase
a) lampe de poche
b) sac de couchage
c) poubelle
d) bibliothèque

15) alarm clock
a) mixeur
b) canapé
c) grille-pain
d) réveille-matin

16) drawer
a) tiroir
b) oreiller
c) meuble
d) lit de camp

17) loo
a) rideau de douche
b) lave-vaisselle
c) salle de bain
d) seau

18) shower curtain
a) rideau de douche
b) cuisinière
c) baignoire
d) tiroir

19) torch
a) escalier
b) rideau de douche
c) lampe de poche
d) verre

20) furniture
a) seau
b) machine à laver
c) poubelle
d) meuble

21) wallet
a) canapé
b) porte
c) horloge
d) portefeuille

22) dish
a) réveille-matin
b) sac de couchage
c) clé
d) plat

23) broom
a) bibliothèque
b) congélateur
c) balai
d) boîte

24) kettle
a) commode
b) bouilloire
c) interrupteur
d) aspirateur

#40 - Around the House
Select the closest French word to match the English word.

1) dishwasher
 a) couteau
 b) lave-vaisselle
 c) cendrier
 d) sac à main

2) refrigerator
 a) congélateur
 b) mur
 c) chaise
 d) réfrigérateur

3) purse
 a) réfrigérateur
 b) bouteille
 c) lit
 d) porte-monnaie

4) hoover
 a) machine à laver
 b) image
 c) aspirateur
 d) seau

5) wardrobe
 a) lit de camp
 b) armoire
 c) table
 d) grille-pain

6) curtain
 a) rideau
 b) téléphone
 c) tiroir
 d) cuisinière

7) tap
 a) poubelle
 b) robinet
 c) sac
 d) seau

8) dresser
 a) plancher
 b) cuisinière
 c) commode
 d) aspirateur

9) dish
 a) plat
 b) sac à main
 c) assiette
 d) miroir

10) broom
 a) assiette
 b) balai
 c) tapis
 d) lampe

11) shelf
 a) miroir
 b) étagère
 c) cuisine
 d) sac de couchage

12) television
 a) lave-vaisselle
 b) cuillière
 c) couverture
 d) télévision

13) shower
 a) balai
 b) toit
 c) douche
 d) lampe

14) floor
 a) plancher
 b) porte-monnaie
 c) cendrier
 d) sac à main

15) napkin
 a) poubelle
 b) bol
 c) serviette
 d) fourchette

16) mirror
 a) téléphone
 b) rideau
 c) marmite
 d) miroir

17) bath (tub)
 a) miroir
 b) lampe de poche
 c) boîte
 d) baignoire

18) kitchen sink
 a) grille-pain
 b) évier
 c) sac à main
 d) réveille-matin

19) soap
 a) tiroir
 b) bibliothèque
 c) plat
 d) savon

20) table
 a) mixeur
 b) table
 c) tableau
 d) réveille-matin

21) handbag
 a) sac à main
 b) rideau
 c) étagère
 d) toit

22) pot
 a) salle de bain
 b) marmite
 c) peinture
 d) toit

23) picture
 a) table
 b) bibliothèque
 c) fourchette
 d) tableau

24) water
 a) bol
 b) robinet
 c) eau
 d) rideau

#41 - Around the House
Select the closest French word to match the English word.

1) kettle
a) rideau
b) fourchette
c) bouilloire
d) assiette

2) box
a) clé
b) téléphone
c) horloge
d) boîte

3) bottle
a) drap
b) boîte
c) bouteille
d) image

4) wallet
a) escalier
b) sac
c) aspirateur
d) portefeuille

5) loo
a) balai
b) salle de bain
c) canapé
d) armoire

6) coffee pot
a) fourchette
b) verre
c) cafetière
d) machine à laver

7) roof
a) toit
b) évier
c) tasse
d) peinture

8) vase
a) vase
b) peinture
c) sac à main
d) tasse

9) toaster
a) poste de radio
b) bol
c) grille-pain
d) télévision

10) kitchen sink
a) évier
b) lampe
c) rideau de douche
d) cafetière

11) drawer
a) bouilloire
b) lampe
c) tiroir
d) réveille-matin

12) rubbish bag
a) sac poubelle
b) lit
c) marmite
d) clé

13) telephone
a) réveille-matin
b) tapis
c) téléphone
d) salle de bain

14) washing machine
a) tapis
b) machine à laver
c) portefeuille
d) serviette

15) blender
a) mixeur
b) mur
c) aspirateur
d) baignoire

16) stove
a) canapé
b) cuisinière
c) oreiller
d) tableau

17) water
a) plancher
b) tapis
c) sèche-linge
d) eau

18) carpet
a) couteau
b) sac à main
c) serviette
d) tapis

19) mirror
a) vase
b) miroir
c) horloge
d) plat

20) curtain
a) téléphone
b) rideau
c) armoire
d) télévision

21) purse
a) porte-monnaie
b) lave-vaisselle
c) couteau
d) oreiller

22) dresser
a) commode
b) tableau
c) étagère
d) salle de bain

23) refrigerator
a) réveille-matin
b) réfrigérateur
c) seau
d) plafond

24) switch
a) interrupteur
b) tasse
c) réveille-matin
d) verre

#42 - Around the House
Select the closest French word to match the English word.

1) bath (tub)
   a) chaise
   b) baignoire
   c) tapis
   d) assiette

2) image
   a) bouteille
   b) meuble
   c) armoire
   d) image

3) house
   a) peinture
   b) armoire
   c) assiette
   d) maison

4) plate
   a) mur
   b) grille-pain
   c) assiette
   d) poste de radio

5) floor
   a) seau
   b) plancher
   c) lave-vaisselle
   d) eau

6) curtain
   a) rideau
   b) poste de radio
   c) lit de camp
   d) plancher

7) wardrobe
   a) armoire
   b) meuble
   c) robinet
   d) mur

8) kettle
   a) tasse
   b) bouilloire
   c) poubelle
   d) couverture

9) painting
   a) peinture
   b) commode
   c) tableau
   d) cuillière

10) sheet
   a) poste de radio
   b) escalier
   c) drap
   d) salle de bain

11) refrigerator
   a) tasse
   b) réfrigérateur
   c) bouilloire
   d) meuble

12) roof
   a) chaise
   b) escalier
   c) toit
   d) sèche-linge

13) radio
   a) boîte
   b) poste de radio
   c) verre
   d) clé

14) wallet
   a) sèche-linge
   b) sac à main
   c) portefeuille
   d) table

15) cot
   a) clé
   b) lit de camp
   c) couteau
   d) serviette

16) torch
   a) téléphone
   b) porte
   c) lampe de poche
   d) commode

17) staircase
   a) escalier
   b) porte-monnaie
   c) image
   d) fourchette

18) kitchen sink
   a) lit de camp
   b) cuisinière
   c) évier
   d) porte-monnaie

19) alarm clock
   a) évier
   b) bol
   c) lampe
   d) réveille-matin

20) broom
   a) bol
   b) boîte
   c) balai
   d) télévision

21) pillow
   a) oreiller
   b) sac à main
   c) balai
   d) placard

22) wall
   a) clé
   b) sac de couchage
   c) oreiller
   d) mur

23) handbag
   a) bibliothèque
   b) toit
   c) sac à main
   d) escalier

24) couch
   a) canapé
   b) tasse
   c) étagère
   d) fourchette

#43 - Around the House
Select the closest French word to match the English word.

1) drier
a) aspirateur
b) verre
c) sèche-linge
d) robinet

2) ceiling
a) plafond
b) portefeuille
c) évier
d) escalier

3) telephone
a) commode
b) machine à laver
c) boîte
d) téléphone

4) alarm clock
a) horloge
b) poste de radio
c) réveille-matin
d) poubelle

5) radio
a) poste de radio
b) cuisine
c) grille-pain
d) placard

6) water
a) sèche-linge
b) eau
c) chaise
d) cafetière

7) frying pan
a) poubelle
b) boîte
c) poêle
d) lit

8) clock
a) porte
b) rideau de douche
c) tableau
d) horloge

9) bowl
a) oreiller
b) table
c) bol
d) commode

10) television
a) télévision
b) évier
c) tableau
d) maison

11) box
a) escalier
b) toit
c) boîte
d) lit de camp

12) shower
a) douche
b) couteau
c) sèche-linge
d) sac poubelle

13) kettle
a) mixeur
b) cuisine
c) sac à main
d) bouilloire

14) wallet
a) commode
b) verre
c) portefeuille
d) armoire

15) kitchen sink
a) oreiller
b) évier
c) plafond
d) lampe de poche

16) handbag
a) table
b) sac à main
c) robinet
d) eau

17) vase
a) lampe de poche
b) vase
c) drap
d) chaise

18) refrigerator
a) réfrigérateur
b) canapé
c) chaise
d) bibliothèque

19) bed
a) cuisinière
b) peinture
c) aspirateur
d) lit

20) wardrobe
a) sac à main
b) clé
c) armoire
d) escalier

21) plate
a) chaise
b) cafetière
c) lampe de poche
d) assiette

22) pillow
a) lampe de poche
b) cafetière
c) oreiller
d) drap

23) dish
a) plat
b) poêle
c) salle de bain
d) armoire

24) rubbish bag
a) sac poubelle
b) table
c) fourchette
d) douche

51

#44 - Around the House
Select the closest French word to match the English word.

1) radio
- a) bouteille
- b) tiroir
- c) fourchette
- d) poste de radio

2) fork
- a) cuisinière
- b) bol
- c) poste de radio
- d) fourchette

3) sheet
- a) seau
- b) mur
- c) drap
- d) porte-monnaie

4) drawer
- a) bouilloire
- b) tiroir
- c) lit de camp
- d) douche

5) water
- a) réveille-matin
- b) poubelle
- c) machine à laver
- d) eau

6) stove
- a) chaise
- b) cuisinière
- c) tableau
- d) miroir

7) alarm clock
- a) lave-vaisselle
- b) réveille-matin
- c) interrupteur
- d) balai

8) kitchen
- a) vase
- b) cuisine
- c) seau
- d) étagère

9) blanket
- a) porte-monnaie
- b) boîte
- c) couverture
- d) balai

10) shower curtain
- a) image
- b) rideau de douche
- c) couverture
- d) seau

11) shower
- a) sac à main
- b) chaise
- c) poêle
- d) douche

12) mirror
- a) bol
- b) tableau
- c) miroir
- d) canapé

13) painting
- a) bouilloire
- b) table
- c) lit
- d) peinture

14) furniture
- a) meuble
- b) armoire
- c) rideau
- d) sac de couchage

15) carpet
- a) cafetière
- b) oreiller
- c) tapis
- d) télévision

16) bed
- a) robinet
- b) lit
- c) interrupteur
- d) clé

17) ashtray
- a) balai
- b) portefeuille
- c) cendrier
- d) miroir

18) bag
- a) image
- b) sac
- c) sac poubelle
- d) cuillière

19) bowl
- a) bol
- b) commode
- c) poste de radio
- d) lit de camp

20) bottle
- a) toit
- b) bouteille
- c) réfrigérateur
- d) salle de bain

21) television
- a) grille-pain
- b) télévision
- c) savon
- d) mur

22) shelf
- a) plafond
- b) image
- c) étagère
- d) bol

23) picture
- a) lit de camp
- b) cuisinière
- c) grille-pain
- d) tableau

24) cot
- a) téléphone
- b) lit de camp
- c) balai
- d) plafond

#45 - Around the House
Select the closest French word to match the English word.

1) staircase
a) machine à laver
b) escalier
c) bouilloire
d) maison

2) chair
a) poubelle
b) canapé
c) chaise
d) téléphone

3) blanket
a) baignoire
b) balai
c) réveille-matin
d) couverture

4) drier
a) commode
b) grille-pain
c) sac à main
d) sèche-linge

5) bed
a) lit
b) miroir
c) savon
d) rideau

6) door
a) porte-monnaie
b) porte
c) table
d) réfrigérateur

7) blender
a) cafetière
b) seau
c) mixeur
d) commode

8) kettle
a) toit
b) bouilloire
c) porte-monnaie
d) poste de radio

9) kitchen sink
a) évier
b) rideau
c) cuisine
d) rideau de douche

10) ashtray
a) cendrier
b) plafond
c) vase
d) lave-vaisselle

11) painting
a) baignoire
b) peinture
c) vase
d) sac poubelle

12) pot
a) tiroir
b) marmite
c) sac
d) bouilloire

13) mirror
a) miroir
b) assiette
c) vase
d) poubelle

14) sleeping bag
a) marmite
b) verre
c) sac de couchage
d) clé

15) toaster
a) toit
b) grille-pain
c) marmite
d) lit de camp

16) dresser
a) commode
b) mur
c) cendrier
d) poste de radio

17) freezer
a) cendrier
b) congélateur
c) lampe de poche
d) tapis

18) dishwasher
a) serviette
b) seau
c) lave-vaisselle
d) boîte

19) stove
a) bouilloire
b) grille-pain
c) cuisinière
d) cafetière

20) handbag
a) sac
b) sac à main
c) armoire
d) clé

21) bookcase
a) canapé
b) lit
c) bibliothèque
d) sac à main

22) bottle
a) téléphone
b) sac à main
c) sac
d) bouteille

23) bath (tub)
a) sac poubelle
b) miroir
c) baignoire
d) tableau

24) shower
a) machine à laver
b) robinet
c) assiette
d) douche

#46 - Birds
Select the closest English word to match the French word.

1) moineau
   a) bird
   b) owl
   c) pigeon
   d) sparrow

2) corbeau
   a) crow
   b) dove
   c) nightingale
   d) bird

3) vautour
   a) swan
   b) turkey
   c) vulture
   d) seagull

4) poule
   a) hen
   b) bird
   c) pheasant
   d) crow

5) cigogne
   a) parrot
   b) rooster
   c) vulture
   d) stork

6) aigle
   a) goose
   b) parrot
   c) pigeon
   d) eagle

7) oie
   a) flamingo
   b) seagull
   c) goose
   d) hen

8) faucon
   a) hawk
   b) nightingale
   c) swan
   d) turkey

9) autruche
   a) duck
   b) heron
   c) ostrich
   d) turkey

10) flamant
   a) flamingo
   b) rooster
   c) sparrow
   d) dove

11) cygne
   a) ostrich
   b) goose
   c) eagle
   d) swan

12) oiseau
   a) bird
   b) stork
   c) goose
   d) owl

13) rossignol
   a) flamingo
   b) duck
   c) nightingale
   d) dove

14) faisan
   a) bird
   b) parrot
   c) vulture
   d) pheasant

15) hibou
   a) ostrich
   b) swan
   c) owl
   d) crow

16) dinde
   a) crow
   b) rooster
   c) turkey
   d) parrot

17) pigeon
   a) nightingale
   b) rooster
   c) pigeon
   d) hawk

18) coq
   a) nightingale
   b) duck
   c) stork
   d) rooster

19) canard
   a) stork
   b) parrot
   c) duck
   d) pelican

20) mouette
   a) seagull
   b) hawk
   c) pelican
   d) heron

21) perroquet
   a) parrot
   b) vulture
   c) hen
   d) bird

22) colombe
   a) dove
   b) turkey
   c) ostrich
   d) parrot

23) héron
   a) pelican
   b) heron
   c) seagull
   d) dove

24) pélican
   a) parrot
   b) crow
   c) pelican
   d) rooster

#47 - Birds
Select the closest English word to match the French word.

1) aigle
a) pigeon
b) swan
c) crow
d) eagle

2) coq
a) duck
b) eagle
c) rooster
d) bird

3) colombe
a) pigeon
b) pheasant
c) turkey
d) dove

4) canard
a) nightingale
b) parrot
c) duck
d) pelican

5) moineau
a) seagull
b) eagle
c) ostrich
d) sparrow

6) poule
a) hen
b) seagull
c) vulture
d) pelican

7) corbeau
a) pelican
b) flamingo
c) crow
d) seagull

8) hibou
a) turkey
b) parrot
c) duck
d) owl

9) cigogne
a) stork
b) sparrow
c) flamingo
d) ostrich

10) rossignol
a) ostrich
b) nightingale
c) goose
d) hawk

11) pélican
a) ostrich
b) pelican
c) turkey
d) flamingo

12) dinde
a) vulture
b) goose
c) turkey
d) pheasant

13) faisan
a) owl
b) eagle
c) turkey
d) pheasant

14) flamant
a) pigeon
b) ostrich
c) flamingo
d) hen

15) cygne
a) nightingale
b) owl
c) swan
d) turkey

16) faucon
a) pheasant
b) hawk
c) duck
d) pelican

17) pigeon
a) pelican
b) pigeon
c) swan
d) sparrow

18) héron
a) seagull
b) heron
c) goose
d) dove

19) mouette
a) rooster
b) turkey
c) flamingo
d) seagull

20) perroquet
a) ostrich
b) seagull
c) sparrow
d) parrot

21) vautour
a) nightingale
b) duck
c) vulture
d) hen

22) autruche
a) seagull
b) owl
c) crow
d) ostrich

23) oiseau
a) nightingale
b) sparrow
c) ostrich
d) bird

24) oie
a) pheasant
b) goose
c) bird
d) swan

#48 - Birds
Select the closest English word to match the French word.

1) aigle
a) eagle
b) ostrich
c) goose
d) parrot

2) faucon
a) seagull
b) crow
c) stork
d) hawk

3) oie
a) goose
b) dove
c) duck
d) seagull

4) autruche
a) pheasant
b) ostrich
c) heron
d) pelican

5) colombe
a) rooster
b) seagull
c) pelican
d) dove

6) perroquet
a) duck
b) pigeon
c) parrot
d) rooster

7) poule
a) owl
b) hen
c) goose
d) bird

8) coq
a) parrot
b) rooster
c) ostrich
d) owl

9) cigogne
a) stork
b) ostrich
c) pigeon
d) hen

10) dinde
a) owl
b) flamingo
c) swan
d) turkey

11) oiseau
a) hen
b) turkey
c) swan
d) bird

12) héron
a) heron
b) flamingo
c) seagull
d) dove

13) rossignol
a) duck
b) pheasant
c) nightingale
d) pelican

14) faisan
a) nightingale
b) bird
c) pelican
d) pheasant

15) pigeon
a) heron
b) flamingo
c) pigeon
d) turkey

16) hibou
a) pelican
b) owl
c) flamingo
d) goose

17) pélican
a) rooster
b) pelican
c) bird
d) pheasant

18) corbeau
a) swan
b) turkey
c) crow
d) duck

19) canard
a) turkey
b) duck
c) seagull
d) nightingale

20) mouette
a) rooster
b) pigeon
c) heron
d) seagull

21) vautour
a) turkey
b) seagull
c) flamingo
d) vulture

22) cygne
a) pigeon
b) vulture
c) swan
d) nightingale

23) flamant
a) swan
b) flamingo
c) parrot
d) hawk

24) moineau
a) pigeon
b) hen
c) sparrow
d) parrot

#49 - Birds
Select the closest English word to match the French word.

1) coq
a) seagull
b) pheasant
c) rooster
d) pelican

2) moineau
a) nightingale
b) sparrow
c) ostrich
d) hawk

3) aigle
a) vulture
b) eagle
c) pigeon
d) duck

4) héron
a) swan
b) ostrich
c) vulture
d) heron

5) perroquet
a) vulture
b) rooster
c) parrot
d) seagull

6) faisan
a) pheasant
b) hen
c) vulture
d) sparrow

7) cygne
a) swan
b) rooster
c) pheasant
d) duck

8) pélican
a) bird
b) vulture
c) pelican
d) pigeon

9) flamant
a) flamingo
b) pelican
c) hen
d) owl

10) hibou
a) owl
b) hen
c) ostrich
d) heron

11) colombe
a) hen
b) crow
c) swan
d) dove

12) mouette
a) flamingo
b) seagull
c) hawk
d) goose

13) autruche
a) pheasant
b) duck
c) turkey
d) ostrich

14) oie
a) goose
b) nightingale
c) vulture
d) flamingo

15) faucon
a) hawk
b) duck
c) pelican
d) goose

16) corbeau
a) stork
b) duck
c) sparrow
d) crow

17) dinde
a) turkey
b) crow
c) heron
d) goose

18) rossignol
a) owl
b) heron
c) nightingale
d) sparrow

19) pigeon
a) owl
b) pigeon
c) duck
d) goose

20) poule
a) hen
b) pelican
c) turkey
d) swan

21) oiseau
a) crow
b) sparrow
c) bird
d) seagull

22) canard
a) duck
b) parrot
c) vulture
d) pelican

23) cigogne
a) hawk
b) crow
c) stork
d) ostrich

24) vautour
a) heron
b) pelican
c) bird
d) vulture

#50 - Birds
Select the closest English word to match the French word.

1) rossignol
a) duck
b) pheasant
c) nightingale
d) eagle

2) oie
a) goose
b) heron
c) flamingo
d) hawk

3) canard
a) duck
b) eagle
c) pelican
d) vulture

4) hibou
a) owl
b) flamingo
c) eagle
d) turkey

5) mouette
a) bird
b) seagull
c) pelican
d) parrot

6) flamant
a) flamingo
b) duck
c) goose
d) swan

7) faisan
a) heron
b) bird
c) pheasant
d) goose

8) oiseau
a) goose
b) parrot
c) bird
d) pelican

9) pigeon
a) nightingale
b) vulture
c) pigeon
d) stork

10) coq
a) eagle
b) hawk
c) turkey
d) rooster

11) perroquet
a) parrot
b) flamingo
c) hawk
d) ostrich

12) poule
a) pelican
b) goose
c) hen
d) sparrow

13) pélican
a) pigeon
b) crow
c) pelican
d) flamingo

14) aigle
a) owl
b) dove
c) bird
d) eagle

15) cigogne
a) goose
b) stork
c) duck
d) hawk

16) héron
a) swan
b) hawk
c) heron
d) parrot

17) moineau
a) vulture
b) pheasant
c) nightingale
d) sparrow

18) faucon
a) ostrich
b) hawk
c) crow
d) pelican

19) dinde
a) sparrow
b) eagle
c) turkey
d) pheasant

20) colombe
a) owl
b) dove
c) parrot
d) flamingo

21) corbeau
a) rooster
b) crow
c) hawk
d) sparrow

22) cygne
a) pheasant
b) swan
c) dove
d) hawk

23) autruche
a) ostrich
b) rooster
c) stork
d) crow

24) vautour
a) nightingale
b) duck
c) vulture
d) rooster

#51 - Birds
Select the closest English word to match the French word.

1) hibou
a) swan
b) ostrich
c) vulture
d) owl

2) faucon
a) stork
b) hen
c) hawk
d) eagle

3) mouette
a) stork
b) rooster
c) duck
d) seagull

4) dinde
a) goose
b) pelican
c) ostrich
d) turkey

5) pélican
a) pelican
b) vulture
c) hen
d) hawk

6) colombe
a) dove
b) goose
c) hen
d) heron

7) cygne
a) swan
b) pelican
c) ostrich
d) parrot

8) faisan
a) pheasant
b) pelican
c) swan
d) vulture

9) cigogne
a) goose
b) stork
c) crow
d) parrot

10) autruche
a) ostrich
b) duck
c) hawk
d) swan

11) coq
a) rooster
b) duck
c) seagull
d) sparrow

12) moineau
a) flamingo
b) dove
c) pigeon
d) sparrow

13) héron
a) eagle
b) heron
c) parrot
d) hawk

14) poule
a) parrot
b) dove
c) hen
d) owl

15) oie
a) crow
b) owl
c) goose
d) parrot

16) canard
a) hawk
b) pelican
c) parrot
d) duck

17) flamant
a) crow
b) owl
c) pheasant
d) flamingo

18) corbeau
a) ostrich
b) crow
c) parrot
d) rooster

19) rossignol
a) goose
b) nightingale
c) heron
d) rooster

20) aigle
a) ostrich
b) eagle
c) turkey
d) hawk

21) perroquet
a) parrot
b) vulture
c) goose
d) stork

22) oiseau
a) owl
b) turkey
c) bird
d) sparrow

23) vautour
a) seagull
b) owl
c) vulture
d) ostrich

24) pigeon
a) pigeon
b) hawk
c) pheasant
d) goose

#52 - Birds
Select the closest English word to match the French word.

1) hibou
a) goose
b) crow
c) vulture
d) owl

2) dinde
a) hen
b) sparrow
c) pelican
d) turkey

3) faucon
a) eagle
b) nightingale
c) hawk
d) heron

4) poule
a) turkey
b) sparrow
c) heron
d) hen

5) canard
a) bird
b) duck
c) dove
d) rooster

6) oie
a) stork
b) goose
c) dove
d) pheasant

7) pélican
a) turkey
b) pelican
c) hen
d) flamingo

8) cygne
a) stork
b) swan
c) bird
d) owl

9) flamant
a) eagle
b) flamingo
c) dove
d) parrot

10) aigle
a) eagle
b) dove
c) pigeon
d) sparrow

11) autruche
a) turkey
b) stork
c) hen
d) ostrich

12) pigeon
a) pigeon
b) crow
c) vulture
d) duck

13) moineau
a) crow
b) owl
c) swan
d) sparrow

14) rossignol
a) vulture
b) eagle
c) sparrow
d) nightingale

15) corbeau
a) parrot
b) ostrich
c) crow
d) duck

16) perroquet
a) parrot
b) hen
c) nightingale
d) vulture

17) vautour
a) dove
b) hen
c) swan
d) vulture

18) cigogne
a) hawk
b) stork
c) pigeon
d) flamingo

19) mouette
a) duck
b) swan
c) pigeon
d) seagull

20) faisan
a) seagull
b) stork
c) eagle
d) pheasant

21) colombe
a) dove
b) nightingale
c) hen
d) swan

22) héron
a) heron
b) vulture
c) swan
d) ostrich

23) coq
a) rooster
b) pigeon
c) goose
d) crow

24) oiseau
a) goose
b) sparrow
c) nightingale
d) bird

#53 - Birds
Select the closest English word to match the French word.

1) hibou
a) owl
b) hen
c) crow
d) swan

2) aigle
a) eagle
b) hawk
c) sparrow
d) swan

3) pélican
a) owl
b) hawk
c) duck
d) pelican

4) cigogne
a) pheasant
b) stork
c) ostrich
d) hen

5) oie
a) flamingo
b) stork
c) rooster
d) goose

6) corbeau
a) flamingo
b) crow
c) dove
d) bird

7) colombe
a) pigeon
b) bird
c) flamingo
d) dove

8) faucon
a) eagle
b) hawk
c) vulture
d) pelican

9) moineau
a) rooster
b) owl
c) sparrow
d) nightingale

10) dinde
a) stork
b) flamingo
c) turkey
d) pigeon

11) flamant
a) flamingo
b) bird
c) owl
d) pheasant

12) coq
a) swan
b) dove
c) nightingale
d) rooster

13) poule
a) rooster
b) hen
c) crow
d) flamingo

14) oiseau
a) dove
b) heron
c) bird
d) sparrow

15) cygne
a) hen
b) pelican
c) pheasant
d) swan

16) faisan
a) vulture
b) pigeon
c) pheasant
d) swan

17) autruche
a) owl
b) ostrich
c) pelican
d) flamingo

18) canard
a) vulture
b) duck
c) pheasant
d) bird

19) héron
a) heron
b) vulture
c) flamingo
d) owl

20) vautour
a) stork
b) crow
c) dove
d) vulture

21) pigeon
a) flamingo
b) hen
c) pigeon
d) rooster

22) rossignol
a) nightingale
b) stork
c) bird
d) swan

23) perroquet
a) nightingale
b) parrot
c) vulture
d) pheasant

24) mouette
a) pheasant
b) goose
c) seagull
d) pigeon

#54 - Birds
Select the closest French word to match the English word.

1) pigeon
a) oie
b) pigeon
c) poule
d) mouette

2) vulture
a) pélican
b) cygne
c) oiseau
d) vautour

3) stork
a) cygne
b) cigogne
c) dinde
d) pélican

4) parrot
a) coq
b) perroquet
c) dinde
d) pélican

5) crow
a) corbeau
b) faisan
c) autruche
d) dinde

6) turkey
a) dinde
b) oiseau
c) cygne
d) flamant

7) pheasant
a) pigeon
b) faucon
c) héron
d) faisan

8) sparrow
a) rossignol
b) dinde
c) moineau
d) poule

9) hawk
a) autruche
b) faucon
c) aigle
d) vautour

10) owl
a) héron
b) hibou
c) mouette
d) oie

11) seagull
a) vautour
b) autruche
c) coq
d) mouette

12) swan
a) cygne
b) colombe
c) mouette
d) dinde

13) eagle
a) mouette
b) aigle
c) corbeau
d) autruche

14) hen
a) poule
b) perroquet
c) héron
d) cygne

15) dove
a) colombe
b) moineau
c) hibou
d) coq

16) rooster
a) oie
b) coq
c) vautour
d) corbeau

17) nightingale
a) faisan
b) rossignol
c) canard
d) dinde

18) bird
a) oiseau
b) héron
c) oie
d) flamant

19) heron
a) perroquet
b) hibou
c) cygne
d) héron

20) pelican
a) oie
b) dinde
c) faisan
d) pélican

21) ostrich
a) autruche
b) oiseau
c) hibou
d) mouette

22) flamingo
a) oiseau
b) flamant
c) cigogne
d) rossignol

23) goose
a) aigle
b) cygne
c) faisan
d) oie

24) duck
a) faucon
b) canard
c) aigle
d) corbeau

62

#55 - Birds
Select the closest French word to match the English word.

1) swan
a) cygne
b) corbeau
c) pélican
d) pigeon

2) turkey
a) vautour
b) colombe
c) dinde
d) canard

3) sparrow
a) coq
b) faisan
c) moineau
d) dinde

4) pigeon
a) pigeon
b) héron
c) coq
d) faisan

5) hawk
a) faucon
b) poule
c) vautour
d) oiseau

6) seagull
a) oie
b) oiseau
c) poule
d) mouette

7) parrot
a) perroquet
b) faisan
c) colombe
d) flamant

8) duck
a) canard
b) mouette
c) moineau
d) oiseau

9) hen
a) hibou
b) poule
c) corbeau
d) cygne

10) ostrich
a) aigle
b) oie
c) vautour
d) autruche

11) pelican
a) pélican
b) corbeau
c) pigeon
d) cygne

12) crow
a) corbeau
b) pélican
c) hibou
d) colombe

13) owl
a) perroquet
b) mouette
c) hibou
d) cigogne

14) bird
a) faisan
b) oie
c) dinde
d) oiseau

15) eagle
a) flamant
b) pigeon
c) aigle
d) cygne

16) dove
a) faucon
b) hibou
c) colombe
d) cygne

17) heron
a) coq
b) héron
c) pélican
d) canard

18) vulture
a) vautour
b) cigogne
c) oie
d) canard

19) flamingo
a) perroquet
b) faucon
c) poule
d) flamant

20) rooster
a) héron
b) corbeau
c) dinde
d) coq

21) stork
a) cigogne
b) autruche
c) pélican
d) faisan

22) nightingale
a) rossignol
b) colombe
c) coq
d) cigogne

23) pheasant
a) faisan
b) poule
c) pigeon
d) oiseau

24) goose
a) oiseau
b) perroquet
c) oie
d) mouette

63

#56 - Birds
Select the closest French word to match the English word.

1) crow
a) canard
b) mouette
c) corbeau
d) oiseau

2) vulture
a) canard
b) dinde
c) vautour
d) moineau

3) hen
a) poule
b) hibou
c) colombe
d) oie

4) dove
a) mouette
b) pigeon
c) héron
d) colombe

5) pigeon
a) pigeon
b) faisan
c) canard
d) cygne

6) stork
a) rossignol
b) cigogne
c) vautour
d) hibou

7) goose
a) colombe
b) oie
c) coq
d) oiseau

8) hawk
a) faucon
b) oie
c) mouette
d) pigeon

9) swan
a) cygne
b) moineau
c) vautour
d) poule

10) flamingo
a) flamant
b) cygne
c) canard
d) mouette

11) sparrow
a) colombe
b) dinde
c) faucon
d) moineau

12) ostrich
a) coq
b) autruche
c) mouette
d) corbeau

13) seagull
a) rossignol
b) mouette
c) perroquet
d) cigogne

14) rooster
a) cigogne
b) faucon
c) coq
d) moineau

15) bird
a) oiseau
b) poule
c) rossignol
d) colombe

16) owl
a) hibou
b) coq
c) faucon
d) colombe

17) turkey
a) faucon
b) hibou
c) dinde
d) colombe

18) heron
a) héron
b) hibou
c) vautour
d) rossignol

19) pelican
a) flamant
b) poule
c) rossignol
d) pélican

20) duck
a) héron
b) canard
c) colombe
d) perroquet

21) parrot
a) coq
b) dinde
c) oiseau
d) perroquet

22) nightingale
a) oiseau
b) poule
c) rossignol
d) faisan

23) pheasant
a) oie
b) faisan
c) moineau
d) colombe

24) eagle
a) aigle
b) pigeon
c) oie
d) hibou

#57 - Birds
Select the closest French word to match the English word.

1) turkey
a) oie
b) pélican
c) dinde
d) colombe

2) pelican
a) pélican
b) coq
c) héron
d) perroquet

3) goose
a) pigeon
b) coq
c) oie
d) moineau

4) owl
a) hibou
b) aigle
c) cygne
d) cigogne

5) pigeon
a) pigeon
b) oie
c) canard
d) pélican

6) sparrow
a) faucon
b) flamant
c) moineau
d) rossignol

7) hawk
a) faucon
b) flamant
c) rossignol
d) aigle

8) crow
a) héron
b) poule
c) corbeau
d) faisan

9) nightingale
a) flamant
b) rossignol
c) moineau
d) corbeau

10) bird
a) mouette
b) oiseau
c) corbeau
d) colombe

11) dove
a) aigle
b) faisan
c) colombe
d) mouette

12) stork
a) cigogne
b) canard
c) poule
d) pélican

13) pheasant
a) faisan
b) rossignol
c) mouette
d) cigogne

14) eagle
a) faisan
b) aigle
c) hibou
d) autruche

15) flamingo
a) cygne
b) flamant
c) coq
d) autruche

16) heron
a) héron
b) vautour
c) flamant
d) autruche

17) rooster
a) coq
b) moineau
c) pélican
d) flamant

18) seagull
a) canard
b) pélican
c) oiseau
d) mouette

19) ostrich
a) autruche
b) faucon
c) oiseau
d) moineau

20) hen
a) poule
b) aigle
c) hibou
d) pigeon

21) duck
a) coq
b) mouette
c) canard
d) cygne

22) vulture
a) pélican
b) vautour
c) flamant
d) dinde

23) swan
a) mouette
b) oiseau
c) cygne
d) colombe

24) parrot
a) perroquet
b) canard
c) cygne
d) faucon

#58 - Birds
Select the closest French word to match the English word.

1) rooster
a) cigogne
b) pigeon
c) coq
d) pélican

2) pelican
a) colombe
b) rossignol
c) héron
d) pélican

3) turkey
a) flamant
b) dinde
c) corbeau
d) rossignol

4) owl
a) perroquet
b) pélican
c) colombe
d) hibou

5) swan
a) moineau
b) cygne
c) mouette
d) faisan

6) parrot
a) coq
b) autruche
c) perroquet
d) pélican

7) eagle
a) pigeon
b) coq
c) oie
d) aigle

8) vulture
a) faisan
b) hibou
c) vautour
d) rossignol

9) dove
a) pigeon
b) aigle
c) colombe
d) faucon

10) nightingale
a) mouette
b) rossignol
c) dinde
d) cigogne

11) duck
a) hibou
b) canard
c) aigle
d) autruche

12) pheasant
a) perroquet
b) héron
c) faisan
d) faucon

13) goose
a) cygne
b) oie
c) héron
d) cigogne

14) hawk
a) cigogne
b) vautour
c) pigeon
d) faucon

15) bird
a) dinde
b) oiseau
c) flamant
d) vautour

16) crow
a) aigle
b) corbeau
c) vautour
d) faisan

17) hen
a) colombe
b) poule
c) héron
d) pélican

18) sparrow
a) faucon
b) cygne
c) moineau
d) mouette

19) ostrich
a) faucon
b) coq
c) autruche
d) faisan

20) heron
a) poule
b) faisan
c) vautour
d) héron

21) stork
a) dinde
b) vautour
c) cigogne
d) rossignol

22) pigeon
a) corbeau
b) pigeon
c) rossignol
d) oiseau

23) seagull
a) mouette
b) coq
c) pigeon
d) moineau

24) flamingo
a) colombe
b) perroquet
c) flamant
d) cigogne

66

#59 - Birds
Select the closest French word to match the English word.

1) flamingo
a) hibou
b) moineau
c) flamant
d) oiseau

2) turkey
a) aigle
b) dinde
c) flamant
d) faisan

3) parrot
a) faucon
b) canard
c) perroquet
d) moineau

4) goose
a) héron
b) pigeon
c) oie
d) pélican

5) pheasant
a) vautour
b) pélican
c) colombe
d) faisan

6) dove
a) colombe
b) oiseau
c) rossignol
d) cigogne

7) sparrow
a) coq
b) moineau
c) rossignol
d) oie

8) swan
a) poule
b) mouette
c) cygne
d) coq

9) hawk
a) faucon
b) héron
c) poule
d) aigle

10) pelican
a) pélican
b) poule
c) cigogne
d) canard

11) owl
a) coq
b) hibou
c) cigogne
d) pigeon

12) hen
a) perroquet
b) dinde
c) poule
d) cigogne

13) nightingale
a) canard
b) rossignol
c) poule
d) mouette

14) bird
a) autruche
b) corbeau
c) cigogne
d) oiseau

15) pigeon
a) dinde
b) oiseau
c) pigeon
d) rossignol

16) eagle
a) cigogne
b) oiseau
c) vautour
d) aigle

17) vulture
a) perroquet
b) colombe
c) vautour
d) aigle

18) rooster
a) oiseau
b) pélican
c) vautour
d) coq

19) ostrich
a) autruche
b) cigogne
c) mouette
d) héron

20) duck
a) oiseau
b) vautour
c) cigogne
d) canard

21) crow
a) dinde
b) faisan
c) corbeau
d) cigogne

22) seagull
a) aigle
b) oiseau
c) mouette
d) héron

23) stork
a) cigogne
b) canard
c) corbeau
d) faisan

24) heron
a) héron
b) dinde
c) rossignol
d) moineau

#60 - Birds
Select the closest French word to match the English word.

1) owl
a) corbeau
b) hibou
c) coq
d) autruche

2) seagull
a) poule
b) coq
c) pélican
d) mouette

3) hawk
a) canard
b) vautour
c) faucon
d) coq

4) duck
a) hibou
b) pigeon
c) colombe
d) canard

5) pheasant
a) faisan
b) héron
c) colombe
d) vautour

6) flamingo
a) faucon
b) dinde
c) corbeau
d) flamant

7) turkey
a) cigogne
b) rossignol
c) dinde
d) pélican

8) vulture
a) canard
b) vautour
c) colombe
d) mouette

9) hen
a) canard
b) perroquet
c) corbeau
d) poule

10) ostrich
a) vautour
b) héron
c) autruche
d) faucon

11) sparrow
a) moineau
b) colombe
c) aigle
d) autruche

12) swan
a) faisan
b) cygne
c) corbeau
d) aigle

13) crow
a) coq
b) mouette
c) moineau
d) corbeau

14) dove
a) moineau
b) cygne
c) colombe
d) corbeau

15) eagle
a) aigle
b) pigeon
c) coq
d) corbeau

16) nightingale
a) faisan
b) rossignol
c) colombe
d) perroquet

17) bird
a) oiseau
b) perroquet
c) aigle
d) dinde

18) rooster
a) coq
b) flamant
c) oie
d) corbeau

19) goose
a) oie
b) oiseau
c) perroquet
d) corbeau

20) parrot
a) héron
b) corbeau
c) rossignol
d) perroquet

21) stork
a) cigogne
b) flamant
c) hibou
d) faisan

22) pelican
a) colombe
b) pélican
c) moineau
d) oie

23) heron
a) héron
b) faucon
c) colombe
d) vautour

24) pigeon
a) corbeau
b) pigeon
c) cygne
d) aigle

#61 - Clothing
Select the closest English word to match the French word.

1) baskets
   a) overalls
   b) running shoes
   c) T-shirt
   d) clothes

2) pyjama
   a) slippers
   b) blouse
   c) pyjamas
   d) anorak

3) imperméable
   a) socks
   b) mackintosh
   c) jacket
   d) coat

4) T-shirt
   a) overalls
   b) bra
   c) T-shirt
   d) jumpsuit

5) écharpe
   a) umbrella
   b) bow tie
   c) gloves
   d) scarf

6) sandales
   a) sandals
   b) waistcoat
   c) pyjamas
   d) bikini

7) pantalon
   a) overcoat
   b) zip
   c) dressing gown
   d) trousers

8) chemisier
   a) sweatshirt
   b) blouse
   c) skirt
   d) waistcoat

9) gaine
   a) knickers
   b) glove
   c) hat
   d) corset

10) gilet
   a) waistcoat
   b) coat
   c) hiking boots
   d) handkerchief

11) maillot de sport
   a) slippers
   b) running shoes
   c) briefs
   d) sweatshirt

12) ceinture
   a) mackintosh
   b) belt
   c) necktie
   d) shirt

13) collants
   a) belt
   b) umbrella
   c) stockings
   d) slippers

14) salopette
   a) overalls
   b) jeans
   c) cardigan
   d) socks

15) jeans
   a) jeans
   b) mackintosh
   c) trousers
   d) hat

16) pardessus
   a) overcoat
   b) dress
   c) cap
   d) bathing suit

17) anorak
   a) running shoes
   b) pyjamas
   c) corset
   d) anorak

18) gants
   a) corset
   b) coat
   c) hat
   d) gloves

19) chemise
   a) shirt
   b) stockings
   c) jacket
   d) glove

20) vêtements
   a) size
   b) slippers
   c) clothes
   d) running shoes

21) slip
   a) sandals
   b) belt
   c) dressing gown
   d) briefs

22) casquette
   a) corset
   b) coat
   c) hiking boots
   d) cap

23) pantoufles
   a) braces/suspenders
   b) slippers
   c) hat
   d) bra

24) taille
   a) hat
   b) jacket
   c) skirt
   d) size

#62 - Clothing
Select the closest English word to match the French word.

1) bikini
a) coat
b) skirt
c) briefs
d) bikini

2) T-shirt
a) T-shirt
b) overcoat
c) socks
d) umbrella

3) slip
a) bow tie
b) briefs
c) jumpsuit
d) size

4) jupe
a) skirt
b) clothes
c) stockings
d) T-shirt

5) chemisier
a) hiking boots
b) sweatshirt
c) overalls
d) blouse

6) chapeau
a) hat
b) bikini
c) T-shirt
d) jeans

7) anorak
a) socks
b) mackintosh
c) anorak
d) suit

8) gant
a) handkerchief
b) dressing gown
c) glove
d) running shoes

9) salopette
a) suit
b) socks
c) overalls
d) jeans

10) noeud papillon
a) suit
b) slippers
c) dress
d) bow tie

11) chaussettes
a) sweatshirt
b) bathing suit
c) briefs
d) socks

12) cardigan
a) cardigan
b) overalls
c) coat
d) jacket

13) robe
a) dress
b) running shoes
c) overcoat
d) necktie

14) soutien-gorge
a) jeans
b) blouse
c) bathing suit
d) bra

15) collants
a) coat
b) bathing suit
c) stockings
d) jeans

16) chaussure de marche
a) knickers
b) blouse
c) scarf
d) hiking boots

17) chemise
a) hat
b) shirt
c) dressing gown
d) bow tie

18) pardessus
a) overcoat
b) cap
c) hat
d) anorak

19) gants
a) gloves
b) trousers
c) dressing gown
d) glove

20) taille
a) clothes
b) socks
c) cap
d) size

21) cravate
a) sandals
b) coat
c) necktie
d) socks

22) veste
a) necktie
b) shirt
c) jacket
d) clothes

23) vêtements
a) bow tie
b) slippers
c) T-shirt
d) clothes

24) peignoir
a) sandals
b) coat
c) dressing gown
d) gloves

#63 - Clothing
Select the closest English word to match the French word.

1) peignoir
a) size
b) dressing gown
c) bathing suit
d) handkerchief

2) gaine
a) corset
b) waistcoat
c) pyjamas
d) briefs

3) soutien-gorge
a) gloves
b) cardigan
c) bra
d) jumpsuit

4) fermeture-éclair
a) knickers
b) shirt
c) zip
d) handkerchief

5) pantoufles
a) jeans
b) bra
c) bathing suit
d) slippers

6) costume
a) anorak
b) stockings
c) waistcoat
d) suit

7) chaussettes
a) overalls
b) dressing gown
c) overcoat
d) socks

8) combinaison
a) cap
b) anorak
c) gloves
d) jumpsuit

9) T-shirt
a) T-shirt
b) trousers
c) hat
d) jumpsuit

10) bretelles
a) overalls
b) running shoes
c) braces/suspenders
d) size

11) ceinture
a) belt
b) waistcoat
c) hat
d) bathing suit

12) jeans
a) knickers
b) skirt
c) jeans
d) running shoes

13) slip
a) briefs
b) waistcoat
c) socks
d) zip

14) imperméable
a) hiking boots
b) mackintosh
c) jumpsuit
d) briefs

15) noeud papillon
a) cardigan
b) bow tie
c) waistcoat
d) bra

16) collants
a) cap
b) stockings
c) jacket
d) bra

17) maillot de bain
a) overcoat
b) bathing suit
c) briefs
d) mackintosh

18) chemisier
a) trousers
b) bra
c) blouse
d) dress

19) bikini
a) braces/suspenders
b) clothes
c) blouse
d) bikini

20) vêtements
a) size
b) stockings
c) clothes
d) mackintosh

21) pyjama
a) blouse
b) handkerchief
c) cap
d) pyjamas

22) cravate
a) jumpsuit
b) bra
c) necktie
d) socks

23) baskets
a) stockings
b) dress
c) briefs
d) running shoes

24) chemise
a) shirt
b) suit
c) dressing gown
d) cap

71

#64 - Clothing
Select the closest English word to match the French word.

1) pantoufles
a) slippers
b) bra
c) trousers
d) belt

2) gant
a) necktie
b) hiking boots
c) glove
d) bra

3) parapluie
a) umbrella
b) corset
c) overalls
d) clothes

4) slip
a) coat
b) size
c) briefs
d) suit

5) jeans
a) sweatshirt
b) jeans
c) braces/suspenders
d) overcoat

6) cardigan
a) cardigan
b) mackintosh
c) jacket
d) corset

7) pardessus
a) sandals
b) size
c) overcoat
d) bathing suit

8) bikini
a) blouse
b) bikini
c) braces/suspenders
d) overcoat

9) veste
a) jacket
b) running shoes
c) jumpsuit
d) bow tie

10) ceinture
a) shirt
b) belt
c) braces/suspenders
d) jacket

11) maillot de bain
a) shirt
b) bathing suit
c) necktie
d) handkerchief

12) noeud papillon
a) waistcoat
b) bow tie
c) slippers
d) anorak

13) mouchoir
a) stockings
b) bra
c) handkerchief
d) knickers

14) chaussure de marche
a) clothes
b) jeans
c) hiking boots
d) size

15) bretelles
a) bikini
b) pyjamas
c) braces/suspenders
d) glove

16) imperméable
a) dressing gown
b) mackintosh
c) cardigan
d) hat

17) anorak
a) sandals
b) anorak
c) skirt
d) socks

18) chaussettes
a) bathing suit
b) overcoat
c) socks
d) glove

19) vêtements
a) clothes
b) coat
c) waistcoat
d) knickers

20) baskets
a) corset
b) hiking boots
c) running shoes
d) sandals

21) pyjama
a) sandals
b) dress
c) pyjamas
d) size

22) maillot de sport
a) running shoes
b) sweatshirt
c) pyjamas
d) corset

23) salopette
a) belt
b) socks
c) knickers
d) overalls

24) chemisier
a) pyjamas
b) knickers
c) blouse
d) hiking boots

#65 - Clothing
Select the closest English word to match the French word.

1) chemise
a) bathing suit
b) coat
c) necktie
d) shirt

2) parapluie
a) umbrella
b) waistcoat
c) corset
d) bra

3) slip
a) hat
b) briefs
c) bikini
d) bow tie

4) vêtements
a) cardigan
b) clothes
c) jacket
d) size

5) soutien-gorge
a) bikini
b) bra
c) sandals
d) waistcoat

6) veste
a) bikini
b) jacket
c) bra
d) hat

7) anorak
a) anorak
b) skirt
c) trousers
d) coat

8) gilet
a) pyjamas
b) dressing gown
c) trousers
d) waistcoat

9) cravate
a) necktie
b) running shoes
c) umbrella
d) knickers

10) salopette
a) corset
b) overalls
c) anorak
d) briefs

11) bretelles
a) size
b) running shoes
c) jumpsuit
d) braces/suspenders

12) imperméable
a) mackintosh
b) dress
c) waistcoat
d) jacket

13) pantalon
a) scarf
b) trousers
c) size
d) anorak

14) baskets
a) running shoes
b) handkerchief
c) waistcoat
d) suit

15) culotte
a) knickers
b) bra
c) dress
d) dressing gown

16) chapeau
a) trousers
b) hat
c) scarf
d) jacket

17) chemisier
a) bra
b) bow tie
c) blouse
d) glove

18) ceinture
a) belt
b) bathing suit
c) jacket
d) slippers

19) costume
a) suit
b) bikini
c) glove
d) hat

20) manteau
a) clothes
b) jeans
c) overalls
d) coat

21) bikini
a) bathing suit
b) umbrella
c) bikini
d) gloves

22) chaussure de marche
a) suit
b) zip
c) sandals
d) hiking boots

23) gant
a) mackintosh
b) glove
c) T-shirt
d) pyjamas

24) pantoufles
a) slippers
b) bathing suit
c) blouse
d) jeans

#66 - Clothing
Select the closest English word to match the French word.

1) maillot de bain
a) bathing suit
b) necktie
c) bra
d) umbrella

2) jupe
a) bikini
b) skirt
c) jacket
d) slippers

3) peignoir
a) bathing suit
b) trousers
c) shirt
d) dressing gown

4) imperméable
a) sweatshirt
b) hat
c) mackintosh
d) overalls

5) bretelles
a) mackintosh
b) braces/suspenders
c) belt
d) jumpsuit

6) slip
a) briefs
b) suit
c) anorak
d) skirt

7) chemise
a) bikini
b) shirt
c) anorak
d) dressing gown

8) fermeture-éclair
a) jumpsuit
b) bra
c) zip
d) running shoes

9) cardigan
a) gloves
b) zip
c) glove
d) cardigan

10) maillot de sport
a) sweatshirt
b) bikini
c) hiking boots
d) mackintosh

11) manteau
a) overalls
b) coat
c) sweatshirt
d) suit

12) vêtements
a) sweatshirt
b) zip
c) clothes
d) briefs

13) gilet
a) knickers
b) waistcoat
c) briefs
d) overalls

14) soutien-gorge
a) hiking boots
b) overcoat
c) suit
d) bra

15) ceinture
a) socks
b) belt
c) trousers
d) necktie

16) pyjama
a) briefs
b) pyjamas
c) overalls
d) gloves

17) noeud papillon
a) anorak
b) briefs
c) bow tie
d) bra

18) sandales
a) sandals
b) knickers
c) bikini
d) skirt

19) collants
a) stockings
b) knickers
c) size
d) bathing suit

20) T-shirt
a) shirt
b) T-shirt
c) gloves
d) umbrella

21) combinaison
a) skirt
b) corset
c) jumpsuit
d) dress

22) chaussure de marche
a) pyjamas
b) hiking boots
c) cap
d) stockings

23) pantoufles
a) slippers
b) sweatshirt
c) bra
d) suit

24) bikini
a) suit
b) bikini
c) braces/suspenders
d) dressing gown

#67 - Clothing
Select the closest English word to match the French word.

1) chemise
a) bow tie
b) overcoat
c) shirt
d) waistcoat

2) T-shirt
a) briefs
b) sandals
c) blouse
d) T-shirt

3) veste
a) clothes
b) jacket
c) mackintosh
d) glove

4) peignoir
a) dressing gown
b) running shoes
c) T-shirt
d) slippers

5) casquette
a) cap
b) socks
c) jeans
d) blouse

6) gants
a) scarf
b) gloves
c) coat
d) necktie

7) slip
a) socks
b) dressing gown
c) mackintosh
d) briefs

8) cravate
a) shirt
b) briefs
c) necktie
d) trousers

9) pyjama
a) sweatshirt
b) pyjamas
c) knickers
d) hat

10) bikini
a) braces/suspenders
b) dress
c) bikini
d) shirt

11) chaussure de marche
a) sandals
b) cap
c) running shoes
d) hiking boots

12) gilet
a) waistcoat
b) skirt
c) blouse
d) size

13) jeans
a) bow tie
b) jeans
c) corset
d) zip

14) costume
a) hat
b) knickers
c) sweatshirt
d) suit

15) combinaison
a) jumpsuit
b) umbrella
c) trousers
d) running shoes

16) pantoufles
a) slippers
b) handkerchief
c) shirt
d) socks

17) culotte
a) clothes
b) knickers
c) shirt
d) T-shirt

18) noeud papillon
a) bow tie
b) dressing gown
c) size
d) belt

19) chemisier
a) umbrella
b) dress
c) blouse
d) bow tie

20) bretelles
a) jumpsuit
b) bow tie
c) hiking boots
d) braces/suspenders

21) maillot de sport
a) umbrella
b) dressing gown
c) overcoat
d) sweatshirt

22) ceinture
a) belt
b) handkerchief
c) shirt
d) knickers

23) écharpe
a) scarf
b) belt
c) shirt
d) sandals

24) anorak
a) anorak
b) bathing suit
c) clothes
d) dress

#68 - Clothing
Select the closest English word to match the French word.

1) salopette
a) dress
b) overalls
c) overcoat
d) running shoes

2) jeans
a) jeans
b) jacket
c) necktie
d) suit

3) pantalon
a) anorak
b) trousers
c) overalls
d) skirt

4) gants
a) jeans
b) overcoat
c) gloves
d) hat

5) slip
a) overalls
b) scarf
c) briefs
d) suit

6) imperméable
a) overcoat
b) jeans
c) mackintosh
d) overalls

7) pantoufles
a) pyjamas
b) slippers
c) bra
d) necktie

8) combinaison
a) belt
b) jumpsuit
c) scarf
d) trousers

9) gaine
a) corset
b) jeans
c) sweatshirt
d) knickers

10) bretelles
a) hat
b) braces/suspenders
c) bra
d) mackintosh

11) bikini
a) shirt
b) braces/suspenders
c) bikini
d) sandals

12) écharpe
a) umbrella
b) sweatshirt
c) corset
d) scarf

13) pardessus
a) belt
b) overcoat
c) pyjamas
d) waistcoat

14) cravate
a) necktie
b) size
c) blouse
d) belt

15) gilet
a) anorak
b) sweatshirt
c) waistcoat
d) overalls

16) chemise
a) briefs
b) shirt
c) slippers
d) mackintosh

17) pyjama
a) bikini
b) skirt
c) running shoes
d) pyjamas

18) vêtements
a) belt
b) clothes
c) braces/suspenders
d) hiking boots

19) maillot de bain
a) bathing suit
b) dressing gown
c) skirt
d) waistcoat

20) taille
a) handkerchief
b) suit
c) size
d) sandals

21) costume
a) cardigan
b) suit
c) hat
d) bow tie

22) chemisier
a) necktie
b) anorak
c) blouse
d) braces/suspenders

23) jupe
a) overcoat
b) skirt
c) scarf
d) waistcoat

24) sandales
a) overalls
b) sandals
c) belt
d) jacket

#69 - Clothing
Select the closest French word to match the English word.

1) suit
   a) costume
   b) écharpe
   c) bikini
   d) veste

2) blouse
   a) taille
   b) gant
   c) chemisier
   d) slip

3) dress
   a) parapluie
   b) sandales
   c) chemise
   d) robe

4) zip
   a) soutien-gorge
   b) fermeture-éclair
   c) mouchoir
   d) maillot de bain

5) shirt
   a) chapeau
   b) chemise
   c) ceinture
   d) baskets

6) coat
   a) baskets
   b) manteau
   c) gaine
   d) soutien-gorge

7) trousers
   a) combinaison
   b) cravate
   c) pantalon
   d) chemise

8) jacket
   a) vêtements
   b) gilet
   c) veste
   d) chaussettes

9) knickers
   a) bretelles
   b) chemisier
   c) parapluie
   d) culotte

10) corset
   a) vêtements
   b) jeans
   c) gaine
   d) anorak

11) braces/suspenders
   a) bretelles
   b) vêtements
   c) taille
   d) manteau

12) overcoat
   a) veste
   b) pardessus
   c) gants
   d) parapluie

13) hiking boots
   a) chaussettes
   b) noeud papillon
   c) manteau
   d) chaussure de marche

14) gloves
   a) T-shirt
   b) fermeture-éclair
   c) gants
   d) sandales

15) bra
   a) cravate
   b) imperméable
   c) soutien-gorge
   d) cardigan

16) handkerchief
   a) chaussettes
   b) baskets
   c) maillot de bain
   d) mouchoir

17) size
   a) pardessus
   b) sandales
   c) taille
   d) gant

18) running shoes
   a) manteau
   b) mouchoir
   c) chemisier
   d) baskets

19) hat
   a) veste
   b) pardessus
   c) chapeau
   d) maillot de bain

20) waistcoat
   a) ceinture
   b) gilet
   c) pardessus
   d) baskets

21) umbrella
   a) chemise
   b) chemisier
   c) parapluie
   d) écharpe

22) cap
   a) parapluie
   b) gants
   c) casquette
   d) ceinture

23) glove
   a) peignoir
   b) baskets
   c) soutien-gorge
   d) gant

24) T-shirt
   a) slip
   b) manteau
   c) casquette
   d) T-shirt

#70 - Clothing
Select the closest French word to match the English word.

1) clothes
a) gilet
b) vêtements
c) collants
d) casquette

2) glove
a) gant
b) anorak
c) chapeau
d) maillot de bain

3) trousers
a) chemise
b) pantalon
c) pardessus
d) gaine

4) braces/suspenders
a) chemise
b) parapluie
c) pardessus
d) bretelles

5) dress
a) robe
b) gaine
c) peignoir
d) noeud papillon

6) umbrella
a) parapluie
b) costume
c) pantoufles
d) gaine

7) corset
a) parapluie
b) gaine
c) cravate
d) collants

8) dressing gown
a) imperméable
b) peignoir
c) chaussettes
d) T-shirt

9) bow tie
a) noeud papillon
b) pantalon
c) chaussettes
d) robe

10) pyjamas
a) gant
b) peignoir
c) pyjama
d) chapeau

11) sandals
a) sandales
b) pantalon
c) bikini
d) bretelles

12) overcoat
a) pardessus
b) ceinture
c) maillot de bain
d) bikini

13) jacket
a) maillot de bain
b) bikini
c) veste
d) gants

14) overalls
a) maillot de bain
b) pantalon
c) culotte
d) salopette

15) shirt
a) cravate
b) chemise
c) taille
d) parapluie

16) knickers
a) fermeture-éclair
b) culotte
c) gilet
d) chaussettes

17) socks
a) cravate
b) casquette
c) combinaison
d) chaussettes

18) bikini
a) costume
b) combinaison
c) slip
d) bikini

19) briefs
a) slip
b) casquette
c) pantalon
d) vêtements

20) hat
a) T-shirt
b) soutien-gorge
c) chapeau
d) jupe

21) waistcoat
a) anorak
b) gilet
c) ceinture
d) chemisier

22) slippers
a) maillot de bain
b) taille
c) pantoufles
d) gant

23) zip
a) parapluie
b) noeud papillon
c) maillot de bain
d) fermeture-éclair

24) skirt
a) collants
b) bretelles
c) pardessus
d) jupe

#71 - Clothing
Select the closest French word to match the English word.

1) pyjamas
a) taille
b) gants
c) jeans
d) pyjama

2) zip
a) imperméable
b) baskets
c) fermeture-éclair
d) T-shirt

3) sweatshirt
a) soutien-gorge
b) chapeau
c) maillot de sport
d) maillot de bain

4) bikini
a) pantalon
b) baskets
c) mouchoir
d) bikini

5) overcoat
a) chemise
b) maillot de bain
c) pardessus
d) salopette

6) shirt
a) chemise
b) maillot de bain
c) bretelles
d) slip

7) running shoes
a) baskets
b) gilet
c) chemisier
d) parapluie

8) bow tie
a) soutien-gorge
b) noeud papillon
c) pantoufles
d) imperméable

9) bra
a) jupe
b) sandales
c) soutien-gorge
d) T-shirt

10) briefs
a) gilet
b) slip
c) jupe
d) cardigan

11) hat
a) noeud papillon
b) combinaison
c) jeans
d) chapeau

12) suit
a) chaussettes
b) écharpe
c) cardigan
d) costume

13) belt
a) peignoir
b) taille
c) chemisier
d) ceinture

14) slippers
a) pantoufles
b) pyjama
c) pantalon
d) jeans

15) jacket
a) bretelles
b) baskets
c) chaussure de marche
d) veste

16) overalls
a) manteau
b) salopette
c) costume
d) chaussure de marche

17) scarf
a) combinaison
b) écharpe
c) jeans
d) jupe

18) clothes
a) vêtements
b) fermeture-éclair
c) chemise
d) parapluie

19) anorak
a) gilet
b) salopette
c) anorak
d) vêtements

20) T-shirt
a) anorak
b) chapeau
c) T-shirt
d) costume

21) socks
a) ceinture
b) chaussettes
c) sandales
d) imperméable

22) waistcoat
a) salopette
b) T-shirt
c) parapluie
d) gilet

23) cardigan
a) manteau
b) soutien-gorge
c) chemisier
d) cardigan

24) size
a) taille
b) chaussure de marche
c) gants
d) baskets

#72 - Clothing
Select the closest French word to match the English word.

1) socks
a) ceinture
b) chaussettes
c) fermeture-éclair
d) bretelles

2) skirt
a) mouchoir
b) collants
c) jupe
d) fermeture-éclair

3) bra
a) soutien-gorge
b) ceinture
c) chapeau
d) imperméable

4) bow tie
a) chemise
b) parapluie
c) ceinture
d) noeud papillon

5) pyjamas
a) écharpe
b) pyjama
c) chapeau
d) culotte

6) jumpsuit
a) combinaison
b) anorak
c) vêtements
d) T-shirt

7) waistcoat
a) collants
b) chemisier
c) mouchoir
d) gilet

8) overalls
a) anorak
b) salopette
c) collants
d) ceinture

9) jacket
a) culotte
b) T-shirt
c) veste
d) jeans

10) belt
a) combinaison
b) pardessus
c) chaussure de marche
d) ceinture

11) stockings
a) pyjama
b) collants
c) salopette
d) peignoir

12) umbrella
a) parapluie
b) T-shirt
c) mouchoir
d) gilet

13) slippers
a) chemise
b) jupe
c) T-shirt
d) pantoufles

14) sandals
a) bikini
b) sandales
c) peignoir
d) maillot de bain

15) corset
a) slip
b) gaine
c) pantoufles
d) combinaison

16) anorak
a) bretelles
b) chemisier
c) anorak
d) salopette

17) cap
a) pantalon
b) casquette
c) collants
d) ceinture

18) trousers
a) fermeture-éclair
b) pantalon
c) chaussettes
d) soutien-gorge

19) zip
a) noeud papillon
b) maillot de sport
c) chemisier
d) fermeture-éclair

20) coat
a) écharpe
b) gant
c) jupe
d) manteau

21) braces/suspenders
a) culotte
b) chaussure de marche
c) collants
d) bretelles

22) shirt
a) sandales
b) chemise
c) écharpe
d) ceinture

23) mackintosh
a) anorak
b) noeud papillon
c) chemise
d) imperméable

24) scarf
a) écharpe
b) chapeau
c) chemisier
d) chemise

#73 - Clothing
Select the closest French word to match the English word.

1) necktie
a) ceinture
b) jeans
c) cravate
d) manteau

2) slippers
a) vêtements
b) pantoufles
c) veste
d) cravate

3) T-shirt
a) collants
b) jeans
c) T-shirt
d) pantalon

4) socks
a) ceinture
b) pyjama
c) pantalon
d) chaussettes

5) suit
a) slip
b) costume
c) culotte
d) noeud papillon

6) glove
a) gant
b) jupe
c) chaussettes
d) soutien-gorge

7) cap
a) casquette
b) bretelles
c) chemisier
d) cardigan

8) bra
a) mouchoir
b) taille
c) salopette
d) soutien-gorge

9) bikini
a) costume
b) bikini
c) mouchoir
d) slip

10) gloves
a) pardessus
b) gants
c) sandales
d) culotte

11) zip
a) mouchoir
b) fermeture-éclair
c) imperméable
d) bretelles

12) knickers
a) taille
b) pyjama
c) culotte
d) anorak

13) braces/suspenders
a) noeud papillon
b) baskets
c) bretelles
d) chaussettes

14) corset
a) imperméable
b) ceinture
c) gaine
d) culotte

15) jumpsuit
a) bretelles
b) cravate
c) combinaison
d) gants

16) shirt
a) bikini
b) écharpe
c) chemisier
d) chemise

17) cardigan
a) cardigan
b) pantoufles
c) imperméable
d) écharpe

18) stockings
a) mouchoir
b) collants
c) robe
d) maillot de bain

19) skirt
a) pantoufles
b) gant
c) jupe
d) écharpe

20) dress
a) robe
b) gant
c) chapeau
d) peignoir

21) scarf
a) pardessus
b) gant
c) pyjama
d) écharpe

22) bow tie
a) baskets
b) noeud papillon
c) pardessus
d) sandales

23) clothes
a) pantoufles
b) chapeau
c) chemise
d) vêtements

24) hat
a) bretelles
b) chapeau
c) soutien-gorge
d) robe

#74 - Clothing
Select the closest French word to match the English word.

1) stockings
a) veste
b) taille
c) collants
d) soutien-gorge

2) necktie
a) noeud papillon
b) gant
c) pardessus
d) cravate

3) gloves
a) gants
b) jeans
c) bikini
d) cravate

4) cap
a) sandales
b) casquette
c) gant
d) écharpe

5) coat
a) manteau
b) salopette
c) chemisier
d) baskets

6) belt
a) T-shirt
b) ceinture
c) pardessus
d) maillot de bain

7) trousers
a) pantalon
b) soutien-gorge
c) noeud papillon
d) jeans

8) dressing gown
a) maillot de sport
b) maillot de bain
c) peignoir
d) imperméable

9) pyjamas
a) taille
b) anorak
c) pyjama
d) chemise

10) knickers
a) gilet
b) culotte
c) maillot de bain
d) bikini

11) skirt
a) mouchoir
b) jupe
c) gants
d) T-shirt

12) glove
a) gant
b) maillot de sport
c) maillot de bain
d) pantalon

13) slippers
a) costume
b) pantoufles
c) pantalon
d) robe

14) overcoat
a) parapluie
b) pantalon
c) chemise
d) pardessus

15) blouse
a) chemisier
b) taille
c) veste
d) écharpe

16) waistcoat
a) gilet
b) pantoufles
c) jeans
d) pardessus

17) bikini
a) bikini
b) maillot de sport
c) pantoufles
d) gants

18) suit
a) cravate
b) costume
c) pardessus
d) pantoufles

19) T-shirt
a) gaine
b) T-shirt
c) slip
d) robe

20) zip
a) fermeture-éclair
b) bretelles
c) gants
d) vêtements

21) anorak
a) anorak
b) chaussettes
c) slip
d) pantoufles

22) sweatshirt
a) collants
b) maillot de sport
c) mouchoir
d) veste

23) handkerchief
a) pantoufles
b) gaine
c) écharpe
d) mouchoir

24) dress
a) robe
b) vêtements
c) peignoir
d) culotte

#75 - Clothing
Select the closest French word to match the English word.

1) scarf
a) écharpe
b) gaine
c) sandales
d) noeud papillon

2) clothes
a) vêtements
b) robe
c) bikini
d) gants

3) T-shirt
a) costume
b) T-shirt
c) parapluie
d) écharpe

4) overalls
a) salopette
b) bretelles
c) mouchoir
d) cardigan

5) trousers
a) pantalon
b) cravate
c) gants
d) T-shirt

6) overcoat
a) pardessus
b) pantalon
c) chemisier
d) soutien-gorge

7) slippers
a) taille
b) pantoufles
c) pantalon
d) vêtements

8) coat
a) pantalon
b) cardigan
c) manteau
d) taille

9) dress
a) maillot de bain
b) salopette
c) robe
d) noeud papillon

10) belt
a) ceinture
b) maillot de sport
c) chaussettes
d) chemise

11) stockings
a) collants
b) chemise
c) slip
d) pantoufles

12) blouse
a) chemisier
b) anorak
c) écharpe
d) fermeture-éclair

13) briefs
a) pardessus
b) slip
c) chapeau
d) chemise

14) umbrella
a) salopette
b) parapluie
c) chaussure de marche
d) gilet

15) jumpsuit
a) chaussettes
b) anorak
c) combinaison
d) gant

16) hiking boots
a) sandales
b) parapluie
c) chaussure de marche
d) jeans

17) skirt
a) chemisier
b) salopette
c) jupe
d) noeud papillon

18) suit
a) costume
b) gant
c) slip
d) manteau

19) shirt
a) gaine
b) bretelles
c) gants
d) chemise

20) running shoes
a) baskets
b) anorak
c) T-shirt
d) gant

21) bathing suit
a) maillot de bain
b) casquette
c) gant
d) pyjama

22) zip
a) fermeture-éclair
b) peignoir
c) noeud papillon
d) maillot de bain

23) bikini
a) vêtements
b) chaussettes
c) manteau
d) bikini

24) jacket
a) baskets
b) veste
c) pardessus
d) T-shirt

#76 - Family
Select the closest English word to match the French word.

1) neveu
a) parent
b) nephew
c) daughter
d) stepsister

2) soeur
a) bride
b) sister
c) grandchild
d) family

3) frère
a) brother
b) niece
c) family
d) stepdaughter

4) grand-mère
a) grandmother
b) mum
c) sister
d) uncle

5) oncle
a) mum
b) uncle
c) husband
d) stepsister

6) petit-fils
a) son
b) nephew
c) husband
d) grandchild

7) nièce
a) niece
b) daughter
c) dad
d) stepdaughter

8) belle-fille
a) parent
b) mum
c) stepmother
d) stepdaughter

9) père
a) father
b) bride
c) husband
d) family

10) grand-père
a) wife
b) cousin
c) grandfather
d) grandchild

11) cousin
a) cousin
b) stepson
c) daughter
d) son

12) beau-fils
a) stepson
b) stepsister
c) wife
d) bride

13) fils
a) mother
b) son
c) niece
d) dad

14) demi-frère
a) bride
b) stepfather
c) stepbrother
d) stepdaughter

15) parents
a) parent
b) daughter
c) niece
d) grandmother

16) épouse
a) stepfather
b) nephew
c) wife
d) son

17) mari
a) parent
b) brother
c) dad
d) husband

18) papa
a) grandmother
b) uncle
c) dad
d) family

19) marié
a) son
b) stepbrother
c) family
d) bride

20) tante
a) sister
b) aunt
c) cousin
d) daughter

21) demi-mère
a) daughter
b) stepsister
c) father
d) stepmother

22) mère
a) mum
b) uncle
c) mother
d) grandfather

23) belle-mère
a) stepmother
b) grandmother
c) son
d) grandfather

24) maman
a) grandchild
b) mum
c) brother
d) daughter

#77 - Family
Select the closest English word to match the French word.

1) marié
a) husband
b) son
c) sister
d) bride

2) tante
a) grandchild
b) grandfather
c) aunt
d) husband

3) belle-mère
a) stepmother
b) husband
c) cousin
d) father

4) soeur
a) mum
b) stepmother
c) husband
d) sister

5) petit-fils
a) sister
b) husband
c) bride
d) grandchild

6) demi-frère
a) stepbrother
b) uncle
c) stepsister
d) son

7) beau-père
a) wife
b) stepfather
c) mother
d) sister

8) nièce
a) grandmother
b) dad
c) niece
d) stepdaughter

9) parents
a) parent
b) grandmother
c) daughter
d) bride

10) fille
a) daughter
b) father
c) family
d) dad

11) père
a) stepson
b) father
c) mum
d) stepsister

12) mari
a) son
b) wife
c) husband
d) daughter

13) belle-fille
a) mum
b) sister
c) husband
d) stepdaughter

14) grand-père
a) grandfather
b) niece
c) family
d) parent

15) grand-mère
a) stepfather
b) cousin
c) sister
d) grandmother

16) mère
a) parent
b) husband
c) grandmother
d) mother

17) famille
a) son
b) father
c) family
d) stepfather

18) oncle
a) aunt
b) mum
c) uncle
d) grandfather

19) fils
a) family
b) mother
c) father
d) son

20) épouse
a) niece
b) wife
c) mum
d) stepdaughter

21) frère
a) stepson
b) brother
c) daughter
d) husband

22) papa
a) mum
b) dad
c) daughter
d) wife

23) beau-fils
a) grandfather
b) nephew
c) stepson
d) cousin

24) cousin
a) stepfather
b) cousin
c) mum
d) grandchild

#78 - Family
Select the closest English word to match the French word.

1) oncle
   a) son
   b) uncle
   c) mum
   d) cousin

2) père
   a) father
   b) nephew
   c) family
   d) mum

3) petit-fils
   a) husband
   b) grandchild
   c) daughter
   d) stepsister

4) frère
   a) brother
   b) grandfather
   c) nephew
   d) stepsister

5) parents
   a) grandmother
   b) stepsister
   c) parent
   d) grandfather

6) soeur
   a) husband
   b) sister
   c) grandchild
   d) niece

7) beau-père
   a) dad
   b) niece
   c) stepfather
   d) family

8) grand-mère
   a) grandchild
   b) stepson
   c) stepfather
   d) grandmother

9) fille
   a) mother
   b) dad
   c) daughter
   d) grandchild

10) grand-père
   a) stepsister
   b) stepson
   c) grandfather
   d) uncle

11) cousin
   a) stepsister
   b) dad
   c) cousin
   d) sister

12) demi-mère
   a) niece
   b) grandfather
   c) family
   d) stepsister

13) nièce
   a) parent
   b) wife
   c) niece
   d) aunt

14) tante
   a) husband
   b) stepson
   c) stepbrother
   d) aunt

15) neveu
   a) father
   b) mother
   c) nephew
   d) mum

16) belle-mère
   a) stepsister
   b) stepmother
   c) mum
   d) stepson

17) marié
   a) bride
   b) stepmother
   c) family
   d) brother

18) mère
   a) son
   b) dad
   c) mother
   d) nephew

19) papa
   a) nephew
   b) niece
   c) dad
   d) grandfather

20) famille
   a) daughter
   b) family
   c) sister
   d) grandchild

21) épouse
   a) stepfather
   b) bride
   c) wife
   d) uncle

22) fils
   a) stepmother
   b) daughter
   c) father
   d) son

23) belle-fille
   a) stepdaughter
   b) wife
   c) mum
   d) grandmother

24) mari
   a) stepdaughter
   b) grandmother
   c) husband
   d) stepson

#79 - Family
Select the closest English word to match the French word.

1) maman
a) dad
b) mum
c) daughter
d) sister

2) frère
a) stepbrother
b) brother
c) stepson
d) grandmother

3) marié
a) wife
b) bride
c) father
d) sister

4) épouse
a) niece
b) sister
c) bride
d) wife

5) neveu
a) stepsister
b) mother
c) nephew
d) stepson

6) mari
a) parent
b) stepsister
c) bride
d) husband

7) demi-mère
a) stepsister
b) niece
c) stepson
d) grandfather

8) belle-fille
a) stepdaughter
b) stepbrother
c) stepmother
d) stepson

9) grand-mère
a) father
b) stepmother
c) parent
d) grandmother

10) cousin
a) wife
b) grandchild
c) dad
d) cousin

11) belle-mère
a) father
b) stepbrother
c) stepdaughter
d) stepmother

12) beau-fils
a) bride
b) mother
c) stepson
d) grandfather

13) papa
a) niece
b) stepmother
c) grandchild
d) dad

14) parents
a) stepson
b) parent
c) stepfather
d) dad

15) grand-père
a) stepsister
b) brother
c) cousin
d) grandfather

16) beau-père
a) daughter
b) stepfather
c) mother
d) parent

17) fille
a) daughter
b) stepmother
c) family
d) father

18) père
a) husband
b) dad
c) grandchild
d) father

19) petit-fils
a) father
b) dad
c) stepfather
d) grandchild

20) nièce
a) stepbrother
b) bride
c) stepmother
d) niece

21) famille
a) parent
b) mum
c) family
d) stepmother

22) demi-frère
a) stepbrother
b) mum
c) aunt
d) stepfather

23) tante
a) aunt
b) stepson
c) father
d) stepbrother

24) fils
a) son
b) husband
c) wife
d) stepmother

#80 - Family
Select the closest English word to match the French word.

1) petit-fils
a) stepmother
b) wife
c) grandchild
d) stepbrother

2) belle-mère
a) daughter
b) stepsister
c) husband
d) stepmother

3) père
a) grandmother
b) stepmother
c) father
d) mum

4) mère
a) grandchild
b) stepfather
c) mother
d) cousin

5) cousin
a) cousin
b) grandchild
c) niece
d) sister

6) neveu
a) grandfather
b) nephew
c) cousin
d) stepdaughter

7) grand-père
a) grandfather
b) aunt
c) dad
d) stepdaughter

8) demi-mère
a) niece
b) mum
c) stepsister
d) husband

9) nièce
a) husband
b) stepsister
c) stepdaughter
d) niece

10) fille
a) wife
b) bride
c) daughter
d) grandfather

11) maman
a) mum
b) nephew
c) cousin
d) grandchild

12) grand-mère
a) bride
b) grandfather
c) grandmother
d) aunt

13) famille
a) mum
b) stepdaughter
c) family
d) stepfather

14) belle-fille
a) parent
b) grandmother
c) stepdaughter
d) niece

15) mari
a) sister
b) grandmother
c) family
d) husband

16) tante
a) grandchild
b) aunt
c) mum
d) daughter

17) épouse
a) grandfather
b) dad
c) bride
d) wife

18) demi-frère
a) brother
b) nephew
c) son
d) stepbrother

19) fils
a) son
b) stepson
c) niece
d) aunt

20) frère
a) grandfather
b) uncle
c) son
d) brother

21) oncle
a) uncle
b) aunt
c) mother
d) stepmother

22) parents
a) sister
b) parent
c) aunt
d) dad

23) marié
a) brother
b) stepbrother
c) bride
d) niece

24) beau-fils
a) nephew
b) stepson
c) dad
d) niece

#81 - Family
Select the closest English word to match the French word.

1) grand-père
a) son
b) father
c) niece
d) grandfather

2) frère
a) grandmother
b) stepbrother
c) cousin
d) brother

3) tante
a) daughter
b) aunt
c) cousin
d) uncle

4) mari
a) cousin
b) family
c) niece
d) husband

5) neveu
a) parent
b) mother
c) stepdaughter
d) nephew

6) famille
a) grandfather
b) aunt
c) family
d) nephew

7) demi-frère
a) stepbrother
b) aunt
c) mother
d) stepmother

8) belle-fille
a) stepdaughter
b) stepbrother
c) mum
d) grandchild

9) cousin
a) grandmother
b) dad
c) stepmother
d) cousin

10) mère
a) mother
b) bride
c) uncle
d) grandchild

11) grand-mère
a) grandfather
b) grandmother
c) parent
d) family

12) belle-mère
a) stepbrother
b) daughter
c) stepson
d) stepmother

13) petit-fils
a) nephew
b) grandchild
c) stepsister
d) grandmother

14) oncle
a) grandchild
b) uncle
c) parent
d) stepsister

15) demi-mère
a) stepdaughter
b) stepsister
c) mum
d) husband

16) marié
a) father
b) mum
c) nephew
d) bride

17) nièce
a) daughter
b) stepson
c) niece
d) mum

18) fille
a) cousin
b) daughter
c) wife
d) bride

19) père
a) stepbrother
b) stepmother
c) father
d) bride

20) parents
a) parent
b) dad
c) uncle
d) daughter

21) beau-fils
a) wife
b) aunt
c) sister
d) stepson

22) papa
a) nephew
b) aunt
c) mother
d) dad

23) fils
a) mum
b) stepsister
c) son
d) nephew

24) soeur
a) sister
b) son
c) niece
d) nephew

#82 - Family
Select the closest English word to match the French word.

1) maman
a) stepson
b) stepsister
c) mum
d) grandmother

2) oncle
a) grandmother
b) nephew
c) mother
d) uncle

3) tante
a) aunt
b) stepmother
c) cousin
d) grandfather

4) soeur
a) son
b) stepdaughter
c) sister
d) grandfather

5) papa
a) dad
b) wife
c) uncle
d) husband

6) mari
a) stepson
b) husband
c) uncle
d) grandmother

7) frère
a) stepdaughter
b) brother
c) daughter
d) cousin

8) neveu
a) dad
b) stepson
c) parent
d) nephew

9) père
a) son
b) grandchild
c) dad
d) father

10) grand-père
a) parent
b) grandfather
c) stepdaughter
d) wife

11) belle-fille
a) niece
b) stepdaughter
c) son
d) stepsister

12) fils
a) son
b) family
c) parent
d) uncle

13) beau-père
a) grandfather
b) father
c) sister
d) stepfather

14) marié
a) nephew
b) bride
c) mother
d) dad

15) petit-fils
a) husband
b) sister
c) mum
d) grandchild

16) épouse
a) stepsister
b) brother
c) wife
d) grandchild

17) nièce
a) stepdaughter
b) daughter
c) niece
d) bride

18) demi-frère
a) father
b) stepbrother
c) mum
d) grandfather

19) mère
a) niece
b) mother
c) parent
d) bride

20) belle-mère
a) stepbrother
b) father
c) bride
d) stepmother

21) grand-mère
a) grandmother
b) dad
c) stepfather
d) cousin

22) parents
a) father
b) mother
c) parent
d) stepdaughter

23) cousin
a) parent
b) wife
c) cousin
d) brother

24) demi-mère
a) father
b) stepsister
c) husband
d) wife

#83 - Family
Select the closest English word to match the French word.

1) mari
a) husband
b) cousin
c) dad
d) nephew

2) père
a) parent
b) father
c) grandchild
d) family

3) frère
a) dad
b) brother
c) stepdaughter
d) nephew

4) famille
a) family
b) stepfather
c) mum
d) grandfather

5) nièce
a) niece
b) stepson
c) daughter
d) father

6) parents
a) brother
b) dad
c) parent
d) stepbrother

7) soeur
a) sister
b) mother
c) stepfather
d) stepsister

8) neveu
a) aunt
b) nephew
c) wife
d) stepdaughter

9) belle-mère
a) bride
b) niece
c) stepmother
d) parent

10) fille
a) stepdaughter
b) daughter
c) bride
d) father

11) grand-père
a) grandfather
b) daughter
c) bride
d) aunt

12) oncle
a) wife
b) uncle
c) mum
d) stepmother

13) mère
a) mother
b) grandchild
c) husband
d) mum

14) demi-frère
a) bride
b) stepbrother
c) grandchild
d) stepmother

15) tante
a) aunt
b) grandchild
c) father
d) stepson

16) marié
a) family
b) husband
c) uncle
d) bride

17) beau-fils
a) cousin
b) nephew
c) grandmother
d) stepson

18) fils
a) bride
b) son
c) brother
d) stepdaughter

19) demi-mère
a) aunt
b) stepsister
c) stepmother
d) stepfather

20) petit-fils
a) grandchild
b) stepbrother
c) daughter
d) dad

21) maman
a) grandchild
b) stepsister
c) daughter
d) mum

22) belle-fille
a) mother
b) uncle
c) stepdaughter
d) grandfather

23) cousin
a) cousin
b) grandmother
c) stepdaughter
d) brother

24) grand-mère
a) dad
b) grandchild
c) stepdaughter
d) grandmother

#84 - Family
Select the closest French word to match the English word.

1) family
a) papa
b) épouse
c) famille
d) parents

2) grandchild
a) soeur
b) demi-frère
c) petit-fils
d) père

3) grandfather
a) grand-mère
b) petit-fils
c) grand-père
d) tante

4) niece
a) petit-fils
b) nièce
c) cousin
d) grand-père

5) cousin
a) marié
b) mari
c) belle-fille
d) cousin

6) uncle
a) nièce
b) maman
c) oncle
d) demi-mère

7) brother
a) grand-père
b) grand-mère
c) frère
d) soeur

8) dad
a) maman
b) papa
c) demi-mère
d) fille

9) mother
a) parents
b) nièce
c) mère
d) belle-fille

10) stepmother
a) cousin
b) belle-mère
c) petit-fils
d) beau-fils

11) sister
a) nièce
b) grand-père
c) soeur
d) frère

12) stepdaughter
a) belle-fille
b) oncle
c) mari
d) mère

13) mum
a) belle-fille
b) oncle
c) maman
d) frère

14) stepson
a) cousin
b) beau-fils
c) neveu
d) mari

15) grandmother
a) grand-mère
b) belle-fille
c) maman
d) demi-frère

16) stepbrother
a) père
b) frère
c) demi-frère
d) nièce

17) wife
a) grand-mère
b) marié
c) épouse
d) père

18) parent
a) petit-fils
b) parents
c) demi-frère
d) grand-mère

19) nephew
a) belle-fille
b) belle-mère
c) neveu
d) fils

20) stepsister
a) grand-mère
b) belle-fille
c) demi-mère
d) petit-fils

21) son
a) mère
b) grand-mère
c) frère
d) fils

22) father
a) demi-mère
b) nièce
c) père
d) mari

23) stepfather
a) beau-père
b) maman
c) belle-fille
d) épouse

24) husband
a) beau-fils
b) mari
c) marié
d) tante

#85 - Family
Select the closest French word to match the English word.

1) stepdaughter
a) parents
b) père
c) belle-fille
d) soeur

2) husband
a) mari
b) belle-fille
c) nièce
d) famille

3) son
a) fils
b) maman
c) belle-fille
d) marié

4) aunt
a) famille
b) marié
c) tante
d) grand-père

5) mother
a) mère
b) neveu
c) frère
d) fille

6) uncle
a) tante
b) oncle
c) épouse
d) fils

7) stepbrother
a) frère
b) soeur
c) demi-frère
d) grand-père

8) brother
a) parents
b) grand-mère
c) soeur
d) frère

9) stepson
a) beau-fils
b) papa
c) nièce
d) épouse

10) grandfather
a) famille
b) grand-père
c) demi-mère
d) neveu

11) stepfather
a) épouse
b) beau-fils
c) belle-fille
d) beau-père

12) family
a) frère
b) neveu
c) grand-mère
d) famille

13) dad
a) belle-fille
b) parents
c) papa
d) tante

14) sister
a) épouse
b) parents
c) soeur
d) nièce

15) cousin
a) fils
b) belle-mère
c) cousin
d) frère

16) wife
a) épouse
b) demi-mère
c) maman
d) oncle

17) grandchild
a) cousin
b) parents
c) demi-frère
d) petit-fils

18) father
a) parents
b) tante
c) soeur
d) père

19) mum
a) fille
b) maman
c) beau-fils
d) mari

20) daughter
a) fille
b) papa
c) nièce
d) tante

21) niece
a) nièce
b) tante
c) père
d) parents

22) bride
a) famille
b) marié
c) grand-mère
d) demi-mère

23) nephew
a) cousin
b) belle-mère
c) neveu
d) tante

24) grandmother
a) soeur
b) maman
c) beau-père
d) grand-mère

#86 - Family
Select the closest French word to match the English word.

1) wife
a) maman
b) demi-mère
c) neveu
d) épouse

2) sister
a) parents
b) soeur
c) beau-père
d) belle-mère

3) dad
a) papa
b) soeur
c) fille
d) famille

4) bride
a) marié
b) beau-père
c) belle-fille
d) frère

5) husband
a) belle-mère
b) cousin
c) oncle
d) mari

6) grandfather
a) papa
b) grand-père
c) nièce
d) mère

7) stepfather
a) maman
b) beau-père
c) mère
d) soeur

8) grandchild
a) petit-fils
b) belle-fille
c) frère
d) neveu

9) brother
a) oncle
b) mari
c) frère
d) petit-fils

10) stepson
a) beau-fils
b) papa
c) fille
d) maman

11) father
a) père
b) papa
c) mère
d) neveu

12) stepdaughter
a) belle-fille
b) nièce
c) frère
d) neveu

13) aunt
a) papa
b) cousin
c) demi-frère
d) tante

14) uncle
a) oncle
b) nièce
c) grand-mère
d) beau-père

15) grandmother
a) fils
b) oncle
c) papa
d) grand-mère

16) niece
a) oncle
b) nièce
c) mari
d) belle-fille

17) mother
a) maman
b) belle-fille
c) mère
d) épouse

18) stepmother
a) belle-mère
b) neveu
c) beau-fils
d) oncle

19) cousin
a) épouse
b) cousin
c) grand-mère
d) oncle

20) nephew
a) marié
b) grand-mère
c) belle-fille
d) neveu

21) son
a) fils
b) demi-mère
c) belle-mère
d) marié

22) daughter
a) marié
b) fille
c) parents
d) oncle

23) parent
a) papa
b) beau-fils
c) parents
d) maman

24) stepbrother
a) grand-père
b) demi-frère
c) épouse
d) cousin

#87 - Family
Select the closest French word to match the English word.

1) parent
   a) parents
   b) nièce
   c) épouse
   d) père

2) grandfather
   a) épouse
   b) tante
   c) cousin
   d) grand-père

3) grandchild
   a) fils
   b) marié
   c) petit-fils
   d) fille

4) stepbrother
   a) soeur
   b) belle-fille
   c) demi-frère
   d) papa

5) stepdaughter
   a) parents
   b) belle-fille
   c) neveu
   d) beau-fils

6) brother
   a) épouse
   b) frère
   c) beau-père
   d) belle-fille

7) sister
   a) soeur
   b) papa
   c) oncle
   d) cousin

8) mother
   a) nièce
   b) père
   c) frère
   d) mère

9) niece
   a) nièce
   b) belle-fille
   c) frère
   d) cousin

10) stepfather
   a) grand-père
   b) beau-père
   c) cousin
   d) grand-mère

11) stepmother
   a) grand-mère
   b) maman
   c) belle-mère
   d) fils

12) father
   a) petit-fils
   b) belle-mère
   c) père
   d) mari

13) cousin
   a) belle-fille
   b) tante
   c) maman
   d) cousin

14) uncle
   a) mère
   b) oncle
   c) tante
   d) papa

15) nephew
   a) tante
   b) neveu
   c) papa
   d) demi-frère

16) mum
   a) mari
   b) beau-père
   c) maman
   d) mère

17) stepson
   a) papa
   b) famille
   c) oncle
   d) beau-fils

18) bride
   a) petit-fils
   b) oncle
   c) marié
   d) grand-mère

19) aunt
   a) demi-frère
   b) belle-fille
   c) beau-fils
   d) tante

20) daughter
   a) fille
   b) épouse
   c) beau-fils
   d) grand-père

21) husband
   a) fils
   b) mari
   c) mère
   d) père

22) stepsister
   a) demi-mère
   b) papa
   c) mère
   d) épouse

23) family
   a) belle-mère
   b) beau-père
   c) famille
   d) demi-mère

24) wife
   a) petit-fils
   b) épouse
   c) oncle
   d) parents

#88 - Family
Select the closest French word to match the English word.

1) family
a) famille
b) marié
c) parents
d) cousin

2) son
a) grand-père
b) belle-fille
c) nièce
d) fils

3) grandfather
a) belle-fille
b) grand-père
c) demi-frère
d) fille

4) stepson
a) nièce
b) beau-père
c) petit-fils
d) beau-fils

5) nephew
a) petit-fils
b) père
c) frère
d) neveu

6) parent
a) famille
b) épouse
c) parents
d) fils

7) stepmother
a) belle-mère
b) oncle
c) beau-père
d) grand-mère

8) sister
a) mari
b) oncle
c) soeur
d) petit-fils

9) brother
a) maman
b) frère
c) fils
d) neveu

10) dad
a) papa
b) mari
c) grand-père
d) oncle

11) cousin
a) maman
b) famille
c) cousin
d) demi-frère

12) mum
a) neveu
b) demi-frère
c) nièce
d) maman

13) niece
a) épouse
b) belle-fille
c) grand-mère
d) nièce

14) stepbrother
a) demi-frère
b) nièce
c) tante
d) marié

15) wife
a) frère
b) beau-fils
c) oncle
d) épouse

16) stepdaughter
a) fils
b) tante
c) fille
d) belle-fille

17) aunt
a) cousin
b) maman
c) tante
d) fils

18) father
a) fils
b) mari
c) épouse
d) père

19) mother
a) maman
b) nièce
c) mère
d) grand-père

20) stepfather
a) beau-père
b) cousin
c) fille
d) oncle

21) grandchild
a) beau-père
b) petit-fils
c) grand-mère
d) marié

22) stepsister
a) papa
b) demi-mère
c) beau-père
d) belle-mère

23) bride
a) mère
b) famille
c) grand-père
d) marié

24) daughter
a) beau-père
b) fille
c) frère
d) demi-mère

#89 - Family
Select the closest French word to match the English word.

1) daughter
a) beau-père
b) tante
c) fille
d) petit-fils

2) parent
a) beau-fils
b) papa
c) parents
d) grand-père

3) aunt
a) père
b) soeur
c) marié
d) tante

4) bride
a) fille
b) marié
c) oncle
d) nièce

5) family
a) mari
b) maman
c) belle-fille
d) famille

6) uncle
a) fille
b) oncle
c) papa
d) nièce

7) dad
a) nièce
b) papa
c) cousin
d) grand-père

8) grandfather
a) grand-père
b) fille
c) maman
d) mari

9) husband
a) famille
b) fille
c) mari
d) petit-fils

10) grandchild
a) petit-fils
b) soeur
c) grand-père
d) maman

11) stepmother
a) belle-mère
b) frère
c) demi-mère
d) nièce

12) mum
a) maman
b) demi-mère
c) grand-père
d) famille

13) father
a) père
b) fils
c) papa
d) demi-frère

14) son
a) mari
b) beau-père
c) fils
d) demi-frère

15) mother
a) mère
b) petit-fils
c) soeur
d) fille

16) stepbrother
a) beau-fils
b) fils
c) demi-frère
d) fille

17) brother
a) parents
b) soeur
c) grand-père
d) frère

18) stepdaughter
a) papa
b) oncle
c) belle-fille
d) demi-mère

19) wife
a) épouse
b) maman
c) cousin
d) marié

20) cousin
a) grand-mère
b) belle-fille
c) cousin
d) nièce

21) stepfather
a) beau-fils
b) grand-mère
c) beau-père
d) mère

22) stepson
a) maman
b) mari
c) beau-fils
d) fils

23) niece
a) marié
b) demi-frère
c) nièce
d) parents

24) stepsister
a) beau-fils
b) oncle
c) demi-mère
d) épouse

#90 - Family
Select the closest French word to match the English word.

1) aunt
a) tante
b) famille
c) frère
d) beau-père

2) cousin
a) beau-père
b) grand-père
c) demi-mère
d) cousin

3) mum
a) demi-frère
b) mère
c) maman
d) papa

4) uncle
a) épouse
b) parents
c) cousin
d) oncle

5) daughter
a) soeur
b) tante
c) fille
d) marié

6) grandchild
a) petit-fils
b) grand-mère
c) mère
d) marié

7) family
a) petit-fils
b) demi-mère
c) demi-frère
d) famille

8) stepmother
a) mari
b) belle-mère
c) demi-frère
d) fille

9) niece
a) beau-père
b) neveu
c) demi-frère
d) nièce

10) mother
a) mère
b) frère
c) grand-père
d) fils

11) stepsister
a) tante
b) demi-mère
c) cousin
d) papa

12) son
a) fils
b) demi-frère
c) beau-père
d) marié

13) brother
a) parents
b) beau-père
c) frère
d) mari

14) husband
a) demi-frère
b) marié
c) mari
d) fils

15) nephew
a) frère
b) neveu
c) fille
d) père

16) stepbrother
a) demi-frère
b) mère
c) neveu
d) grand-père

17) dad
a) cousin
b) père
c) papa
d) demi-frère

18) stepson
a) marié
b) tante
c) papa
d) beau-fils

19) grandfather
a) oncle
b) père
c) demi-frère
d) grand-père

20) stepdaughter
a) belle-fille
b) fille
c) tante
d) mère

21) grandmother
a) demi-frère
b) grand-mère
c) père
d) petit-fils

22) father
a) beau-fils
b) belle-mère
c) père
d) beau-père

23) wife
a) mère
b) épouse
c) cousin
d) fille

24) parent
a) nièce
b) oncle
c) parents
d) famille

#91 - Food
Select the closest English word to match the French word.

1) gâteau
a) milk
b) mustard
c) cheese
d) cake

2) salade
a) salad
b) food
c) ice-cream
d) olive oil

3) pâtisserie
a) yoghurt
b) ice-cream
c) pastry
d) cracker

4) sucre
a) sugar
b) mustard
c) food
d) bun

5) oeuf
a) butter
b) vinegar
c) bread
d) egg

6) moutarde
a) roll
b) food
c) bread
d) mustard

7) pain pistolet
a) sugar
b) roll
c) cracker
d) ice-cream

8) barre de chocolat
a) bread
b) chocolate bar
c) food
d) cracker

9) biscuit
a) cake
b) bun
c) biscuit
d) milk

10) sel
a) yoghurt
b) butter
c) cake
d) salt

11) vinaigre
a) chocolate bar
b) bun
c) sugar
d) vinegar

12) crackers
a) salt
b) cracker
c) olive oil
d) bread

13) lait
a) salad
b) milk
c) sugar
d) chocolate bar

14) fromage
a) chocolate bar
b) cheese
c) biscuit
d) salad

15) pain
a) milk
b) bread
c) food
d) chocolate bar

16) petit pain
a) roll
b) egg
c) biscuit
d) bun

17) nourriture
a) food
b) bun
c) egg
d) ice-cream

18) huile d'olive
a) vinegar
b) cake
c) milk
d) olive oil

19) beurre
a) milk
b) butter
c) cracker
d) ice-cream

20) yaourt
a) cheese
b) olive oil
c) pastry
d) yoghurt

21) crême glacée
a) cake
b) ice-cream
c) salt
d) sugar

22) soupe de légume
a) butter
b) sugar
c) bread
d) vegetable soup

23) fromage
a) cheese
b) ice-cream
c) egg
d) pastry

24) beurre
a) food
b) vinegar
c) butter
d) sugar

#92 - Food
Select the closest English word to match the French word.

1) oeuf
a) cake
b) milk
c) roll
d) egg

2) huile d'olive
a) cracker
b) cake
c) salad
d) olive oil

3) soupe de légume
a) cheese
b) egg
c) vegetable soup
d) ice-cream

4) pâtisserie
a) salt
b) sugar
c) salad
d) pastry

5) salade
a) cake
b) milk
c) salad
d) bread

6) pain
a) roll
b) chocolate bar
c) bread
d) olive oil

7) yaourt
a) chocolate bar
b) yoghurt
c) bread
d) cake

8) gâteau
a) food
b) cake
c) chocolate bar
d) roll

9) crackers
a) cake
b) vinegar
c) food
d) cracker

10) barre de chocolat
a) cracker
b) salt
c) chocolate bar
d) vegetable soup

11) petit pain
a) milk
b) cracker
c) chocolate bar
d) bun

12) nourriture
a) olive oil
b) bread
c) salad
d) food

13) beurre
a) egg
b) olive oil
c) milk
d) butter

14) vinaigre
a) food
b) pastry
c) biscuit
d) vinegar

15) lait
a) bun
b) chocolate bar
c) cake
d) milk

16) crême glacée
a) pastry
b) cracker
c) vegetable soup
d) ice-cream

17) sel
a) salt
b) salad
c) bun
d) egg

18) pain pistolet
a) vegetable soup
b) butter
c) yoghurt
d) roll

19) biscuit
a) roll
b) bun
c) chocolate bar
d) biscuit

20) moutarde
a) mustard
b) chocolate bar
c) cheese
d) biscuit

21) sucre
a) sugar
b) butter
c) salt
d) food

22) fromage
a) ice-cream
b) vegetable soup
c) cheese
d) sugar

23) vinaigre
a) yoghurt
b) bun
c) sugar
d) vinegar

24) sucre
a) sugar
b) egg
c) salt
d) salad

#93 - Food
Select the closest English word to match the French word.

1) lait
a) bun
b) milk
c) cheese
d) egg

2) beurre
a) milk
b) roll
c) butter
d) cracker

3) yaourt
a) olive oil
b) yoghurt
c) salad
d) bun

4) biscuit
a) biscuit
b) egg
c) roll
d) milk

5) pâtisserie
a) pastry
b) cheese
c) bun
d) bread

6) pain pistolet
a) egg
b) roll
c) cracker
d) yoghurt

7) crême glacée
a) cracker
b) salt
c) ice-cream
d) mustard

8) huile d'olive
a) biscuit
b) bread
c) olive oil
d) vegetable soup

9) salade
a) food
b) salad
c) milk
d) vinegar

10) gâteau
a) food
b) salad
c) yoghurt
d) cake

11) barre de chocolat
a) chocolate bar
b) pastry
c) olive oil
d) milk

12) pain
a) food
b) vegetable soup
c) bread
d) cake

13) nourriture
a) sugar
b) food
c) chocolate bar
d) vinegar

14) vinaigre
a) vinegar
b) ice-cream
c) cake
d) food

15) oeuf
a) egg
b) cake
c) salad
d) ice-cream

16) moutarde
a) mustard
b) chocolate bar
c) egg
d) ice-cream

17) soupe de légume
a) vegetable soup
b) cracker
c) olive oil
d) chocolate bar

18) sel
a) mustard
b) salad
c) salt
d) olive oil

19) sucre
a) mustard
b) sugar
c) yoghurt
d) vinegar

20) fromage
a) salad
b) roll
c) cheese
d) milk

21) petit pain
a) bun
b) cake
c) roll
d) pastry

22) crackers
a) cheese
b) biscuit
c) egg
d) cracker

23) soupe de légume
a) bread
b) salt
c) sugar
d) vegetable soup

24) beurre
a) egg
b) sugar
c) butter
d) vinegar

#94 - Food
Select the closest English word to match the French word.

1) nourriture
a) vinegar
b) food
c) roll
d) ice-cream

2) soupe de légume
a) food
b) salad
c) bread
d) vegetable soup

3) vinaigre
a) salt
b) cake
c) vinegar
d) food

4) barre de chocolat
a) egg
b) biscuit
c) chocolate bar
d) olive oil

5) petit pain
a) bun
b) sugar
c) salad
d) vinegar

6) sel
a) egg
b) chocolate bar
c) salt
d) food

7) crackers
a) chocolate bar
b) cracker
c) bread
d) sugar

8) biscuit
a) cake
b) vegetable soup
c) biscuit
d) yoghurt

9) yaourt
a) yoghurt
b) pastry
c) sugar
d) vinegar

10) beurre
a) butter
b) roll
c) biscuit
d) yoghurt

11) pain
a) pastry
b) yoghurt
c) bread
d) vegetable soup

12) lait
a) milk
b) food
c) chocolate bar
d) salad

13) oeuf
a) egg
b) ice-cream
c) vegetable soup
d) roll

14) moutarde
a) pastry
b) mustard
c) ice-cream
d) salt

15) pain pistolet
a) milk
b) biscuit
c) cake
d) roll

16) gâteau
a) salt
b) olive oil
c) food
d) cake

17) salade
a) bread
b) salad
c) butter
d) bun

18) crème glacée
a) sugar
b) butter
c) yoghurt
d) ice-cream

19) pâtisserie
a) olive oil
b) bread
c) cracker
d) pastry

20) fromage
a) cheese
b) sugar
c) salad
d) yoghurt

21) sucre
a) mustard
b) sugar
c) olive oil
d) milk

22) huile d'olive
a) mustard
b) olive oil
c) biscuit
d) cheese

23) biscuit
a) biscuit
b) salad
c) roll
d) chocolate bar

24) sel
a) cracker
b) bread
c) biscuit
d) salt

#95 - Food
Select the closest English word to match the French word.

1) lait
 a) cheese
 b) cracker
 c) milk
 d) salt

2) fromage
 a) biscuit
 b) vinegar
 c) cheese
 d) butter

3) biscuit
 a) bread
 b) olive oil
 c) pastry
 d) biscuit

4) huile d'olive
 a) cracker
 b) olive oil
 c) vegetable soup
 d) bun

5) sel
 a) salt
 b) salad
 c) mustard
 d) yoghurt

6) soupe de légume
 a) vinegar
 b) vegetable soup
 c) ice-cream
 d) sugar

7) pain
 a) vegetable soup
 b) butter
 c) mustard
 d) bread

8) pain pistolet
 a) milk
 b) roll
 c) vegetable soup
 d) cracker

9) vinaigre
 a) chocolate bar
 b) vinegar
 c) cake
 d) salad

10) yaourt
 a) mustard
 b) vegetable soup
 c) olive oil
 d) yoghurt

11) beurre
 a) yoghurt
 b) butter
 c) mustard
 d) vinegar

12) sucre
 a) sugar
 b) chocolate bar
 c) salad
 d) egg

13) crême glacée
 a) salt
 b) cracker
 c) ice-cream
 d) food

14) moutarde
 a) cheese
 b) yoghurt
 c) mustard
 d) pastry

15) nourriture
 a) food
 b) salad
 c) ice-cream
 d) cheese

16) pâtisserie
 a) salad
 b) pastry
 c) cheese
 d) chocolate bar

17) gâteau
 a) salad
 b) cake
 c) mustard
 d) yoghurt

18) salade
 a) salad
 b) biscuit
 c) butter
 d) olive oil

19) oeuf
 a) mustard
 b) pastry
 c) bread
 d) egg

20) barre de chocolat
 a) salt
 b) chocolate bar
 c) bread
 d) mustard

21) petit pain
 a) bun
 b) yoghurt
 c) food
 d) mustard

22) crackers
 a) cracker
 b) vinegar
 c) chocolate bar
 d) egg

23) beurre
 a) bread
 b) milk
 c) sugar
 d) butter

24) gâteau
 a) milk
 b) vegetable soup
 c) cake
 d) salt

#96 - Food
Select the closest English word to match the French word.

1) crème glacée
a) ice-cream
b) mustard
c) egg
d) chocolate bar

2) barre de chocolat
a) milk
b) chocolate bar
c) bun
d) pastry

3) soupe de légume
a) vegetable soup
b) bread
c) chocolate bar
d) cake

4) lait
a) cracker
b) mustard
c) milk
d) ice-cream

5) sucre
a) food
b) roll
c) cheese
d) sugar

6) salade
a) food
b) milk
c) salad
d) sugar

7) pain
a) roll
b) bread
c) yoghurt
d) sugar

8) yaourt
a) biscuit
b) yoghurt
c) bread
d) food

9) huile d'olive
a) bun
b) olive oil
c) biscuit
d) cracker

10) pain pistolet
a) food
b) roll
c) olive oil
d) bread

11) fromage
a) olive oil
b) cheese
c) yoghurt
d) ice-cream

12) nourriture
a) butter
b) vinegar
c) food
d) chocolate bar

13) beurre
a) cracker
b) bread
c) roll
d) butter

14) gâteau
a) ice-cream
b) cake
c) biscuit
d) salad

15) vinaigre
a) cracker
b) vinegar
c) cake
d) biscuit

16) pâtisserie
a) butter
b) cracker
c) egg
d) pastry

17) moutarde
a) cheese
b) butter
c) mustard
d) vegetable soup

18) biscuit
a) milk
b) ice-cream
c) biscuit
d) egg

19) sel
a) cake
b) vegetable soup
c) salt
d) roll

20) crackers
a) pastry
b) bread
c) cracker
d) salt

21) petit pain
a) bun
b) vinegar
c) bread
d) ice-cream

22) oeuf
a) chocolate bar
b) ice-cream
c) sugar
d) egg

23) pâtisserie
a) roll
b) bun
c) vinegar
d) pastry

24) sucre
a) pastry
b) sugar
c) cake
d) mustard

#97 - Food
Select the closest English word to match the French word.

1) moutarde
a) bread
b) salad
c) mustard
d) sugar

2) soupe de légume
a) sugar
b) salad
c) vegetable soup
d) yoghurt

3) sucre
a) yoghurt
b) sugar
c) bread
d) olive oil

4) gâteau
a) bun
b) mustard
c) cake
d) bread

5) beurre
a) pastry
b) bread
c) milk
d) butter

6) nourriture
a) cracker
b) olive oil
c) egg
d) food

7) yaourt
a) chocolate bar
b) yoghurt
c) salt
d) salad

8) fromage
a) pastry
b) yoghurt
c) cheese
d) ice-cream

9) crackers
a) roll
b) biscuit
c) cracker
d) chocolate bar

10) lait
a) mustard
b) biscuit
c) food
d) milk

11) biscuit
a) biscuit
b) cake
c) vinegar
d) salad

12) pâtisserie
a) vinegar
b) salt
c) pastry
d) butter

13) pain
a) bread
b) mustard
c) chocolate bar
d) sugar

14) barre de chocolat
a) salad
b) ice-cream
c) food
d) chocolate bar

15) petit pain
a) cracker
b) egg
c) bread
d) bun

16) oeuf
a) egg
b) vegetable soup
c) biscuit
d) salt

17) huile d'olive
a) pastry
b) egg
c) butter
d) olive oil

18) pain pistolet
a) mustard
b) roll
c) bun
d) yoghurt

19) vinaigre
a) cracker
b) vinegar
c) cheese
d) vegetable soup

20) salade
a) milk
b) yoghurt
c) salad
d) salt

21) sel
a) salt
b) biscuit
c) food
d) cracker

22) crême glacée
a) ice-cream
b) bread
c) bun
d) cheese

23) crackers
a) cracker
b) sugar
c) bun
d) yoghurt

24) nourriture
a) cracker
b) salad
c) food
d) chocolate bar

#98 - Food
Select the closest English word to match the French word.

1) gâteau
a) cake
b) cheese
c) bread
d) vinegar

2) moutarde
a) biscuit
b) pastry
c) mustard
d) cheese

3) beurre
a) yoghurt
b) ice-cream
c) butter
d) bun

4) pâtisserie
a) salad
b) bread
c) bun
d) pastry

5) barre de chocolat
a) food
b) chocolate bar
c) bread
d) cheese

6) petit pain
a) bun
b) butter
c) mustard
d) salad

7) fromage
a) food
b) milk
c) cheese
d) pastry

8) soupe de légume
a) vegetable soup
b) butter
c) milk
d) ice-cream

9) sucre
a) salt
b) mustard
c) sugar
d) chocolate bar

10) oeuf
a) mustard
b) egg
c) vegetable soup
d) food

11) pain pistolet
a) biscuit
b) chocolate bar
c) salad
d) roll

12) pain
a) olive oil
b) cracker
c) biscuit
d) bread

13) crême glacée
a) ice-cream
b) cracker
c) milk
d) salt

14) yaourt
a) cheese
b) mustard
c) yoghurt
d) food

15) sel
a) cake
b) salt
c) cracker
d) cheese

16) salade
a) cheese
b) vinegar
c) salad
d) mustard

17) biscuit
a) chocolate bar
b) biscuit
c) cake
d) yoghurt

18) huile d'olive
a) olive oil
b) egg
c) sugar
d) vegetable soup

19) vinaigre
a) vinegar
b) bread
c) sugar
d) cracker

20) nourriture
a) milk
b) olive oil
c) salt
d) food

21) crackers
a) ice-cream
b) roll
c) cracker
d) chocolate bar

22) lait
a) food
b) biscuit
c) bread
d) milk

23) gâteau
a) salt
b) vinegar
c) salad
d) cake

24) crême glacée
a) salt
b) food
c) cracker
d) ice-cream

#99 - Food
Select the closest French word to match the English word.

1) mustard
a) moutarde
b) crackers
c) fromage
d) soupe de légume

2) roll
a) crème glacée
b) barre de chocolat
c) sucre
d) pain pistolet

3) bread
a) gâteau
b) pain
c) biscuit
d) moutarde

4) vegetable soup
a) fromage
b) nourriture
c) soupe de légume
d) salade

5) butter
a) lait
b) pain pistolet
c) salade
d) beurre

6) salt
a) soupe de légume
b) biscuit
c) sel
d) beurre

7) chocolate bar
a) barre de chocolat
b) lait
c) salade
d) beurre

8) salad
a) salade
b) barre de chocolat
c) lait
d) beurre

9) biscuit
a) biscuit
b) sucre
c) moutarde
d) crème glacée

10) olive oil
a) huile d'olive
b) petit pain
c) biscuit
d) pâtisserie

11) egg
a) oeuf
b) pain
c) lait
d) vinaigre

12) food
a) pain
b) lait
c) sucre
d) nourriture

13) milk
a) barre de chocolat
b) lait
c) gâteau
d) beurre

14) pastry
a) petit pain
b) lait
c) salade
d) pâtisserie

15) ice-cream
a) pâtisserie
b) crème glacée
c) beurre
d) lait

16) cake
a) gâteau
b) pâtisserie
c) oeuf
d) pain pistolet

17) sugar
a) biscuit
b) pain
c) beurre
d) sucre

18) cheese
a) oeuf
b) fromage
c) pain pistolet
d) vinaigre

19) cracker
a) sucre
b) soupe de légume
c) crackers
d) petit pain

20) vinegar
a) lait
b) sucre
c) vinaigre
d) yaourt

21) bun
a) crème glacée
b) huile d'olive
c) beurre
d) petit pain

22) yoghurt
a) sel
b) pain pistolet
c) yaourt
d) huile d'olive

23) yoghurt
a) fromage
b) pain pistolet
c) yaourt
d) moutarde

24) milk
a) gâteau
b) petit pain
c) lait
d) oeuf

#100 - Food
Select the closest French word to match the English word.

1) sugar
a) sucre
b) beurre
c) pâtisserie
d) yaourt

2) bread
a) gâteau
b) huile d'olive
c) pain
d) pain pistolet

3) salt
a) yaourt
b) sel
c) lait
d) barre de chocolat

4) olive oil
a) huile d'olive
b) salade
c) sel
d) crackers

5) egg
a) pain pistolet
b) oeuf
c) gâteau
d) moutarde

6) yoghurt
a) nourriture
b) petit pain
c) moutarde
d) yaourt

7) cracker
a) lait
b) crackers
c) huile d'olive
d) petit pain

8) milk
a) nourriture
b) yaourt
c) lait
d) pâtisserie

9) cake
a) crackers
b) huile d'olive
c) gâteau
d) pain

10) biscuit
a) sucre
b) lait
c) pain
d) biscuit

11) salad
a) sucre
b) yaourt
c) pain
d) salade

12) butter
a) vinaigre
b) nourriture
c) beurre
d) moutarde

13) vinegar
a) crême glacée
b) fromage
c) lait
d) vinaigre

14) roll
a) petit pain
b) pain pistolet
c) nourriture
d) pain

15) ice-cream
a) vinaigre
b) huile d'olive
c) crême glacée
d) sel

16) food
a) pâtisserie
b) crackers
c) barre de chocolat
d) nourriture

17) pastry
a) vinaigre
b) huile d'olive
c) pâtisserie
d) yaourt

18) vegetable soup
a) soupe de légume
b) moutarde
c) vinaigre
d) gâteau

19) chocolate bar
a) salade
b) crackers
c) soupe de légume
d) barre de chocolat

20) bun
a) petit pain
b) pain pistolet
c) crackers
d) pain

21) cheese
a) yaourt
b) fromage
c) barre de chocolat
d) nourriture

22) mustard
a) moutarde
b) sel
c) barre de chocolat
d) biscuit

23) olive oil
a) huile d'olive
b) petit pain
c) gâteau
d) biscuit

24) vegetable soup
a) sel
b) barre de chocolat
c) soupe de légume
d) pain pistolet

#101 - Food
Select the closest French word to match the English word.

1) milk
a) oeuf
b) lait
c) barre de chocolat
d) huile d'olive

2) egg
a) yaourt
b) moutarde
c) oeuf
d) salade

3) bun
a) sucre
b) lait
c) petit pain
d) yaourt

4) biscuit
a) crackers
b) biscuit
c) huile d'olive
d) sucre

5) salt
a) pain
b) sel
c) beurre
d) soupe de légume

6) food
a) nourriture
b) crême glacée
c) moutarde
d) petit pain

7) pastry
a) oeuf
b) moutarde
c) nourriture
d) pâtisserie

8) olive oil
a) huile d'olive
b) pain
c) pâtisserie
d) sel

9) cracker
a) petit pain
b) soupe de légume
c) crackers
d) crême glacée

10) vegetable soup
a) sel
b) soupe de légume
c) yaourt
d) fromage

11) mustard
a) biscuit
b) pâtisserie
c) pain
d) moutarde

12) bread
a) pain
b) crackers
c) biscuit
d) vinaigre

13) roll
a) nourriture
b) salade
c) pain pistolet
d) lait

14) yoghurt
a) fromage
b) gâteau
c) yaourt
d) oeuf

15) sugar
a) petit pain
b) soupe de légume
c) sel
d) sucre

16) ice-cream
a) crême glacée
b) sel
c) nourriture
d) crackers

17) salad
a) yaourt
b) salade
c) gâteau
d) biscuit

18) chocolate bar
a) fromage
b) soupe de légume
c) barre de chocolat
d) crackers

19) cheese
a) nourriture
b) oeuf
c) fromage
d) beurre

20) vinegar
a) soupe de légume
b) vinaigre
c) sucre
d) pâtisserie

21) butter
a) soupe de légume
b) sucre
c) oeuf
d) beurre

22) cake
a) gâteau
b) crackers
c) oeuf
d) huile d'olive

23) cheese
a) beurre
b) fromage
c) pain
d) pâtisserie

24) cake
a) pain pistolet
b) gâteau
c) nourriture
d) pain

#102 - Food
Select the closest French word to match the English word.

1) roll
a) salade
b) sel
c) pain pistolet
d) lait

2) vegetable soup
a) pain pistolet
b) oeuf
c) pain
d) soupe de légume

3) milk
a) vinaigre
b) crackers
c) lait
d) oeuf

4) chocolate bar
a) pain
b) lait
c) barre de chocolat
d) soupe de légume

5) salad
a) pain pistolet
b) moutarde
c) salade
d) barre de chocolat

6) salt
a) sel
b) pain
c) fromage
d) sucre

7) yoghurt
a) lait
b) salade
c) barre de chocolat
d) yaourt

8) cheese
a) beurre
b) fromage
c) salade
d) crackers

9) bread
a) oeuf
b) pain
c) pâtisserie
d) lait

10) food
a) yaourt
b) nourriture
c) barre de chocolat
d) sucre

11) pastry
a) nourriture
b) pâtisserie
c) crackers
d) sucre

12) vinegar
a) sucre
b) huile d'olive
c) vinaigre
d) biscuit

13) egg
a) sucre
b) oeuf
c) fromage
d) beurre

14) sugar
a) gâteau
b) fromage
c) sucre
d) barre de chocolat

15) ice-cream
a) lait
b) crême glacée
c) soupe de légume
d) beurre

16) cake
a) oeuf
b) gâteau
c) fromage
d) soupe de légume

17) butter
a) fromage
b) salade
c) gâteau
d) beurre

18) biscuit
a) sucre
b) moutarde
c) biscuit
d) crême glacée

19) bun
a) fromage
b) vinaigre
c) petit pain
d) crackers

20) cracker
a) crackers
b) huile d'olive
c) pain
d) sel

21) olive oil
a) huile d'olive
b) vinaigre
c) lait
d) pain pistolet

22) mustard
a) sucre
b) vinaigre
c) lait
d) moutarde

23) cheese
a) barre de chocolat
b) fromage
c) oeuf
d) pâtisserie

24) biscuit
a) biscuit
b) nourriture
c) crême glacée
d) yaourt

#103 - Food
Select the closest French word to match the English word.

1) roll
a) pain pistolet
b) barre de chocolat
c) oeuf
d) moutarde

2) sugar
a) sucre
b) beurre
c) crême glacée
d) petit pain

3) salad
a) lait
b) yaourt
c) nourriture
d) salade

4) butter
a) nourriture
b) pain
c) beurre
d) moutarde

5) ice-cream
a) barre de chocolat
b) pain
c) crême glacée
d) huile d'olive

6) cheese
a) fromage
b) petit pain
c) nourriture
d) sucre

7) cracker
a) crackers
b) moutarde
c) crême glacée
d) beurre

8) milk
a) nourriture
b) biscuit
c) lait
d) pain pistolet

9) egg
a) beurre
b) fromage
c) oeuf
d) huile d'olive

10) vinegar
a) gâteau
b) sucre
c) vinaigre
d) yaourt

11) cake
a) gâteau
b) crackers
c) sel
d) pain pistolet

12) chocolate bar
a) barre de chocolat
b) crackers
c) huile d'olive
d) sucre

13) pastry
a) pâtisserie
b) pain
c) oeuf
d) vinaigre

14) salt
a) gâteau
b) sel
c) fromage
d) beurre

15) bun
a) beurre
b) pâtisserie
c) yaourt
d) petit pain

16) mustard
a) biscuit
b) moutarde
c) barre de chocolat
d) huile d'olive

17) biscuit
a) biscuit
b) sel
c) nourriture
d) pain pistolet

18) food
a) biscuit
b) moutarde
c) crackers
d) nourriture

19) yoghurt
a) gâteau
b) yaourt
c) fromage
d) huile d'olive

20) vegetable soup
a) sucre
b) barre de chocolat
c) yaourt
d) soupe de légume

21) olive oil
a) huile d'olive
b) lait
c) salade
d) pain

22) bread
a) beurre
b) pain
c) gâteau
d) oeuf

23) bread
a) fromage
b) pain
c) crême glacée
d) sel

24) olive oil
a) biscuit
b) lait
c) salade
d) huile d'olive

#104 - Food
Select the closest French word to match the English word.

1) vegetable soup
a) crème glacée
b) sel
c) soupe de légume
d) moutarde

2) cake
a) gâteau
b) petit pain
c) moutarde
d) biscuit

3) olive oil
a) nourriture
b) pâtisserie
c) huile d'olive
d) fromage

4) milk
a) lait
b) oeuf
c) huile d'olive
d) pâtisserie

5) bun
a) biscuit
b) gâteau
c) petit pain
d) soupe de légume

6) roll
a) vinaigre
b) yaourt
c) fromage
d) pain pistolet

7) cheese
a) yaourt
b) soupe de légume
c) beurre
d) fromage

8) mustard
a) yaourt
b) sel
c) nourriture
d) moutarde

9) vinegar
a) vinaigre
b) barre de chocolat
c) sel
d) petit pain

10) bread
a) barre de chocolat
b) moutarde
c) yaourt
d) pain

11) pastry
a) pâtisserie
b) soupe de légume
c) beurre
d) huile d'olive

12) butter
a) fromage
b) barre de chocolat
c) beurre
d) huile d'olive

13) biscuit
a) huile d'olive
b) lait
c) nourriture
d) biscuit

14) egg
a) fromage
b) beurre
c) sucre
d) oeuf

15) cracker
a) sel
b) crackers
c) pain pistolet
d) sucre

16) food
a) barre de chocolat
b) huile d'olive
c) oeuf
d) nourriture

17) ice-cream
a) crème glacée
b) fromage
c) vinaigre
d) pâtisserie

18) salad
a) biscuit
b) salade
c) moutarde
d) crème glacée

19) sugar
a) soupe de légume
b) huile d'olive
c) sucre
d) petit pain

20) salt
a) sel
b) vinaigre
c) soupe de légume
d) moutarde

21) chocolate bar
a) yaourt
b) beurre
c) sel
d) barre de chocolat

22) yoghurt
a) yaourt
b) sucre
c) barre de chocolat
d) oeuf

23) yoghurt
a) barre de chocolat
b) salade
c) yaourt
d) huile d'olive

24) bread
a) nourriture
b) beurre
c) lait
d) pain

#105 - Food
Select the closest French word to match the English word.

1) yoghurt
a) yaourt
b) crême glacée
c) oeuf
d) biscuit

2) cake
a) gâteau
b) pâtisserie
c) soupe de légume
d) barre de chocolat

3) food
a) fromage
b) nourriture
c) huile d'olive
d) oeuf

4) chocolate bar
a) salade
b) moutarde
c) barre de chocolat
d) beurre

5) salt
a) sel
b) beurre
c) sucre
d) lait

6) vegetable soup
a) fromage
b) vinaigre
c) lait
d) soupe de légume

7) olive oil
a) yaourt
b) huile d'olive
c) pâtisserie
d) sel

8) vinegar
a) vinaigre
b) salade
c) lait
d) fromage

9) cheese
a) nourriture
b) fromage
c) pain
d) sel

10) mustard
a) huile d'olive
b) moutarde
c) fromage
d) pâtisserie

11) egg
a) vinaigre
b) pain
c) soupe de légume
d) oeuf

12) milk
a) petit pain
b) beurre
c) oeuf
d) lait

13) roll
a) huile d'olive
b) fromage
c) pain pistolet
d) moutarde

14) sugar
a) sucre
b) soupe de légume
c) salade
d) moutarde

15) bun
a) vinaigre
b) moutarde
c) petit pain
d) pain

16) butter
a) beurre
b) pâtisserie
c) lait
d) salade

17) bread
a) sel
b) beurre
c) nourriture
d) pain

18) pastry
a) crême glacée
b) lait
c) huile d'olive
d) pâtisserie

19) ice-cream
a) pain pistolet
b) gâteau
c) pâtisserie
d) crême glacée

20) salad
a) salade
b) yaourt
c) oeuf
d) pain pistolet

21) biscuit
a) biscuit
b) pain
c) nourriture
d) beurre

22) cracker
a) beurre
b) crackers
c) biscuit
d) sucre

23) salt
a) sel
b) pâtisserie
c) yaourt
d) petit pain

24) cake
a) lait
b) petit pain
c) gâteau
d) crackers

113

#106 - Fruit
Select the closest English word to match the French word.

1) melon
a) plum
b) melon
c) raisin
d) peanut

2) pastèque
a) watermelon
b) lemon
c) orange
d) tangerine

3) mandarine
a) blackberry
b) walnut
c) coconut
d) tangerine

4) cacahuète
a) peanut
b) watermelon
c) chestnut
d) fruit

5) noisette
a) prune
b) tangerine
c) hazelnut
d) grapefruit

6) orange
a) plum
b) pineapple
c) orange
d) pear

7) fruit
a) fruit
b) apple
c) rhubarb
d) cherry

8) raisin
a) watermelon
b) blueberry
c) grape
d) raspberry

9) noix
a) banana
b) walnut
c) pear
d) apple

10) rhubarbe
a) almond
b) peanut
c) rhubarb
d) plum

11) figue
a) orange
b) fig
c) hazelnut
d) fruit

12) citron
a) grape
b) cherry
c) date
d) lemon

13) châtaigne
a) coconut
b) peanut
c) chestnut
d) date

14) noix de coco
a) banana
b) prune
c) coconut
d) peanut

15) raisin sec
a) raisin
b) blueberry
c) walnut
d) banana

16) poire
a) fruit
b) pear
c) chestnut
d) grapefruit

17) myrtille
a) banana
b) pear
c) blueberry
d) lime

18) cerise
a) cherry
b) lime
c) lemon
d) melon

19) citron vert
a) blueberry
b) lime
c) apple
d) melon

20) ananas
a) rhubarb
b) pineapple
c) grape
d) strawberry

21) banane
a) lemon
b) banana
c) chestnut
d) cherry

22) mûre
a) raisin
b) raspberry
c) blackberry
d) grape

23) amande
a) almond
b) date
c) hazelnut
d) fruit

24) pruneau
a) blueberry
b) banana
c) prune
d) tangerine

#107 - Fruit
Select the closest English word to match the French word.

1) rhubarbe
a) rhubarb
b) blackberry
c) pear
d) plum

2) pamplemousse
a) melon
b) grapefruit
c) peach
d) pear

3) ananas
a) orange
b) pineapple
c) rhubarb
d) peanut

4) châtaigne
a) fig
b) watermelon
c) chestnut
d) prune

5) myrtille
a) peanut
b) grapefruit
c) date
d) blueberry

6) noix de coco
a) peanut
b) rhubarb
c) coconut
d) almond

7) mûre
a) almond
b) blackberry
c) banana
d) strawberry

8) poire
a) strawberry
b) peach
c) pear
d) plum

9) amande
a) apple
b) apricot
c) almond
d) strawberry

10) abricot
a) coconut
b) pear
c) apple
d) apricot

11) banane
a) fruit
b) raisin
c) grape
d) banana

12) fruit
a) pear
b) fruit
c) blueberry
d) lemon

13) pastèque
a) tangerine
b) blueberry
c) watermelon
d) raspberry

14) raisin sec
a) raisin
b) blueberry
c) blackberry
d) strawberry

15) orange
a) orange
b) plum
c) apple
d) apricot

16) noisette
a) rhubarb
b) blackberry
c) hazelnut
d) coconut

17) datte
a) fruit
b) plum
c) date
d) orange

18) prune
a) banana
b) almond
c) lime
d) plum

19) cerise
a) orange
b) cherry
c) fruit
d) lemon

20) pomme
a) raspberry
b) apple
c) fig
d) cherry

21) mandarine
a) grape
b) melon
c) lime
d) tangerine

22) raisin
a) rhubarb
b) plum
c) cherry
d) grape

23) melon
a) watermelon
b) raspberry
c) almond
d) melon

24) pruneau
a) grape
b) almond
c) prune
d) peanut

#108 - Fruit
Select the closest English word to match the French word.

1) fraise
a) walnut
b) tangerine
c) strawberry
d) apple

2) abricot
a) hazelnut
b) apricot
c) strawberry
d) blackberry

3) amande
a) orange
b) prune
c) almond
d) walnut

4) mûre
a) banana
b) pineapple
c) walnut
d) blackberry

5) rhubarbe
a) tangerine
b) almond
c) rhubarb
d) banana

6) mandarine
a) grapefruit
b) peanut
c) chestnut
d) tangerine

7) raisin sec
a) almond
b) blueberry
c) raisin
d) hazelnut

8) cerise
a) lime
b) hazelnut
c) fruit
d) cherry

9) framboise
a) apricot
b) rhubarb
c) raspberry
d) fruit

10) figue
a) peach
b) fig
c) walnut
d) date

11) noisette
a) apricot
b) strawberry
c) tangerine
d) hazelnut

12) noix
a) walnut
b) peach
c) blueberry
d) tangerine

13) prune
a) pineapple
b) watermelon
c) plum
d) melon

14) pêche
a) tangerine
b) peach
c) grapefruit
d) rhubarb

15) pamplemousse
a) blackberry
b) grapefruit
c) plum
d) peanut

16) myrtille
a) tangerine
b) lime
c) blueberry
d) peach

17) raisin
a) grape
b) coconut
c) blackberry
d) raspberry

18) pastèque
a) walnut
b) watermelon
c) pear
d) strawberry

19) citron vert
a) lime
b) peanut
c) apricot
d) pear

20) banane
a) orange
b) banana
c) prune
d) plum

21) citron
a) lime
b) walnut
c) cherry
d) lemon

22) fruit
a) almond
b) fruit
c) raspberry
d) tangerine

23) pruneau
a) almond
b) prune
c) raspberry
d) pear

24) datte
a) date
b) walnut
c) chestnut
d) apricot

#109 - Fruit
Select the closest English word to match the French word.

1) cacahuète
a) apricot
b) raisin
c) peanut
d) fig

2) figue
a) fruit
b) fig
c) melon
d) hazelnut

3) prune
a) grapefruit
b) plum
c) chestnut
d) tangerine

4) fruit
a) tangerine
b) lemon
c) lime
d) fruit

5) rhubarbe
a) peanut
b) walnut
c) rhubarb
d) blueberry

6) raisin sec
a) apple
b) watermelon
c) strawberry
d) raisin

7) citron vert
a) orange
b) chestnut
c) rhubarb
d) lime

8) pruneau
a) fig
b) blueberry
c) prune
d) blackberry

9) abricot
a) grape
b) apricot
c) prune
d) blackberry

10) amande
a) cherry
b) peach
c) almond
d) peanut

11) noisette
a) hazelnut
b) lime
c) fruit
d) fig

12) framboise
a) blackberry
b) blueberry
c) pear
d) raspberry

13) poire
a) pear
b) almond
c) raspberry
d) blackberry

14) châtaigne
a) chestnut
b) blackberry
c) pear
d) peanut

15) banane
a) blackberry
b) lime
c) banana
d) watermelon

16) cerise
a) date
b) cherry
c) apple
d) grapefruit

17) citron
a) apple
b) pear
c) lemon
d) blackberry

18) pêche
a) peach
b) grapefruit
c) coconut
d) prune

19) pomme
a) almond
b) blueberry
c) pear
d) apple

20) noix
a) chestnut
b) walnut
c) pear
d) raisin

21) datte
a) lime
b) date
c) almond
d) rhubarb

22) myrtille
a) pear
b) tangerine
c) lemon
d) blueberry

23) orange
a) apple
b) melon
c) orange
d) coconut

24) mandarine
a) orange
b) tangerine
c) melon
d) peach

#110 - Fruit
Select the closest English word to match the French word.

1) orange
a) orange
b) coconut
c) tangerine
d) walnut

2) noix de coco
a) pear
b) coconut
c) tangerine
d) lemon

3) fraise
a) plum
b) rhubarb
c) strawberry
d) date

4) châtaigne
a) melon
b) peanut
c) chestnut
d) orange

5) pomme
a) fig
b) apple
c) coconut
d) watermelon

6) noix
a) raspberry
b) prune
c) almond
d) walnut

7) mandarine
a) blackberry
b) tangerine
c) strawberry
d) rhubarb

8) melon
a) melon
b) grapefruit
c) orange
d) pear

9) mûre
a) blackberry
b) raspberry
c) prune
d) coconut

10) cerise
a) almond
b) cherry
c) grape
d) tangerine

11) noisette
a) pineapple
b) tangerine
c) peach
d) hazelnut

12) raisin sec
a) date
b) rhubarb
c) raisin
d) walnut

13) figue
a) date
b) pineapple
c) lime
d) fig

14) rhubarbe
a) cherry
b) rhubarb
c) prune
d) fig

15) framboise
a) lime
b) date
c) raspberry
d) hazelnut

16) cacahuète
a) peanut
b) pineapple
c) tangerine
d) raisin

17) pamplemousse
a) apricot
b) chestnut
c) grapefruit
d) fruit

18) abricot
a) raisin
b) orange
c) apple
d) apricot

19) pastèque
a) peach
b) watermelon
c) date
d) blackberry

20) raisin
a) banana
b) grape
c) rhubarb
d) peanut

21) myrtille
a) blueberry
b) pear
c) prune
d) strawberry

22) pêche
a) chestnut
b) pear
c) peach
d) grapefruit

23) citron
a) plum
b) hazelnut
c) lemon
d) watermelon

24) poire
a) tangerine
b) pear
c) date
d) melon

#111 - Fruit
Select the closest English word to match the French word.

1) mûre
a) grape
b) grapefruit
c) chestnut
d) blackberry

2) pruneau
a) peach
b) prune
c) fruit
d) raspberry

3) cerise
a) cherry
b) strawberry
c) chestnut
d) orange

4) noix
a) lime
b) orange
c) blueberry
d) walnut

5) raisin sec
a) grapefruit
b) fig
c) raisin
d) walnut

6) pêche
a) plum
b) apple
c) peach
d) rhubarb

7) citron
a) cherry
b) lemon
c) almond
d) hazelnut

8) pastèque
a) apple
b) apricot
c) watermelon
d) tangerine

9) melon
a) watermelon
b) blackberry
c) melon
d) apple

10) pomme
a) pear
b) blueberry
c) apple
d) raspberry

11) banane
a) banana
b) chestnut
c) pineapple
d) apple

12) ananas
a) prune
b) raisin
c) pineapple
d) peanut

13) orange
a) orange
b) chestnut
c) hazelnut
d) cherry

14) fraise
a) lemon
b) watermelon
c) cherry
d) strawberry

15) pamplemousse
a) pineapple
b) fig
c) grapefruit
d) blueberry

16) amande
a) watermelon
b) almond
c) tangerine
d) banana

17) prune
a) plum
b) pineapple
c) tangerine
d) apple

18) figue
a) rhubarb
b) strawberry
c) fig
d) grape

19) châtaigne
a) orange
b) coconut
c) raisin
d) chestnut

20) framboise
a) cherry
b) grape
c) hazelnut
d) raspberry

21) rhubarbe
a) rhubarb
b) cherry
c) pear
d) lime

22) fruit
a) fruit
b) coconut
c) blueberry
d) pineapple

23) datte
a) pear
b) peach
c) date
d) lemon

24) abricot
a) prune
b) strawberry
c) watermelon
d) apricot

#112 - Fruit
Select the closest English word to match the French word.

1) noix de coco
a) grapefruit
b) coconut
c) walnut
d) pineapple

2) amande
a) almond
b) grape
c) hazelnut
d) blackberry

3) banane
a) banana
b) fruit
c) raisin
d) peach

4) prune
a) plum
b) apricot
c) orange
d) fruit

5) raisin sec
a) banana
b) raisin
c) blackberry
d) chestnut

6) châtaigne
a) apple
b) melon
c) chestnut
d) pear

7) raisin
a) grape
b) blueberry
c) cherry
d) lemon

8) framboise
a) hazelnut
b) raspberry
c) cherry
d) tangerine

9) pruneau
a) prune
b) blackberry
c) grape
d) rhubarb

10) cacahuète
a) peanut
b) hazelnut
c) coconut
d) peach

11) pêche
a) peach
b) grape
c) walnut
d) fruit

12) melon
a) banana
b) raspberry
c) melon
d) strawberry

13) mûre
a) grape
b) lime
c) apple
d) blackberry

14) datte
a) strawberry
b) raisin
c) date
d) raspberry

15) rhubarbe
a) grapefruit
b) rhubarb
c) fruit
d) apple

16) citron
a) raspberry
b) hazelnut
c) lemon
d) coconut

17) noix
a) almond
b) walnut
c) orange
d) rhubarb

18) ananas
a) strawberry
b) pineapple
c) melon
d) fig

19) abricot
a) date
b) banana
c) prune
d) apricot

20) figue
a) pineapple
b) fig
c) peach
d) raspberry

21) fruit
a) raisin
b) apple
c) grape
d) fruit

22) citron vert
a) orange
b) peanut
c) coconut
d) lime

23) cerise
a) hazelnut
b) cherry
c) peanut
d) apricot

24) mandarine
a) tangerine
b) apricot
c) rhubarb
d) grapefruit

#113 - Fruit
Select the closest English word to match the French word.

1) framboise
a) raspberry
b) raisin
c) blueberry
d) fig

2) pruneau
a) banana
b) apple
c) prune
d) blackberry

3) noix de coco
a) plum
b) apple
c) coconut
d) pineapple

4) fraise
a) strawberry
b) grapefruit
c) melon
d) fig

5) amande
a) lemon
b) almond
c) raisin
d) cherry

6) banane
a) banana
b) tangerine
c) prune
d) strawberry

7) pomme
a) melon
b) almond
c) apple
d) apricot

8) orange
a) orange
b) pear
c) melon
d) raisin

9) rhubarbe
a) chestnut
b) apricot
c) fig
d) rhubarb

10) pastèque
a) hazelnut
b) peach
c) grapefruit
d) watermelon

11) abricot
a) apricot
b) grape
c) peanut
d) banana

12) figue
a) peach
b) fig
c) peanut
d) blueberry

13) cerise
a) lemon
b) pineapple
c) cherry
d) raspberry

14) pamplemousse
a) banana
b) pineapple
c) cherry
d) grapefruit

15) citron vert
a) raspberry
b) plum
c) orange
d) lime

16) fruit
a) fruit
b) coconut
c) blackberry
d) almond

17) noix
a) walnut
b) hazelnut
c) almond
d) apricot

18) datte
a) coconut
b) almond
c) date
d) raisin

19) prune
a) almond
b) apple
c) plum
d) orange

20) myrtille
a) strawberry
b) lemon
c) blueberry
d) walnut

21) noisette
a) peanut
b) hazelnut
c) plum
d) walnut

22) ananas
a) pineapple
b) chestnut
c) cherry
d) apple

23) pêche
a) date
b) apple
c) peach
d) grape

24) poire
a) blackberry
b) orange
c) pear
d) coconut

#114 - Fruit
Select the closest French word to match the English word.

1) walnut
a) raisin
b) noix
c) raisin sec
d) noix de coco

2) tangerine
a) fruit
b) noix
c) prune
d) mandarine

3) fruit
a) prune
b) myrtille
c) amande
d) fruit

4) prune
a) pruneau
b) noix
c) myrtille
d) raisin sec

5) plum
a) prune
b) poire
c) framboise
d) fruit

6) banana
a) cacahuète
b) banane
c) noisette
d) ananas

7) grape
a) raisin
b) figue
c) amande
d) fraise

8) watermelon
a) banane
b) mûre
c) pastèque
d) cerise

9) rhubarb
a) rhubarbe
b) datte
c) figue
d) orange

10) grapefruit
a) prune
b) pamplemousse
c) châtaigne
d) raisin

11) fig
a) amande
b) figue
c) pruneau
d) banane

12) hazelnut
a) noix de coco
b) fraise
c) rhubarbe
d) noisette

13) raisin
a) raisin sec
b) datte
c) raisin
d) pêche

14) almond
a) châtaigne
b) cacahuète
c) melon
d) amande

15) pear
a) ananas
b) cerise
c) pêche
d) poire

16) pineapple
a) noix de coco
b) datte
c) ananas
d) raisin sec

17) peanut
a) noisette
b) raisin sec
c) orange
d) cacahuète

18) chestnut
a) prune
b) noix de coco
c) châtaigne
d) pastèque

19) blackberry
a) raisin sec
b) mûre
c) fruit
d) rhubarbe

20) lime
a) ananas
b) pruneau
c) datte
d) citron vert

21) peach
a) pêche
b) citron
c) raisin
d) châtaigne

22) blueberry
a) noix
b) myrtille
c) noix de coco
d) framboise

23) cherry
a) melon
b) cerise
c) poire
d) amande

24) orange
a) poire
b) orange
c) mandarine
d) pomme

#115 - Fruit
Select the closest French word to match the English word.

1) strawberry
a) orange
b) prune
c) noisette
d) fraise

2) blackberry
a) mûre
b) mandarine
c) poire
d) noix de coco

3) tangerine
a) cerise
b) abricot
c) prune
d) mandarine

4) walnut
a) abricot
b) noix
c) fruit
d) pêche

5) orange
a) amande
b) mandarine
c) orange
d) citron vert

6) almond
a) ananas
b) mandarine
c) pastèque
d) amande

7) rhubarb
a) pomme
b) cerise
c) rhubarbe
d) orange

8) peach
a) orange
b) châtaigne
c) prune
d) pêche

9) raisin
a) noix
b) raisin sec
c) amande
d) citron

10) date
a) citron vert
b) poire
c) framboise
d) datte

11) prune
a) noix de coco
b) amande
c) pruneau
d) rhubarbe

12) banana
a) pomme
b) noix de coco
c) châtaigne
d) banane

13) coconut
a) cacahuète
b) citron
c) noix de coco
d) pêche

14) pear
a) pomme
b) abricot
c) poire
d) pruneau

15) blueberry
a) figue
b) mandarine
c) myrtille
d) amande

16) melon
a) melon
b) banane
c) mandarine
d) orange

17) lemon
a) melon
b) citron
c) raisin
d) châtaigne

18) peanut
a) rhubarbe
b) pêche
c) noix
d) cacahuète

19) apple
a) noix de coco
b) cerise
c) pomme
d) raisin sec

20) apricot
a) pastèque
b) châtaigne
c) fruit
d) abricot

21) raspberry
a) banane
b) framboise
c) raisin sec
d) noisette

22) cherry
a) myrtille
b) cerise
c) mandarine
d) noix

23) watermelon
a) pastèque
b) poire
c) amande
d) fraise

24) fig
a) rhubarbe
b) prune
c) pastèque
d) figue

#116 - Fruit
Select the closest French word to match the English word.

1) apricot
a) orange
b) abricot
c) cerise
d) figue

2) peach
a) pêche
b) rhubarbe
c) citron
d) cerise

3) chestnut
a) châtaigne
b) cerise
c) rhubarbe
d) banane

4) lemon
a) citron vert
b) datte
c) noix de coco
d) citron

5) grapefruit
a) pamplemousse
b) raisin
c) amande
d) pruneau

6) tangerine
a) pamplemousse
b) mandarine
c) fraise
d) noix de coco

7) prune
a) noix
b) myrtille
c) mûre
d) pruneau

8) hazelnut
a) noix
b) noisette
c) banane
d) raisin

9) pear
a) noisette
b) abricot
c) poire
d) noix

10) peanut
a) rhubarbe
b) cacahuète
c) amande
d) pamplemousse

11) raspberry
a) figue
b) framboise
c) pomme
d) raisin sec

12) cherry
a) pomme
b) cerise
c) poire
d) pêche

13) fruit
a) datte
b) fruit
c) figue
d) pruneau

14) almond
a) fruit
b) mûre
c) amande
d) banane

15) blueberry
a) mandarine
b) pamplemousse
c) myrtille
d) prune

16) watermelon
a) pêche
b) pastèque
c) fruit
d) orange

17) plum
a) châtaigne
b) noix
c) prune
d) myrtille

18) melon
a) poire
b) melon
c) raisin
d) amande

19) blackberry
a) fraise
b) pruneau
c) mûre
d) amande

20) banana
a) noisette
b) pamplemousse
c) cacahuète
d) banane

21) fig
a) citron vert
b) figue
c) cerise
d) raisin sec

22) date
a) rhubarbe
b) datte
c) raisin sec
d) myrtille

23) rhubarb
a) citron vert
b) datte
c) fraise
d) rhubarbe

24) raisin
a) orange
b) raisin sec
c) pomme
d) pastèque

#117 - Fruit
Select the closest French word to match the English word.

1) prune
a) noisette
b) mandarine
c) pruneau
d) poire

2) watermelon
a) pomme
b) raisin
c) pastèque
d) fraise

3) lemon
a) fruit
b) pruneau
c) mandarine
d) citron

4) melon
a) pomme
b) orange
c) poire
d) melon

5) raspberry
a) amande
b) pastèque
c) citron vert
d) framboise

6) tangerine
a) fruit
b) fraise
c) cerise
d) mandarine

7) almond
a) mûre
b) melon
c) amande
d) cacahuète

8) grape
a) citron
b) raisin
c) pamplemousse
d) amande

9) raisin
a) pomme
b) raisin sec
c) poire
d) melon

10) chestnut
a) châtaigne
b) pêche
c) pruneau
d) abricot

11) plum
a) noix de coco
b) prune
c) amande
d) châtaigne

12) cherry
a) fraise
b) pruneau
c) raisin
d) cerise

13) banana
a) banane
b) mandarine
c) noix
d) pruneau

14) lime
a) noix
b) amande
c) mûre
d) citron vert

15) blueberry
a) rhubarbe
b) myrtille
c) poire
d) figue

16) coconut
a) raisin sec
b) fruit
c) noix de coco
d) rhubarbe

17) pear
a) raisin
b) poire
c) pomme
d) mûre

18) pineapple
a) ananas
b) noix
c) myrtille
d) amande

19) rhubarb
a) cacahuète
b) poire
c) rhubarbe
d) pêche

20) peanut
a) cacahuète
b) pruneau
c) pastèque
d) prune

21) apricot
a) abricot
b) mandarine
c) noix de coco
d) myrtille

22) strawberry
a) pruneau
b) fraise
c) noix de coco
d) framboise

23) orange
a) mandarine
b) noix de coco
c) ananas
d) orange

24) fruit
a) mandarine
b) châtaigne
c) fruit
d) figue

#118 - Fruit
Select the closest French word to match the English word.

1) fig
a) abricot
b) mûre
c) figue
d) prune

2) walnut
a) mandarine
b) cerise
c) pamplemousse
d) noix

3) strawberry
a) pêche
b) mandarine
c) cerise
d) fraise

4) tangerine
a) amande
b) fruit
c) noisette
d) mandarine

5) pineapple
a) ananas
b) myrtille
c) prune
d) pruneau

6) apple
a) cerise
b) pomme
c) figue
d) pruneau

7) banana
a) mûre
b) banane
c) fraise
d) rhubarbe

8) rhubarb
a) rhubarbe
b) poire
c) abricot
d) myrtille

9) grape
a) raisin sec
b) raisin
c) fruit
d) citron

10) grapefruit
a) pastèque
b) prune
c) pamplemousse
d) noisette

11) lemon
a) noix
b) citron
c) raisin
d) pamplemousse

12) blueberry
a) citron vert
b) citron
c) myrtille
d) prune

13) plum
a) prune
b) ananas
c) cerise
d) châtaigne

14) lime
a) citron vert
b) mûre
c) fraise
d) prune

15) watermelon
a) abricot
b) pamplemousse
c) pastèque
d) orange

16) raisin
a) noix
b) citron
c) raisin sec
d) citron vert

17) prune
a) myrtille
b) fruit
c) pruneau
d) fraise

18) cherry
a) raisin sec
b) noisette
c) poire
d) cerise

19) raspberry
a) mûre
b) framboise
c) citron vert
d) raisin

20) fruit
a) cacahuète
b) fruit
c) ananas
d) abricot

21) orange
a) pastèque
b) orange
c) noix
d) cerise

22) blackberry
a) pruneau
b) mûre
c) orange
d) pomme

23) melon
a) melon
b) pastèque
c) cerise
d) noix de coco

24) hazelnut
a) châtaigne
b) orange
c) noisette
d) cacahuète

#119 - Fruit
Select the closest French word to match the English word.

1) lemon
a) mûre
b) citron
c) cacahuète
d) ananas

2) grape
a) noix
b) raisin
c) datte
d) cacahuète

3) strawberry
a) mandarine
b) fraise
c) pomme
d) pastèque

4) raspberry
a) pamplemousse
b) châtaigne
c) noix
d) framboise

5) plum
a) prune
b) mûre
c) rhubarbe
d) châtaigne

6) fig
a) citron
b) noix de coco
c) framboise
d) figue

7) date
a) prune
b) datte
c) ananas
d) noix

8) orange
a) citron
b) châtaigne
c) amande
d) orange

9) watermelon
a) fruit
b) noisette
c) pastèque
d) rhubarbe

10) chestnut
a) châtaigne
b) ananas
c) prune
d) raisin sec

11) grapefruit
a) noisette
b) pamplemousse
c) amande
d) framboise

12) melon
a) banane
b) noix de coco
c) melon
d) fruit

13) walnut
a) melon
b) datte
c) fraise
d) noix

14) banana
a) pastèque
b) banane
c) fruit
d) noisette

15) blueberry
a) datte
b) myrtille
c) pamplemousse
d) abricot

16) peach
a) pêche
b) mûre
c) poire
d) noix de coco

17) tangerine
a) citron
b) mandarine
c) mûre
d) cacahuète

18) fruit
a) banane
b) fruit
c) abricot
d) noix

19) raisin
a) cerise
b) raisin sec
c) pomme
d) melon

20) apple
a) pomme
b) raisin
c) mûre
d) figue

21) almond
a) châtaigne
b) pastèque
c) amande
d) fruit

22) blackberry
a) châtaigne
b) framboise
c) mûre
d) fraise

23) peanut
a) cacahuète
b) pêche
c) mûre
d) amande

24) coconut
a) mûre
b) noix de coco
c) melon
d) citron

#120 - Fruit
Select the closest French word to match the English word.

1) lime
a) melon
b) datte
c) noix de coco
d) citron vert

2) banana
a) myrtille
b) raisin
c) banane
d) pomme

3) coconut
a) raisin sec
b) noix de coco
c) poire
d) châtaigne

4) hazelnut
a) mandarine
b) cerise
c) noisette
d) pamplemousse

5) raisin
a) citron vert
b) figue
c) mandarine
d) raisin sec

6) pineapple
a) ananas
b) myrtille
c) noix de coco
d) citron

7) plum
a) prune
b) raisin
c) pêche
d) mandarine

8) orange
a) châtaigne
b) mûre
c) fraise
d) orange

9) tangerine
a) amande
b) pomme
c) mandarine
d) fraise

10) strawberry
a) raisin sec
b) fraise
c) noix de coco
d) prune

11) melon
a) amande
b) melon
c) framboise
d) citron

12) cherry
a) banane
b) cerise
c) châtaigne
d) rhubarbe

13) lemon
a) citron
b) ananas
c) prune
d) mûre

14) fruit
a) fruit
b) abricot
c) pruneau
d) pastèque

15) chestnut
a) mandarine
b) datte
c) citron vert
d) châtaigne

16) apricot
a) fraise
b) châtaigne
c) raisin sec
d) abricot

17) prune
a) banane
b) myrtille
c) pruneau
d) datte

18) walnut
a) pamplemousse
b) noix de coco
c) mandarine
d) noix

19) watermelon
a) noix de coco
b) pastèque
c) myrtille
d) abricot

20) blackberry
a) poire
b) amande
c) mûre
d) orange

21) pear
a) noix
b) cerise
c) poire
d) framboise

22) peanut
a) melon
b) noisette
c) banane
d) cacahuète

23) fig
a) pamplemousse
b) noix de coco
c) ananas
d) figue

24) date
a) mûre
b) datte
c) abricot
d) ananas

#121 - Hotel
Select the closest English word to match the French word.

1) prix
a) lift
b) ice
c) price
d) bellboy

2) garage
a) floor
b) garage
c) receipt
d) stairs

3) rez-de-chaussé
a) ground floor
b) room service
c) check-out
d) dining room

4) directeur
a) manager
b) lobby
c) living room
d) check-out

5) escaliers
a) stairs
b) view
c) balcony
d) room

6) entrée
a) entrance
b) air conditioning
c) price
d) stairs

7) réceptionniste
a) message
b) recreation
c) receptionist
d) taxi

8) payer
a) to pay
b) swimming pool
c) lift
d) living room

9) piscine
a) reception desk
b) swimming pool
c) hotel
d) complaint

10) service de chambre
a) living room
b) air conditioning
c) to pay
d) room service

11) bonne
a) message
b) maid
c) ice
d) reception desk

12) réservation
a) check-out
b) booking
c) room service
d) maid

13) vue
a) dining room
b) hotel
c) bill
d) view

14) foyer
a) lift
b) taxi
c) hotel
d) lobby

15) taxi
a) taxi
b) entrance
c) garage
d) dining room

16) portier
a) doorman
b) manager
c) view
d) ground floor

17) facture
a) bill
b) air conditioning
c) reception desk
d) ice

18) groom
a) price
b) bellboy
c) ice
d) to pay

19) reçu
a) to pay
b) receipt
c) view
d) doorman

20) petit-déjeuner
a) booking
b) internet
c) breakfast
d) manager

21) balcon
a) bellboy
b) stairs
c) balcony
d) floor

22) climatisation
a) dining room
b) maid
c) booking
d) air conditioning

23) suite
a) suite
b) lift
c) view
d) breakfast

24) ascenseur
a) receptionist
b) lift
c) doorman
d) booking

#122 - Hotel
Select the closest English word to match the French word.

1) piscine
a) taxi
b) swimming pool
c) booking
d) dining room

2) garage
a) breakfast
b) price
c) balcony
d) garage

3) réservation
a) message
b) booking
c) entrance
d) dining room

4) suite
a) suite
b) check-out
c) living room
d) hotel

5) foyer
a) lobby
b) entrance
c) maid
d) stairs

6) reçu
a) message
b) hotel
c) receipt
d) dining room

7) groom
a) check-out
b) bill
c) bellboy
d) garage

8) entrée
a) booking
b) receptionist
c) entrance
d) recreation

9) étage
a) room service
b) taxi
c) maid
d) floor

10) balcon
a) room
b) balcony
c) room service
d) reception desk

11) service de chambre
a) maid
b) room service
c) air conditioning
d) complaint

12) prix
a) lift
b) ice
c) price
d) room service

13) ascenseur
a) doorman
b) lift
c) internet
d) receipt

14) hôtel
a) doorman
b) hotel
c) stairs
d) price

15) climatisation
a) reception desk
b) ground floor
c) air conditioning
d) ice

16) rez-de-chaussé
a) hotel
b) manager
c) reception desk
d) ground floor

17) portier
a) manager
b) ice
c) swimming pool
d) doorman

18) réceptionniste
a) dining room
b) booking
c) receptionist
d) bill

19) internet
a) price
b) lift
c) entrance
d) internet

20) directeur
a) air conditioning
b) manager
c) hotel
d) ice

21) salon
a) room service
b) living room
c) breakfast
d) swimming pool

22) check-out
a) breakfast
b) check-out
c) living room
d) balcony

23) glace
a) ice
b) booking
c) ground floor
d) bill

24) réclamation
a) complaint
b) swimming pool
c) balcony
d) suite

#123 - Hotel
Select the closest English word to match the French word.

1) piscine
a) doorman
b) swimming pool
c) check-out
d) garage

2) climatisation
a) balcony
b) dining room
c) view
d) air conditioning

3) check-out
a) entrance
b) view
c) to pay
d) check-out

4) rez-de-chaussé
a) suite
b) lobby
c) ground floor
d) living room

5) foyer
a) balcony
b) lobby
c) living room
d) bellboy

6) reçu
a) view
b) swimming pool
c) receipt
d) bill

7) payer
a) lobby
b) to pay
c) receptionist
d) internet

8) facture
a) bill
b) receptionist
c) price
d) check-out

9) balcon
a) room
b) taxi
c) balcony
d) view

10) réception
a) reception desk
b) dining room
c) doorman
d) breakfast

11) hôtel
a) booking
b) air conditioning
c) ground floor
d) hotel

12) message
a) message
b) to pay
c) receipt
d) check-out

13) bonne
a) recreation
b) taxi
c) receptionist
d) maid

14) entrée
a) view
b) taxi
c) lobby
d) entrance

15) prix
a) doorman
b) price
c) internet
d) room

16) salle à manger
a) room service
b) room
c) lobby
d) dining room

17) taxi
a) stairs
b) reception desk
c) maid
d) taxi

18) groom
a) hotel
b) bellboy
c) receptionist
d) ice

19) directeur
a) ground floor
b) doorman
c) manager
d) to pay

20) escaliers
a) suite
b) garage
c) stairs
d) check-out

21) vue
a) entrance
b) view
c) bill
d) stairs

22) réclamation
a) taxi
b) complaint
c) view
d) receptionist

23) étage
a) floor
b) maid
c) recreation
d) doorman

24) portier
a) entrance
b) lobby
c) doorman
d) reception desk

#124 - Hotel
Select the closest English word to match the French word.

1) garage
- a) garage
- b) lobby
- c) check-out
- d) ice

2) bonne
- a) room
- b) maid
- c) air conditioning
- d) hotel

3) service de chambre
- a) maid
- b) room service
- c) stairs
- d) check-out

4) entrée
- a) recreation
- b) internet
- c) floor
- d) entrance

5) petit-déjeuner
- a) booking
- b) lift
- c) dining room
- d) breakfast

6) glace
- a) entrance
- b) ice
- c) check-out
- d) price

7) rez-de-chaussé
- a) ground floor
- b) lift
- c) price
- d) maid

8) escaliers
- a) stairs
- b) check-out
- c) bill
- d) entrance

9) étage
- a) ground floor
- b) floor
- c) reception desk
- d) booking

10) internet
- a) internet
- b) entrance
- c) suite
- d) lobby

11) groom
- a) swimming pool
- b) air conditioning
- c) message
- d) bellboy

12) prix
- a) booking
- b) price
- c) breakfast
- d) room service

13) réclamation
- a) lift
- b) complaint
- c) swimming pool
- d) bill

14) facture
- a) suite
- b) bill
- c) floor
- d) reception desk

15) vue
- a) to pay
- b) view
- c) bellboy
- d) booking

16) message
- a) garage
- b) stairs
- c) view
- d) message

17) balcon
- a) stairs
- b) lobby
- c) hotel
- d) balcony

18) foyer
- a) lobby
- b) lift
- c) bellboy
- d) hotel

19) réservation
- a) suite
- b) booking
- c) room service
- d) recreation

20) payer
- a) living room
- b) to pay
- c) air conditioning
- d) view

21) check-out
- a) check-out
- b) lift
- c) suite
- d) message

22) salle à manger
- a) recreation
- b) bill
- c) dining room
- d) room

23) réception
- a) message
- b) recreation
- c) reception desk
- d) living room

24) climatisation
- a) room
- b) breakfast
- c) garage
- d) air conditioning

#125 - Hotel
Select the closest English word to match the French word.

1) check-out
a) check-out
b) dining room
c) manager
d) ice

2) escaliers
a) stairs
b) taxi
c) room
d) balcony

3) payer
a) to pay
b) balcony
c) garage
d) internet

4) vue
a) view
b) bellboy
c) check-out
d) complaint

5) glace
a) breakfast
b) ice
c) swimming pool
d) room

6) réceptionniste
a) receptionist
b) swimming pool
c) garage
d) ice

7) ascenseur
a) message
b) view
c) lift
d) booking

8) entrée
a) dining room
b) entrance
c) view
d) balcony

9) portier
a) internet
b) doorman
c) air conditioning
d) swimming pool

10) service de chambre
a) balcony
b) room service
c) check-out
d) doorman

11) groom
a) suite
b) booking
c) room service
d) bellboy

12) réception
a) to pay
b) price
c) booking
d) reception desk

13) suite
a) receipt
b) stairs
c) bill
d) suite

14) climatisation
a) lift
b) complaint
c) air conditioning
d) bill

15) hôtel
a) garage
b) check-out
c) receipt
d) hotel

16) directeur
a) booking
b) internet
c) manager
d) balcony

17) piscine
a) breakfast
b) swimming pool
c) to pay
d) receipt

18) rez-de-chaussé
a) garage
b) living room
c) taxi
d) ground floor

19) garage
a) room service
b) garage
c) room
d) living room

20) réservation
a) booking
b) stairs
c) ice
d) price

21) message
a) balcony
b) room
c) message
d) ground floor

22) réclamation
a) dining room
b) bill
c) complaint
d) internet

23) reçu
a) lobby
b) stairs
c) receipt
d) internet

24) facture
a) bill
b) living room
c) price
d) internet

133

#126 - Hotel
Select the closest English word to match the French word.

1) climatisation
a) view
b) doorman
c) maid
d) air conditioning

2) taxi
a) taxi
b) recreation
c) balcony
d) suite

3) salle à manger
a) check-out
b) hotel
c) reception desk
d) dining room

4) réservation
a) lift
b) booking
c) lobby
d) manager

5) internet
a) internet
b) breakfast
c) to pay
d) stairs

6) ascenseur
a) garage
b) dining room
c) air conditioning
d) lift

7) suite
a) ice
b) suite
c) lift
d) breakfast

8) réclamation
a) entrance
b) message
c) complaint
d) ground floor

9) message
a) suite
b) ice
c) dining room
d) message

10) bonne
a) maid
b) entrance
c) garage
d) bill

11) balcon
a) balcony
b) reception desk
c) internet
d) ice

12) prix
a) price
b) suite
c) lift
d) to pay

13) réceptionniste
a) check-out
b) booking
c) receptionist
d) recreation

14) réception
a) reception desk
b) lift
c) ice
d) living room

15) récréation
a) dining room
b) garage
c) recreation
d) bellboy

16) facture
a) complaint
b) swimming pool
c) bill
d) booking

17) petit-déjeuner
a) reception desk
b) breakfast
c) stairs
d) lift

18) salon
a) dining room
b) receipt
c) living room
d) breakfast

19) entrée
a) breakfast
b) receipt
c) entrance
d) bellboy

20) chambre
a) room
b) ice
c) dining room
d) hotel

21) garage
a) room service
b) view
c) garage
d) lift

22) vue
a) check-out
b) view
c) receipt
d) to pay

23) payer
a) air conditioning
b) to pay
c) view
d) message

24) check-out
a) room
b) check-out
c) room service
d) garage

#127 - Hotel
Select the closest English word to match the French word.

1) ascenseur
a) garage
b) recreation
c) room
d) lift

2) foyer
a) balcony
b) lobby
c) entrance
d) air conditioning

3) vue
a) bill
b) view
c) receipt
d) internet

4) groom
a) balcony
b) room service
c) doorman
d) bellboy

5) escaliers
a) stairs
b) balcony
c) receipt
d) lobby

6) message
a) complaint
b) living room
c) message
d) bellboy

7) climatisation
a) air conditioning
b) receipt
c) room service
d) price

8) payer
a) living room
b) to pay
c) bill
d) floor

9) hôtel
a) living room
b) hotel
c) dining room
d) price

10) check-out
a) check-out
b) manager
c) entrance
d) hotel

11) service de chambre
a) entrance
b) hotel
c) room service
d) dining room

12) petit-déjeuner
a) hotel
b) lobby
c) taxi
d) breakfast

13) portier
a) breakfast
b) lift
c) doorman
d) dining room

14) salon
a) ground floor
b) message
c) living room
d) floor

15) taxi
a) garage
b) message
c) taxi
d) to pay

16) internet
a) internet
b) air conditioning
c) swimming pool
d) suite

17) récréation
a) recreation
b) manager
c) entrance
d) ground floor

18) reçu
a) swimming pool
b) breakfast
c) receipt
d) entrance

19) étage
a) garage
b) air conditioning
c) reception desk
d) floor

20) glace
a) ice
b) room service
c) garage
d) breakfast

21) balcon
a) hotel
b) balcony
c) doorman
d) entrance

22) directeur
a) manager
b) receptionist
c) receipt
d) hotel

23) bonne
a) maid
b) taxi
c) hotel
d) to pay

24) suite
a) air conditioning
b) bill
c) balcony
d) suite

#128 - Hotel
Select the closest English word to match the French word.

1) réclamation
a) manager
b) bill
c) complaint
d) breakfast

2) message
a) room
b) receptionist
c) check-out
d) message

3) prix
a) breakfast
b) room service
c) price
d) check-out

4) chambre
a) price
b) room
c) suite
d) check-out

5) bonne
a) to pay
b) lobby
c) internet
d) maid

6) check-out
a) manager
b) receptionist
c) check-out
d) bill

7) garage
a) bellboy
b) garage
c) price
d) ice

8) salle à manger
a) reception desk
b) living room
c) check-out
d) dining room

9) réceptionniste
a) air conditioning
b) bellboy
c) receptionist
d) lobby

10) petit-déjeuner
a) booking
b) breakfast
c) living room
d) entrance

11) ascenseur
a) lift
b) complaint
c) check-out
d) to pay

12) payer
a) bellboy
b) to pay
c) ground floor
d) maid

13) entrée
a) reception desk
b) booking
c) view
d) entrance

14) glace
a) air conditioning
b) ice
c) hotel
d) taxi

15) piscine
a) check-out
b) room
c) receipt
d) swimming pool

16) portier
a) doorman
b) living room
c) garage
d) complaint

17) reçu
a) ice
b) view
c) swimming pool
d) receipt

18) salon
a) receipt
b) maid
c) ground floor
d) living room

19) escaliers
a) message
b) maid
c) bellboy
d) stairs

20) facture
a) room
b) floor
c) bill
d) garage

21) rez-de-chaussé
a) lift
b) reception desk
c) room service
d) ground floor

22) climatisation
a) room
b) air conditioning
c) message
d) breakfast

23) vue
a) air conditioning
b) bellboy
c) view
d) recreation

24) service de chambre
a) entrance
b) ice
c) room
d) room service

#129 - Hotel
Select the closest French word to match the English word.

1) breakfast
a) ascenseur
b) salle à manger
c) suite
d) petit-déjeuner

2) ground floor
a) rez-de-chaussé
b) réclamation
c) salle à manger
d) check-out

3) air conditioning
a) piscine
b) foyer
c) climatisation
d) récréation

4) to pay
a) petit-déjeuner
b) entrée
c) groom
d) payer

5) garage
a) garage
b) salon
c) service de chambre
d) chambre

6) message
a) garage
b) bonne
c) message
d) piscine

7) bill
a) climatisation
b) taxi
c) réception
d) facture

8) living room
a) salon
b) climatisation
c) réclamation
d) réservation

9) booking
a) climatisation
b) réservation
c) service de chambre
d) ascenseur

10) floor
a) salon
b) climatisation
c) étage
d) réclamation

11) maid
a) balcon
b) suite
c) glace
d) bonne

12) stairs
a) réclamation
b) reçu
c) escaliers
d) suite

13) room
a) récréation
b) foyer
c) chambre
d) rez-de-chaussé

14) hotel
a) réception
b) escaliers
c) prix
d) hôtel

15) lift
a) ascenseur
b) balcon
c) payer
d) salle à manger

16) doorman
a) service de chambre
b) portier
c) glace
d) message

17) check-out
a) directeur
b) ascenseur
c) chambre
d) check-out

18) swimming pool
a) piscine
b) balcon
c) payer
d) portier

19) receptionist
a) salle à manger
b) facture
c) réceptionniste
d) balcon

20) balcony
a) balcon
b) entrée
c) escaliers
d) vue

21) dining room
a) prix
b) salle à manger
c) foyer
d) taxi

22) taxi
a) piscine
b) reçu
c) taxi
d) hôtel

23) recreation
a) suite
b) réclamation
c) récréation
d) chambre

24) entrance
a) salon
b) prix
c) récréation
d) entrée

#130 - Hotel
Select the closest French word to match the English word.

1) floor
a) suite
b) étage
c) payer
d) service de chambre

2) lobby
a) bonne
b) escaliers
c) foyer
d) reçu

3) breakfast
a) petit-déjeuner
b) rez-de-chaussé
c) service de chambre
d) réclamation

4) receptionist
a) réceptionniste
b) vue
c) bonne
d) réclamation

5) reception desk
a) vue
b) check-out
c) réception
d) ascenseur

6) bill
a) payer
b) facture
c) message
d) service de chambre

7) manager
a) taxi
b) bonne
c) directeur
d) foyer

8) garage
a) balcon
b) facture
c) suite
d) garage

9) price
a) groom
b) prix
c) glace
d) suite

10) booking
a) glace
b) payer
c) foyer
d) réservation

11) taxi
a) salon
b) piscine
c) reçu
d) taxi

12) view
a) balcon
b) garage
c) vue
d) glace

13) stairs
a) hôtel
b) escaliers
c) internet
d) réservation

14) doorman
a) portier
b) payer
c) récréation
d) hôtel

15) room service
a) service de chambre
b) glace
c) groom
d) salle à manger

16) living room
a) glace
b) salon
c) garage
d) prix

17) balcony
a) balcon
b) piscine
c) réclamation
d) taxi

18) bellboy
a) groom
b) payer
c) suite
d) réclamation

19) entrance
a) reçu
b) entrée
c) rez-de-chaussé
d) suite

20) room
a) rez-de-chaussé
b) entrée
c) réclamation
d) chambre

21) suite
a) salle à manger
b) directeur
c) suite
d) hôtel

22) recreation
a) garage
b) payer
c) récréation
d) escaliers

23) to pay
a) message
b) payer
c) hôtel
d) directeur

24) ice
a) glace
b) rez-de-chaussé
c) foyer
d) ascenseur

#131 - Hotel
Select the closest French word to match the English word.

1) room service
a) étage
b) foyer
c) réceptionniste
d) service de chambre

2) maid
a) internet
b) facture
c) bonne
d) reçu

3) view
a) salle à manger
b) réception
c) chambre
d) vue

4) recreation
a) récréation
b) vue
c) check-out
d) suite

5) booking
a) réservation
b) facture
c) climatisation
d) bonne

6) dining room
a) salle à manger
b) ascenseur
c) internet
d) message

7) complaint
a) réclamation
b) message
c) foyer
d) réceptionniste

8) living room
a) salon
b) taxi
c) salle à manger
d) petit-déjeuner

9) breakfast
a) hôtel
b) climatisation
c) petit-déjeuner
d) service de chambre

10) lobby
a) check-out
b) foyer
c) réceptionniste
d) climatisation

11) to pay
a) climatisation
b) hôtel
c) payer
d) directeur

12) bill
a) réceptionniste
b) taxi
c) facture
d) salle à manger

13) garage
a) rez-de-chaussé
b) service de chambre
c) garage
d) réclamation

14) lift
a) récréation
b) ascenseur
c) réception
d) reçu

15) check-out
a) récréation
b) check-out
c) ascenseur
d) suite

16) hotel
a) balcon
b) réceptionniste
c) hôtel
d) escaliers

17) floor
a) suite
b) salle à manger
c) payer
d) étage

18) internet
a) internet
b) facture
c) réceptionniste
d) service de chambre

19) message
a) piscine
b) message
c) réservation
d) escaliers

20) reception desk
a) réception
b) directeur
c) rez-de-chaussé
d) chambre

21) entrance
a) check-out
b) entrée
c) groom
d) réservation

22) manager
a) rez-de-chaussé
b) internet
c) directeur
d) facture

23) suite
a) étage
b) entrée
c) piscine
d) suite

24) receipt
a) vue
b) réclamation
c) reçu
d) payer

#132 - Hotel
Select the closest French word to match the English word.

1) garage
a) récréation
b) garage
c) réservation
d) salle à manger

2) room service
a) taxi
b) check-out
c) service de chambre
d) bonne

3) dining room
a) salle à manger
b) balcon
c) escaliers
d) glace

4) manager
a) glace
b) chambre
c) étage
d) directeur

5) maid
a) service de chambre
b) foyer
c) payer
d) bonne

6) entrance
a) directeur
b) taxi
c) prix
d) entrée

7) booking
a) suite
b) garage
c) réservation
d) piscine

8) taxi
a) taxi
b) rez-de-chaussé
c) vue
d) entrée

9) stairs
a) taxi
b) escaliers
c) directeur
d) salon

10) internet
a) prix
b) salle à manger
c) internet
d) récréation

11) complaint
a) réclamation
b) reçu
c) payer
d) étage

12) receipt
a) suite
b) reçu
c) balcon
d) petit-déjeuner

13) air conditioning
a) message
b) prix
c) climatisation
d) hôtel

14) bellboy
a) escaliers
b) chambre
c) groom
d) réception

15) to pay
a) message
b) réception
c) payer
d) escaliers

16) receptionist
a) directeur
b) réceptionniste
c) réclamation
d) bonne

17) recreation
a) check-out
b) salon
c) groom
d) récréation

18) swimming pool
a) réceptionniste
b) groom
c) piscine
d) taxi

19) lobby
a) foyer
b) directeur
c) message
d) facture

20) price
a) prix
b) salle à manger
c) groom
d) taxi

21) suite
a) chambre
b) suite
c) directeur
d) internet

22) view
a) facture
b) étage
c) vue
d) portier

23) message
a) foyer
b) salle à manger
c) vue
d) message

24) reception desk
a) message
b) taxi
c) ascenseur
d) réception

#133 - Hotel
Select the closest French word to match the English word.

1) bill
a) facture
b) réception
c) escaliers
d) réservation

2) reception desk
a) rez-de-chaussé
b) réception
c) petit-déjeuner
d) reçu

3) living room
a) salon
b) réclamation
c) garage
d) prix

4) check-out
a) garage
b) check-out
c) vue
d) étage

5) floor
a) glace
b) étage
c) portier
d) entrée

6) maid
a) bonne
b) suite
c) ascenseur
d) réservation

7) internet
a) internet
b) garage
c) rez-de-chaussé
d) hôtel

8) room service
a) salle à manger
b) service de chambre
c) vue
d) climatisation

9) receipt
a) foyer
b) vue
c) reçu
d) facture

10) ice
a) foyer
b) glace
c) chambre
d) payer

11) doorman
a) bonne
b) salon
c) portier
d) service de chambre

12) air conditioning
a) climatisation
b) service de chambre
c) entrée
d) salon

13) recreation
a) service de chambre
b) récréation
c) directeur
d) payer

14) taxi
a) internet
b) taxi
c) réclamation
d) groom

15) ground floor
a) réception
b) piscine
c) groom
d) rez-de-chaussé

16) manager
a) facture
b) glace
c) escaliers
d) directeur

17) view
a) taxi
b) vue
c) balcon
d) check-out

18) bellboy
a) climatisation
b) payer
c) groom
d) garage

19) room
a) réservation
b) hôtel
c) climatisation
d) chambre

20) lobby
a) réservation
b) message
c) glace
d) foyer

21) price
a) prix
b) service de chambre
c) climatisation
d) entrée

22) swimming pool
a) ascenseur
b) vue
c) piscine
d) bonne

23) booking
a) entrée
b) suite
c) groom
d) réservation

24) dining room
a) glace
b) facture
c) check-out
d) salle à manger

#134 - Hotel
Select the closest French word to match the English word.

1) doorman
a) foyer
b) garage
c) portier
d) chambre

2) bellboy
a) étage
b) garage
c) portier
d) groom

3) check-out
a) check-out
b) réception
c) taxi
d) foyer

4) entrance
a) service de chambre
b) entrée
c) glace
d) étage

5) internet
a) check-out
b) réclamation
c) internet
d) groom

6) breakfast
a) réclamation
b) récréation
c) balcon
d) petit-déjeuner

7) ice
a) réception
b) salon
c) glace
d) facture

8) taxi
a) taxi
b) message
c) garage
d) balcon

9) hotel
a) directeur
b) prix
c) entrée
d) hôtel

10) air conditioning
a) réclamation
b) climatisation
c) reçu
d) check-out

11) receipt
a) reçu
b) payer
c) hôtel
d) balcon

12) to pay
a) payer
b) directeur
c) groom
d) étage

13) view
a) chambre
b) vue
c) glace
d) climatisation

14) lobby
a) foyer
b) entrée
c) réceptionniste
d) service de chambre

15) swimming pool
a) réceptionniste
b) internet
c) piscine
d) reçu

16) dining room
a) payer
b) salle à manger
c) climatisation
d) piscine

17) room service
a) facture
b) climatisation
c) récréation
d) service de chambre

18) garage
a) glace
b) internet
c) garage
d) payer

19) bill
a) salle à manger
b) facture
c) foyer
d) réceptionniste

20) floor
a) étage
b) portier
c) taxi
d) réservation

21) ground floor
a) petit-déjeuner
b) réceptionniste
c) rez-de-chaussé
d) facture

22) living room
a) salle à manger
b) récréation
c) groom
d) salon

23) price
a) reçu
b) salle à manger
c) prix
d) hôtel

24) balcony
a) chambre
b) bonne
c) ascenseur
d) balcon

#135 - Hotel
Select the closest French word to match the English word.

1) suite
a) réception
b) suite
c) balcon
d) internet

2) message
a) message
b) internet
c) entrée
d) check-out

3) booking
a) prix
b) réservation
c) glace
d) check-out

4) receipt
a) entrée
b) réclamation
c) ascenseur
d) reçu

5) taxi
a) piscine
b) rez-de-chaussé
c) taxi
d) entrée

6) balcony
a) rez-de-chaussé
b) balcon
c) étage
d) garage

7) room service
a) récréation
b) payer
c) service de chambre
d) portier

8) manager
a) taxi
b) directeur
c) climatisation
d) hôtel

9) receptionist
a) climatisation
b) petit-déjeuner
c) réceptionniste
d) garage

10) to pay
a) directeur
b) payer
c) ascenseur
d) réclamation

11) complaint
a) hôtel
b) ascenseur
c) réclamation
d) climatisation

12) doorman
a) portier
b) reçu
c) directeur
d) balcon

13) internet
a) suite
b) piscine
c) petit-déjeuner
d) internet

14) view
a) prix
b) vue
c) entrée
d) salon

15) ice
a) garage
b) payer
c) check-out
d) glace

16) room
a) réservation
b) service de chambre
c) chambre
d) vue

17) price
a) facture
b) internet
c) récréation
d) prix

18) floor
a) étage
b) glace
c) hôtel
d) portier

19) entrance
a) message
b) entrée
c) salle à manger
d) réception

20) check-out
a) check-out
b) réservation
c) directeur
d) internet

21) swimming pool
a) entrée
b) petit-déjeuner
c) piscine
d) directeur

22) bellboy
a) internet
b) réceptionniste
c) réclamation
d) groom

23) maid
a) salon
b) rez-de-chaussé
c) payer
d) bonne

24) stairs
a) vue
b) payer
c) escaliers
d) réception

#136 - Parts of the Body
Select the closest English word to match the French word.

1) cil
a) vein
b) shoulder
c) tongue
d) eyelash

2) cheville
a) blood
b) tongue
c) ankle
d) cheek

3) poing
a) artery
b) eye
c) fist
d) backbone

4) thorax
a) thorax
b) knee
c) breast
d) head

5) amygdales
a) tonsils
b) eye
c) shoulder
d) bone

6) foie
a) nose
b) liver
c) jaw
d) tendon

7) front
a) skin
b) back
c) forehead
d) heart

8) menton
a) elbow
b) cheek
c) brain
d) chin

9) main
a) eyelash
b) lung
c) hand
d) beard

10) dent
a) tooth
b) moustache
c) back
d) elbow

11) côte
a) rib
b) eyebrow
c) eye
d) skin

12) épaule
a) iris
b) appendix
c) shoulder
d) nose

13) tendon
a) kidney
b) back
c) tendon
d) neck

14) cuisse
a) knee
b) muscle
c) neck
d) thigh

15) veine
a) throat
b) vein
c) neck
d) knee

16) pied
a) iris
b) arm
c) eyelash
d) foot

17) nez
a) arm
b) thigh
c) nose
d) backbone

18) pieds
a) head
b) ear
c) joint
d) feet

19) oreille
a) forehead
b) ear
c) jaw
d) toe

20) glande
a) beard
b) thorax
c) parts of the body
d) gland

21) muscle
a) muscle
b) tooth
c) eyelash
d) tendon

22) iris
a) shoulder
b) back
c) iris
d) heart

23) oeil
a) arm
b) eye
c) ear
d) breast

24) genou
a) neck
b) freckles
c) knee
d) fist

144

#137 - Parts of the Body
Select the closest English word to match the French word.

1) colonne vertébrale
a) nerve
b) backbone
c) head
d) eyebrow

2) main
a) toe
b) liver
c) hand
d) belly

3) front
a) liver
b) throat
c) forehead
d) head

4) os
a) bone
b) throat
c) thumb
d) eyelash

5) poumon
a) lung
b) nerve
c) fingernail
d) eye

6) jambe
a) hair
b) finger
c) leg
d) artery

7) dos
a) gland
b) kidney
c) back
d) shoulder

8) nez
a) ear
b) brain
c) nose
d) tendon

9) doigt
a) finger
b) thorax
c) head
d) tooth

10) taches de rousseur
a) gland
b) heart
c) freckles
d) tonsils

11) joue
a) artery
b) thorax
c) blood
d) cheek

12) cheville
a) arm
b) forehead
c) ankle
d) bladder

13) glande
a) moustache
b) shoulder
c) gland
d) chin

14) cheveux
a) joint
b) forehead
c) hair
d) belly

15) corps
a) body
b) tonsils
c) kidney
d) nose

16) pouce
a) chin
b) knee
c) thumb
d) lip

17) tête
a) head
b) ankle
c) eyelid
d) heart

18) mâchoire
a) knee
b) jaw
c) artery
d) beard

19) bras
a) arm
b) foot
c) appendix
d) stomach

20) oreille
a) ear
b) head
c) appendix
d) feet

21) coeur
a) tooth
b) heart
c) foot
d) feet

22) cerveau
a) jaw
b) brain
c) heart
d) feet

23) pieds
a) thorax
b) gland
c) eyelash
d) feet

24) foie
a) hair
b) liver
c) knee
d) leg

145

#138 - Parts of the Body
Select the closest English word to match the French word.

1) poumon
a) head
b) elbow
c) lung
d) knee

2) jambe
a) moustache
b) tongue
c) beard
d) leg

3) épaule
a) thigh
b) teeth
c) fingernail
d) shoulder

4) poing
a) teeth
b) body
c) stomach
d) fist

5) moustache
a) arm
b) feet
c) liver
d) moustache

6) tête
a) teeth
b) beard
c) hair
d) head

7) doigt
a) shoulder
b) iris
c) eyebrow
d) finger

8) visage
a) shoulder
b) face
c) cheek
d) gland

9) main
a) toe
b) bone
c) hand
d) fingernail

10) glande
a) foot
b) muscle
c) head
d) gland

11) hanche
a) bladder
b) wrist
c) belly
d) hip

12) taches de rousseur
a) freckles
b) body
c) stomach
d) eyelid

13) pouce
a) calf
b) vein
c) stomach
d) thumb

14) dent
a) teeth
b) tooth
c) tongue
d) thorax

15) artère
a) lip
b) liver
c) artery
d) hip

16) barbe
a) thigh
b) tonsils
c) beard
d) backbone

17) vessie
a) arm
b) tendon
c) bladder
d) hip

18) paupière
a) nose
b) ankle
c) nerve
d) eyelid

19) veine
a) skin
b) vein
c) freckles
d) body

20) coude
a) lip
b) thumb
c) kidney
d) elbow

21) nez
a) eyebrow
b) iris
c) nose
d) eye

22) cheville
a) ankle
b) thumb
c) gland
d) hair

23) bouche
a) foot
b) mouth
c) fingernail
d) ear

24) bras
a) arm
b) hip
c) jaw
d) knee

#139 - Parts of the Body
Select the closest English word to match the French word.

1) doigt
a) tongue
b) vein
c) finger
d) nose

2) amygdales
a) muscle
b) blood
c) tonsils
d) brain

3) ongle
a) shoulder
b) joint
c) brain
d) fingernail

4) cheveux
a) nose
b) ankle
c) hair
d) mouth

5) épaule
a) shoulder
b) skin
c) moustache
d) belly

6) poignet
a) backbone
b) wrist
c) thumb
d) moustache

7) jambe
a) knee
b) leg
c) cheek
d) appendix

8) dos
a) artery
b) bone
c) back
d) throat

9) nerf
a) calf
b) toe
c) thigh
d) nerve

10) cuisse
a) blood
b) nerve
c) bone
d) thigh

11) sein
a) breast
b) face
c) toe
d) foot

12) dent
a) brain
b) toe
c) cheek
d) tooth

13) muscle
a) backbone
b) muscle
c) tendon
d) jaw

14) veine
a) brain
b) beard
c) ankle
d) vein

15) os
a) bone
b) neck
c) forehead
d) face

16) visage
a) breast
b) leg
c) ankle
d) face

17) mollet
a) chin
b) finger
c) nerve
d) calf

18) orteil
a) toe
b) eye
c) skin
d) thumb

19) tête
a) tooth
b) finger
c) head
d) throat

20) artère
a) artery
b) belly
c) fist
d) moustache

21) poing
a) eyelid
b) tongue
c) breast
d) fist

22) coude
a) elbow
b) belly
c) forehead
d) fist

23) pouce
a) thumb
b) shoulder
c) thorax
d) leg

24) pied
a) eyelid
b) lip
c) thigh
d) foot

#140 - Parts of the Body
Select the closest English word to match the French word.

1) mollet
a) kidney
b) eyebrow
c) fist
d) calf

2) mâchoire
a) belly
b) jaw
c) chin
d) calf

3) veine
a) hip
b) moustache
c) vein
d) jaw

4) cheville
a) eye
b) ankle
c) stomach
d) iris

5) sein
a) eyelid
b) breast
c) chin
d) beard

6) iris
a) lung
b) bone
c) iris
d) jaw

7) corps
a) leg
b) backbone
c) bone
d) body

8) tête
a) knee
b) hair
c) gland
d) head

9) ventre
a) back
b) neck
c) belly
d) feet

10) pieds
a) leg
b) joint
c) feet
d) chin

11) colonne vertébrale
a) stomach
b) backbone
c) kidney
d) thorax

12) peau
a) liver
b) bladder
c) ankle
d) skin

13) cou
a) bone
b) neck
c) forehead
d) artery

14) appendice
a) tonsils
b) appendix
c) tongue
d) finger

15) orteil
a) vein
b) toe
c) hand
d) arm

16) nerf
a) ear
b) eyebrow
c) bladder
d) nerve

17) glande
a) head
b) gland
c) skin
d) artery

18) épaule
a) appendix
b) mouth
c) shoulder
d) gland

19) coeur
a) heart
b) eyelash
c) jaw
d) hair

20) dent
a) jaw
b) knee
c) tooth
d) beard

21) foie
a) liver
b) brain
c) jaw
d) iris

22) bras
a) lip
b) arm
c) tendon
d) moustache

23) taches de rousseur
a) muscle
b) vein
c) freckles
d) beard

24) nez
a) neck
b) nose
c) eyelid
d) ear

#141 - Parts of the Body
Select the closest English word to match the French word.

1) articulation
a) elbow
b) backbone
c) fist
d) joint

2) rein
a) kidney
b) nerve
c) body
d) ankle

3) bouche
a) face
b) mouth
c) eye
d) bone

4) hanche
a) elbow
b) nerve
c) hip
d) rib

5) jambe
a) kidney
b) blood
c) throat
d) leg

6) côte
a) back
b) rib
c) hair
d) arm

7) artère
a) shoulder
b) artery
c) beard
d) backbone

8) estomac
a) knee
b) tonsils
c) beard
d) stomach

9) tendon
a) hip
b) tendon
c) iris
d) stomach

10) peau
a) eyebrow
b) face
c) skin
d) tooth

11) coeur
a) body
b) tendon
c) rib
d) heart

12) iris
a) lung
b) bladder
c) iris
d) freckles

13) front
a) liver
b) forehead
c) skin
d) hip

14) pied
a) foot
b) vein
c) back
d) parts of the body

15) cerveau
a) hair
b) iris
c) tooth
d) brain

16) pouce
a) nerve
b) tendon
c) ankle
d) thumb

17) sang
a) eyelid
b) nose
c) jaw
d) blood

18) glande
a) chin
b) joint
c) gland
d) appendix

19) gorge
a) belly
b) throat
c) teeth
d) neck

20) coude
a) ear
b) eye
c) elbow
d) chin

21) doigt
a) finger
b) backbone
c) hip
d) jaw

22) nerf
a) backbone
b) cheek
c) thigh
d) nerve

23) amygdales
a) moustache
b) eyelid
c) tonsils
d) shoulder

24) mâchoire
a) feet
b) vein
c) jaw
d) head

149

#142 - Parts of the Body
Select the closest English word to match the French word.

1) articulation
a) bladder
b) foot
c) joint
d) throat

2) muscle
a) foot
b) muscle
c) fist
d) nose

3) sein
a) head
b) fist
c) hair
d) breast

4) côte
a) muscle
b) rib
c) freckles
d) tooth

5) orteil
a) eye
b) breast
c) toe
d) bone

6) barbe
a) throat
b) nose
c) beard
d) breast

7) main
a) face
b) belly
c) hand
d) knee

8) hanche
a) hand
b) belly
c) hip
d) beard

9) corps
a) eye
b) fingernail
c) calf
d) body

10) mâchoire
a) hand
b) lung
c) cheek
d) jaw

11) iris
a) iris
b) freckles
c) head
d) artery

12) bras
a) breast
b) forehead
c) gland
d) arm

13) sourcil
a) eyebrow
b) thorax
c) vein
d) muscle

14) doigt
a) iris
b) finger
c) bladder
d) vein

15) poumon
a) brain
b) lung
c) hip
d) parts of the body

16) dos
a) brain
b) nerve
c) thorax
d) back

17) peau
a) freckles
b) face
c) thumb
d) skin

18) cou
a) blood
b) neck
c) feet
d) throat

19) tête
a) tongue
b) head
c) vein
d) iris

20) parties du corps
a) breast
b) parts of the body
c) belly
d) rib

21) rein
a) nerve
b) nose
c) kidney
d) hand

22) menton
a) rib
b) shoulder
c) chin
d) artery

23) coude
a) kidney
b) fist
c) elbow
d) muscle

24) langue
a) tongue
b) fingernail
c) throat
d) breast

#143 - Parts of the Body
Select the closest English word to match the French word.

1) dos
a) finger
b) back
c) fist
d) jaw

2) mollet
a) eye
b) artery
c) finger
d) calf

3) tête
a) head
b) arm
c) tongue
d) iris

4) joue
a) freckles
b) beard
c) cheek
d) mouth

5) cheville
a) teeth
b) appendix
c) ankle
d) shoulder

6) articulation
a) finger
b) bladder
c) tongue
d) joint

7) pied
a) foot
b) vein
c) eyebrow
d) thumb

8) poignet
a) bone
b) wrist
c) elbow
d) eyelash

9) cuisse
a) backbone
b) thigh
c) chin
d) muscle

10) front
a) mouth
b) parts of the body
c) forehead
d) blood

11) veine
a) vein
b) bladder
c) skin
d) face

12) orteil
a) toe
b) stomach
c) artery
d) ear

13) peau
a) thumb
b) skin
c) tonsils
d) belly

14) pieds
a) feet
b) fist
c) face
d) parts of the body

15) ventre
a) belly
b) eyebrow
c) calf
d) nose

16) barbe
a) hand
b) shoulder
c) arm
d) beard

17) cou
a) bone
b) eyelash
c) neck
d) lung

18) mâchoire
a) heart
b) liver
c) jaw
d) eye

19) bouche
a) mouth
b) fist
c) knee
d) muscle

20) appendice
a) iris
b) muscle
c) feet
d) appendix

21) vessie
a) cheek
b) kidney
c) belly
d) bladder

22) doigt
a) tongue
b) beard
c) finger
d) tooth

23) corps
a) body
b) throat
c) appendix
d) iris

24) colonne vertébrale
a) hip
b) nose
c) backbone
d) face

151

#144 - Parts of the Body
Select the closest French word to match the English word.

1) hip
a) hanche
b) dos
c) sourcil
d) orteil

2) backbone
a) colonne vertébrale
b) menton
c) poing
d) genou

3) muscle
a) dos
b) muscle
c) poumon
d) sang

4) tongue
a) artère
b) langue
c) rein
d) doigt

5) nerve
a) gorge
b) nerf
c) ongle
d) taches de rousseur

6) mouth
a) tête
b) nez
c) pouce
d) bouche

7) eyebrow
a) rein
b) sourcil
c) lèvre
d) nez

8) gland
a) poignet
b) pieds
c) nez
d) glande

9) arm
a) bras
b) ongle
c) sein
d) pieds

10) neck
a) cou
b) paupière
c) sang
d) oeil

11) iris
a) coude
b) cerveau
c) iris
d) lèvre

12) forehead
a) front
b) mâchoire
c) estomac
d) visage

13) jaw
a) peau
b) jambe
c) mâchoire
d) doigt

14) breast
a) veine
b) cil
c) sein
d) sourcil

15) liver
a) cou
b) appendice
c) foie
d) hanche

16) fingernail
a) muscle
b) sein
c) poumon
d) ongle

17) rib
a) corps
b) côte
c) langue
d) mollet

18) eyelid
a) paupière
b) mâchoire
c) poignet
d) dents

19) bladder
a) sourcil
b) poumon
c) vessie
d) colonne vertébrale

20) cheek
a) joue
b) taches de rousseur
c) moustache
d) bouche

21) parts of the body
a) poing
b) parties du corps
c) appendice
d) mâchoire

22) body
a) corps
b) menton
c) coude
d) veine

23) hair
a) cheveux
b) orteil
c) épaule
d) ventre

24) wrist
a) poumon
b) foie
c) dents
d) poignet

#145 - Parts of the Body
Select the closest French word to match the English word.

1) thigh
a) cuisse
b) colonne vertébrale
c) bouche
d) poignet

2) teeth
a) épaule
b) dents
c) joue
d) pieds

3) fingernail
a) nez
b) colonne vertébrale
c) ongle
d) pouce

4) tendon
a) barbe
b) joue
c) front
d) tendon

5) toe
a) sang
b) oeil
c) sein
d) orteil

6) nerve
a) cheville
b) cerveau
c) nerf
d) orteil

7) neck
a) vessie
b) cou
c) foie
d) épaule

8) mouth
a) coeur
b) bouche
c) colonne vertébrale
d) vessie

9) joint
a) iris
b) peau
c) visage
d) articulation

10) fist
a) pouce
b) poing
c) langue
d) pieds

11) rib
a) taches de rousseur
b) muscle
c) côte
d) moustache

12) thumb
a) main
b) mâchoire
c) sein
d) pouce

13) freckles
a) bras
b) peau
c) nerf
d) taches de rousseur

14) stomach
a) estomac
b) cheveux
c) orteil
d) main

15) back
a) dos
b) barbe
c) os
d) pouce

16) leg
a) cerveau
b) paupière
c) jambe
d) appendice

17) elbow
a) mollet
b) pied
c) coude
d) genou

18) ear
a) oreille
b) mollet
c) glande
d) pied

19) jaw
a) os
b) mâchoire
c) colonne vertébrale
d) estomac

20) nose
a) nerf
b) nez
c) moustache
d) côte

21) backbone
a) gorge
b) colonne vertébrale
c) artère
d) bouche

22) breast
a) nez
b) sein
c) articulation
d) paupière

23) skin
a) front
b) cerveau
c) épaule
d) peau

24) lung
a) main
b) poumon
c) visage
d) sang

#146 - Parts of the Body
Select the closest French word to match the English word.

1) heart
a) vessie
b) coeur
c) peau
d) sourcil

2) head
a) bouche
b) tête
c) genou
d) iris

3) gland
a) épaule
b) dos
c) ongle
d) glande

4) rib
a) front
b) côte
c) genou
d) artère

5) eyebrow
a) cheville
b) sourcil
c) appendice
d) estomac

6) lip
a) dents
b) lèvre
c) épaule
d) cheville

7) cheek
a) coude
b) foie
c) joue
d) muscle

8) backbone
a) sourcil
b) colonne vertébrale
c) tendon
d) jambe

9) feet
a) pouce
b) tête
c) oeil
d) pieds

10) hand
a) vessie
b) main
c) amygdales
d) dents

11) teeth
a) mâchoire
b) amygdales
c) dents
d) peau

12) neck
a) cou
b) langue
c) coude
d) nez

13) iris
a) iris
b) tendon
c) rein
d) cil

14) lung
a) hanche
b) poumon
c) coeur
d) appendice

15) mouth
a) amygdales
b) bouche
c) cheville
d) coude

16) belly
a) ventre
b) dents
c) muscle
d) menton

17) back
a) langue
b) tendon
c) dos
d) bouche

18) tooth
a) foie
b) poumon
c) dent
d) lèvre

19) brain
a) cerveau
b) dents
c) poignet
d) tête

20) finger
a) tête
b) colonne vertébrale
c) doigt
d) veine

21) thumb
a) coude
b) pouce
c) vessie
d) poing

22) moustache
a) moustache
b) colonne vertébrale
c) dent
d) coude

23) eyelid
a) paupière
b) nerf
c) épaule
d) cerveau

24) fist
a) paupière
b) vessie
c) poing
d) langue

#147 - Parts of the Body
Select the closest French word to match the English word.

1) throat
a) gorge
b) amygdales
c) nez
d) nerf

2) eyelash
a) coeur
b) joue
c) vessie
d) cil

3) tonsils
a) amygdales
b) dent
c) paupière
d) bras

4) joint
a) articulation
b) appendice
c) côte
d) estomac

5) nerve
a) cou
b) joue
c) pouce
d) nerf

6) beard
a) visage
b) oreille
c) barbe
d) mâchoire

7) backbone
a) pied
b) colonne vertébrale
c) main
d) genou

8) mouth
a) articulation
b) menton
c) bouche
d) ongle

9) hand
a) orteil
b) nerf
c) main
d) estomac

10) artery
a) artère
b) barbe
c) genou
d) nerf

11) gland
a) glande
b) front
c) paupière
d) cheville

12) body
a) corps
b) gorge
c) pieds
d) cuisse

13) breast
a) dent
b) coeur
c) sein
d) gorge

14) head
a) barbe
b) jambe
c) tête
d) poignet

15) freckles
a) taches de rousseur
b) poumon
c) amygdales
d) sourcil

16) jaw
a) jambe
b) mâchoire
c) ventre
d) mollet

17) fist
a) veine
b) os
c) poing
d) artère

18) bone
a) dent
b) foie
c) mollet
d) os

19) finger
a) doigt
b) langue
c) pied
d) orteil

20) vein
a) langue
b) veine
c) tendon
d) visage

21) nose
a) sourcil
b) nez
c) tendon
d) glande

22) thorax
a) dos
b) hanche
c) amygdales
d) thorax

23) lung
a) ongle
b) pied
c) poumon
d) coeur

24) rib
a) cheveux
b) côte
c) coeur
d) sein

#148 - Parts of the Body
Select the closest French word to match the English word.

1) eyebrow
a) cuisse
b) sourcil
c) sein
d) ongle

2) forehead
a) front
b) pied
c) cou
d) pouce

3) hair
a) cheveux
b) sourcil
c) dos
d) rein

4) nerve
a) gorge
b) genou
c) parties du corps
d) nerf

5) backbone
a) cerveau
b) taches de rousseur
c) main
d) colonne vertébrale

6) thorax
a) pied
b) côte
c) thorax
d) épaule

7) beard
a) coude
b) mollet
c) barbe
d) sourcil

8) hip
a) hanche
b) pouce
c) pieds
d) bras

9) thumb
a) joue
b) barbe
c) pouce
d) orteil

10) ear
a) mollet
b) oreille
c) ongle
d) nez

11) teeth
a) sourcil
b) os
c) dent
d) dents

12) hand
a) barbe
b) nez
c) dents
d) main

13) stomach
a) nez
b) poing
c) os
d) estomac

14) chin
a) cil
b) cou
c) front
d) menton

15) ankle
a) cheville
b) glande
c) oreille
d) ventre

16) artery
a) dos
b) sein
c) sang
d) artère

17) iris
a) moustache
b) iris
c) main
d) rein

18) feet
a) pieds
b) côte
c) hanche
d) visage

19) liver
a) foie
b) nez
c) veine
d) oreille

20) eye
a) cuisse
b) cou
c) amygdales
d) oeil

21) cheek
a) coude
b) joue
c) mollet
d) cheville

22) fist
a) ongle
b) poing
c) vessie
d) cheveux

23) appendix
a) genou
b) appendice
c) cuisse
d) poignet

24) eyelid
a) genou
b) joue
c) paupière
d) amygdales

#149 - Parts of the Body
Select the closest French word to match the English word.

1) backbone
a) hanche
b) colonne vertébrale
c) doigt
d) cheveux

2) elbow
a) coude
b) ventre
c) dos
d) lèvre

3) breast
a) poing
b) iris
c) sang
d) sein

4) throat
a) cheveux
b) peau
c) gorge
d) rein

5) thorax
a) langue
b) thorax
c) amygdales
d) corps

6) foot
a) amygdales
b) pied
c) cil
d) doigt

7) leg
a) nez
b) pied
c) jambe
d) tête

8) parts of the body
a) ventre
b) épaule
c) vessie
d) parties du corps

9) thigh
a) cuisse
b) corps
c) moustache
d) poignet

10) gland
a) langue
b) lèvre
c) glande
d) parties du corps

11) heart
a) parties du corps
b) coeur
c) tendon
d) visage

12) back
a) nerf
b) dos
c) poignet
d) main

13) tongue
a) langue
b) appendice
c) côte
d) cuisse

14) eyelid
a) sein
b) dents
c) oeil
d) paupière

15) vein
a) veine
b) pouce
c) pied
d) mollet

16) mouth
a) dent
b) bouche
c) colonne vertébrale
d) coeur

17) calf
a) mollet
b) peau
c) bouche
d) dents

18) cheek
a) joue
b) parties du corps
c) cheveux
d) sang

19) brain
a) thorax
b) poignet
c) lèvre
d) cerveau

20) head
a) tête
b) iris
c) nerf
d) bras

21) tendon
a) cheville
b) tendon
c) cou
d) estomac

22) fist
a) nerf
b) poing
c) bouche
d) os

23) tonsils
a) poing
b) poignet
c) épaule
d) amygdales

24) kidney
a) rein
b) main
c) orteil
d) oeil

#150 - Parts of the Body
Select the closest French word to match the English word.

1) thigh
a) pied
b) hanche
c) cuisse
d) ventre

2) wrist
a) cuisse
b) artère
c) foie
d) poignet

3) tooth
a) coude
b) taches de rousseur
c) dent
d) glande

4) toe
a) orteil
b) barbe
c) glande
d) gorge

5) lip
a) taches de rousseur
b) lèvre
c) thorax
d) rein

6) forehead
a) gorge
b) bras
c) front
d) sourcil

7) brain
a) nerf
b) cerveau
c) paupière
d) veine

8) teeth
a) paupière
b) dents
c) doigt
d) cheveux

9) artery
a) sang
b) dents
c) main
d) artère

10) feet
a) dos
b) muscle
c) pieds
d) cou

11) nerve
a) menton
b) poing
c) cuisse
d) nerf

12) beard
a) cuisse
b) tendon
c) nerf
d) barbe

13) backbone
a) sourcil
b) visage
c) doigt
d) colonne vertébrale

14) vein
a) dos
b) coude
c) veine
d) épaule

15) arm
a) cheville
b) mollet
c) bras
d) oreille

16) eyebrow
a) cuisse
b) dents
c) sourcil
d) coeur

17) ankle
a) cheville
b) pied
c) barbe
d) nerf

18) rib
a) mâchoire
b) côte
c) poing
d) glande

19) cheek
a) genou
b) joue
c) pieds
d) tête

20) shoulder
a) sang
b) poignet
c) estomac
d) épaule

21) back
a) dos
b) poing
c) jambe
d) nez

22) head
a) os
b) tête
c) poignet
d) peau

23) calf
a) pouce
b) cheville
c) mollet
d) coeur

24) kidney
a) rein
b) sourcil
c) jambe
d) côte

#151 - Restaurant
Select the closest English word to match the French word.

1) faim
a) waiter
b) wine list
c) hungry
d) restaurant

2) hors-d'oeuvre
a) cheap
b) hungry
c) salad bowl
d) main course

3) carte
a) menu
b) beverage
c) soup spoon
d) hungry

4) nappe
a) soup bowl
b) tablecloth
c) main course
d) salad fork

5) commander
a) main course
b) to order
c) thirsty
d) meal

6) déjeuner
a) soup spoon
b) beverage
c) lunch
d) to order

7) bon marché
a) cheap
b) dessert
c) meal
d) restaurant

8) boisson
a) salad fork
b) beverage
c) to eat
d) dessert

9) cuillière à soupe
a) cheap
b) beverage
c) soup spoon
d) salad bowl

10) serveuse
a) thirsty
b) waitress
c) to order
d) dessert

11) restaurent
a) meal
b) soup spoon
c) restaurant
d) waitress

12) cher
a) meal
b) main course
c) dessert
d) expensive

13) saladier
a) menu
b) soup spoon
c) salad bowl
d) waiter

14) bol à soupe
a) soup spoon
b) dinner
c) main course
d) soup bowl

15) cadre
a) cheap
b) dinner
c) setting
d) to drink

16) carte des vins
a) thirsty
b) lunch
c) wine list
d) meal

17) repas
a) cheap
b) waitress
c) meal
d) menu

18) fourchette à salade
a) main course
b) thirsty
c) menu
d) salad fork

19) garçon
a) waiter
b) main course
c) dessert
d) expensive

20) dîner
a) to eat
b) waitress
c) thirsty
d) dinner

21) boire
a) to drink
b) meal
c) thirsty
d) salad bowl

22) assoiffé
a) thirsty
b) meal
c) tablecloth
d) wine list

23) manger
a) waitress
b) beverage
c) soup spoon
d) to eat

24) dessert
a) dessert
b) main course
c) waitress
d) lunch

#152 - Restaurant
Select the closest English word to match the French word.

1) cher
a) meal
b) beverage
c) expensive
d) tablecloth

2) garçon
a) soup spoon
b) cheap
c) lunch
d) waiter

3) dessert
a) main course
b) meal
c) soup bowl
d) dessert

4) cadre
a) hungry
b) dessert
c) waitress
d) setting

5) déjeuner
a) lunch
b) beverage
c) to eat
d) waitress

6) serveuse
a) beverage
b) waitress
c) to eat
d) restaurant

7) boire
a) to drink
b) lunch
c) thirsty
d) soup spoon

8) faim
a) soup bowl
b) thirsty
c) hungry
d) cheap

9) bon marché
a) waiter
b) salad bowl
c) cheap
d) restaurant

10) assoiffé
a) soup spoon
b) lunch
c) thirsty
d) to order

11) carte
a) soup spoon
b) to order
c) lunch
d) menu

12) repas
a) wine list
b) restaurant
c) meal
d) soup spoon

13) saladier
a) salad fork
b) salad bowl
c) wine list
d) expensive

14) nappe
a) main course
b) tablecloth
c) setting
d) menu

15) restaurent
a) expensive
b) to drink
c) restaurant
d) meal

16) bol à soupe
a) main course
b) soup bowl
c) dinner
d) thirsty

17) commander
a) to drink
b) to order
c) thirsty
d) waiter

18) hors-d'oeuvre
a) main course
b) expensive
c) to eat
d) tablecloth

19) carte des vins
a) wine list
b) to order
c) main course
d) tablecloth

20) cuillière à soupe
a) soup bowl
b) to drink
c) soup spoon
d) waitress

21) boisson
a) beverage
b) to drink
c) waiter
d) dinner

22) dîner
a) hungry
b) dinner
c) cheap
d) wine list

23) fourchette à salade
a) expensive
b) salad fork
c) menu
d) soup bowl

24) manger
a) to eat
b) soup spoon
c) thirsty
d) waitress

#153 - Restaurant
Select the closest English word to match the French word.

1) boire
   a) to eat
   b) soup spoon
   c) beverage
   d) to drink

2) bol à soupe
   a) soup bowl
   b) menu
   c) waiter
   d) main course

3) cadre
   a) dessert
   b) salad fork
   c) setting
   d) menu

4) serveuse
   a) dessert
   b) waitress
   c) thirsty
   d) meal

5) dessert
   a) dessert
   b) menu
   c) soup spoon
   d) salad fork

6) cuillière à soupe
   a) to drink
   b) soup spoon
   c) soup bowl
   d) salad bowl

7) saladier
   a) setting
   b) hungry
   c) beverage
   d) salad bowl

8) bon marché
   a) restaurant
   b) cheap
   c) dessert
   d) tablecloth

9) repas
   a) meal
   b) salad fork
   c) wine list
   d) soup spoon

10) manger
   a) waiter
   b) to eat
   c) tablecloth
   d) waitress

11) faim
   a) hungry
   b) wine list
   c) dessert
   d) dinner

12) hors-d'oeuvre
   a) soup spoon
   b) thirsty
   c) menu
   d) main course

13) commander
   a) restaurant
   b) dinner
   c) main course
   d) to order

14) assoiffé
   a) to drink
   b) thirsty
   c) dessert
   d) to eat

15) dîner
   a) hungry
   b) to drink
   c) waitress
   d) dinner

16) garçon
   a) salad fork
   b) waiter
   c) cheap
   d) setting

17) nappe
   a) salad fork
   b) tablecloth
   c) hungry
   d) lunch

18) carte
   a) beverage
   b) main course
   c) meal
   d) menu

19) fourchette à salade
   a) to drink
   b) salad fork
   c) waiter
   d) soup bowl

20) cher
   a) cheap
   b) setting
   c) expensive
   d) beverage

21) carte des vins
   a) dessert
   b) wine list
   c) salad fork
   d) soup bowl

22) boisson
   a) main course
   b) beverage
   c) tablecloth
   d) to drink

23) restaurent
   a) waiter
   b) waitress
   c) tablecloth
   d) restaurant

24) déjeuner
   a) menu
   b) to eat
   c) lunch
   d) dessert

#154 - Restaurant
Select the closest English word to match the French word.

1) dessert
a) to drink
b) dessert
c) wine list
d) lunch

2) garçon
a) salad fork
b) cheap
c) to drink
d) waiter

3) restaurent
a) dessert
b) to order
c) restaurant
d) cheap

4) repas
a) menu
b) main course
c) meal
d) to eat

5) dîner
a) dinner
b) thirsty
c) to eat
d) salad fork

6) hors-d'oeuvre
a) waitress
b) to order
c) main course
d) menu

7) saladier
a) salad bowl
b) menu
c) salad fork
d) setting

8) boire
a) to drink
b) wine list
c) to order
d) waitress

9) cadre
a) to order
b) setting
c) hungry
d) main course

10) commander
a) tablecloth
b) dinner
c) to order
d) cheap

11) manger
a) to eat
b) hungry
c) tablecloth
d) salad fork

12) cher
a) to order
b) salad fork
c) expensive
d) waiter

13) serveuse
a) menu
b) cheap
c) waitress
d) salad fork

14) assoiffé
a) setting
b) dinner
c) thirsty
d) lunch

15) déjeuner
a) main course
b) lunch
c) to eat
d) salad bowl

16) carte
a) thirsty
b) beverage
c) menu
d) soup bowl

17) bon marché
a) tablecloth
b) to drink
c) cheap
d) meal

18) cuillière à soupe
a) thirsty
b) soup spoon
c) setting
d) restaurant

19) carte des vins
a) soup spoon
b) thirsty
c) wine list
d) tablecloth

20) boisson
a) expensive
b) salad fork
c) to eat
d) beverage

21) nappe
a) tablecloth
b) meal
c) to drink
d) cheap

22) bol à soupe
a) thirsty
b) soup bowl
c) waitress
d) dinner

23) fourchette à salade
a) salad fork
b) setting
c) meal
d) cheap

24) faim
a) salad bowl
b) to drink
c) hungry
d) meal

#155 - Restaurant
Select the closest English word to match the French word.

1) cuillière à soupe
a) soup spoon
b) expensive
c) dinner
d) salad bowl

2) déjeuner
a) soup bowl
b) expensive
c) waiter
d) lunch

3) assoiffé
a) restaurant
b) waitress
c) thirsty
d) to drink

4) boire
a) hungry
b) to drink
c) lunch
d) wine list

5) bol à soupe
a) hungry
b) thirsty
c) soup bowl
d) meal

6) restaurent
a) restaurant
b) salad bowl
c) soup bowl
d) to eat

7) saladier
a) restaurant
b) wine list
c) salad bowl
d) soup bowl

8) cher
a) to drink
b) thirsty
c) expensive
d) restaurant

9) hors-d'oeuvre
a) wine list
b) beverage
c) hungry
d) main course

10) boisson
a) hungry
b) beverage
c) dinner
d) setting

11) bon marché
a) to order
b) salad fork
c) soup spoon
d) cheap

12) dîner
a) expensive
b) waiter
c) meal
d) dinner

13) manger
a) beverage
b) meal
c) waiter
d) to eat

14) serveuse
a) waitress
b) to eat
c) hungry
d) main course

15) garçon
a) menu
b) soup spoon
c) waiter
d) to eat

16) dessert
a) setting
b) expensive
c) beverage
d) dessert

17) cadre
a) tablecloth
b) lunch
c) setting
d) salad bowl

18) carte
a) salad fork
b) menu
c) main course
d) dessert

19) commander
a) setting
b) to order
c) waitress
d) salad fork

20) repas
a) beverage
b) meal
c) to drink
d) salad bowl

21) faim
a) thirsty
b) hungry
c) tablecloth
d) to drink

22) carte des vins
a) wine list
b) main course
c) to order
d) soup spoon

23) nappe
a) tablecloth
b) lunch
c) hungry
d) soup bowl

24) fourchette à salade
a) hungry
b) salad fork
c) soup spoon
d) waiter

#156 - Restaurant
Select the closest English word to match the French word.

1) faim
a) beverage
b) hungry
c) to drink
d) cheap

2) boire
a) soup spoon
b) to drink
c) salad bowl
d) soup bowl

3) déjeuner
a) wine list
b) salad fork
c) tablecloth
d) lunch

4) carte des vins
a) thirsty
b) soup bowl
c) wine list
d) salad fork

5) bon marché
a) main course
b) expensive
c) soup spoon
d) cheap

6) cadre
a) lunch
b) waitress
c) to drink
d) setting

7) commander
a) waiter
b) waitress
c) dessert
d) to order

8) bol à soupe
a) lunch
b) cheap
c) soup bowl
d) expensive

9) dîner
a) to drink
b) to order
c) soup spoon
d) dinner

10) boisson
a) waiter
b) to order
c) salad fork
d) beverage

11) cher
a) main course
b) waitress
c) cheap
d) expensive

12) carte
a) to order
b) soup spoon
c) menu
d) cheap

13) cuillière à soupe
a) setting
b) soup spoon
c) to eat
d) salad bowl

14) restaurent
a) restaurant
b) to eat
c) wine list
d) dinner

15) hors-d'oeuvre
a) waiter
b) to drink
c) main course
d) waitress

16) assoiffé
a) salad bowl
b) tablecloth
c) main course
d) thirsty

17) dessert
a) cheap
b) dessert
c) waiter
d) soup spoon

18) repas
a) expensive
b) meal
c) tablecloth
d) dessert

19) manger
a) soup bowl
b) to eat
c) cheap
d) meal

20) garçon
a) to drink
b) menu
c) dessert
d) waiter

21) saladier
a) tablecloth
b) cheap
c) salad bowl
d) thirsty

22) serveuse
a) dessert
b) hungry
c) thirsty
d) waitress

23) nappe
a) lunch
b) to eat
c) tablecloth
d) salad bowl

24) fourchette à salade
a) salad fork
b) waitress
c) dinner
d) setting

#157 - Restaurant
Select the closest English word to match the French word.

1) serveuse
a) waitress
b) waiter
c) lunch
d) thirsty

2) bol à soupe
a) hungry
b) expensive
c) waitress
d) soup bowl

3) boire
a) to eat
b) to order
c) thirsty
d) to drink

4) commander
a) soup bowl
b) to order
c) waiter
d) to drink

5) restaurent
a) restaurant
b) dinner
c) soup bowl
d) lunch

6) carte
a) to eat
b) menu
c) hungry
d) waitress

7) saladier
a) to eat
b) setting
c) hungry
d) salad bowl

8) assoiffé
a) dinner
b) thirsty
c) meal
d) lunch

9) dîner
a) cheap
b) salad bowl
c) wine list
d) dinner

10) déjeuner
a) waiter
b) to order
c) expensive
d) lunch

11) manger
a) to eat
b) restaurant
c) meal
d) tablecloth

12) cadre
a) hungry
b) dessert
c) setting
d) soup bowl

13) cuillière à soupe
a) setting
b) soup spoon
c) cheap
d) beverage

14) repas
a) thirsty
b) cheap
c) restaurant
d) meal

15) faim
a) thirsty
b) lunch
c) hungry
d) to drink

16) bon marché
a) restaurant
b) salad fork
c) cheap
d) dessert

17) nappe
a) hungry
b) salad fork
c) expensive
d) tablecloth

18) hors-d'oeuvre
a) dessert
b) salad bowl
c) to eat
d) main course

19) cher
a) expensive
b) cheap
c) waitress
d) main course

20) fourchette à salade
a) salad fork
b) menu
c) main course
d) restaurant

21) boisson
a) wine list
b) tablecloth
c) beverage
d) lunch

22) dessert
a) dessert
b) expensive
c) menu
d) setting

23) garçon
a) waiter
b) expensive
c) salad bowl
d) beverage

24) carte des vins
a) salad bowl
b) main course
c) wine list
d) waiter

#158 - Restaurant
Select the closest English word to match the French word.

1) hors-d'oeuvre
a) beverage
b) soup spoon
c) main course
d) tablecloth

2) garçon
a) soup spoon
b) main course
c) cheap
d) waiter

3) boire
a) main course
b) to order
c) waitress
d) to drink

4) cadre
a) hungry
b) thirsty
c) salad fork
d) setting

5) dessert
a) expensive
b) to order
c) tablecloth
d) dessert

6) bon marché
a) cheap
b) soup bowl
c) waiter
d) thirsty

7) commander
a) to eat
b) to order
c) wine list
d) soup bowl

8) boisson
a) restaurant
b) salad fork
c) meal
d) beverage

9) serveuse
a) waitress
b) dinner
c) to order
d) main course

10) cher
a) waitress
b) salad fork
c) expensive
d) restaurant

11) manger
a) salad fork
b) dessert
c) to eat
d) waitress

12) cuillière à soupe
a) to drink
b) soup spoon
c) dessert
d) soup bowl

13) carte des vins
a) wine list
b) lunch
c) beverage
d) expensive

14) saladier
a) salad bowl
b) waiter
c) cheap
d) soup spoon

15) nappe
a) hungry
b) tablecloth
c) to eat
d) cheap

16) bol à soupe
a) salad bowl
b) soup bowl
c) setting
d) thirsty

17) dîner
a) expensive
b) lunch
c) soup spoon
d) dinner

18) repas
a) meal
b) menu
c) thirsty
d) to order

19) déjeuner
a) beverage
b) lunch
c) to eat
d) expensive

20) carte
a) tablecloth
b) expensive
c) menu
d) restaurant

21) faim
a) expensive
b) meal
c) lunch
d) hungry

22) assoiffé
a) thirsty
b) hungry
c) wine list
d) to eat

23) fourchette à salade
a) salad fork
b) main course
c) setting
d) beverage

24) restaurent
a) salad fork
b) restaurant
c) salad bowl
d) waitress

#159 - Restaurant
Select the closest French word to match the English word.

1) salad fork
a) faim
b) fourchette à salade
c) repas
d) cuillière à soupe

2) lunch
a) déjeuner
b) garçon
c) carte des vins
d) dessert

3) soup bowl
a) dîner
b) bol à soupe
c) cher
d) saladier

4) dinner
a) cadre
b) bol à soupe
c) saladier
d) dîner

5) expensive
a) cuillière à soupe
b) cher
c) bol à soupe
d) cadre

6) waiter
a) repas
b) déjeuner
c) garçon
d) carte

7) beverage
a) boisson
b) déjeuner
c) serveuse
d) bol à soupe

8) dessert
a) garçon
b) boire
c) cuillière à soupe
d) dessert

9) restaurant
a) restaurent
b) manger
c) hors-d'oeuvre
d) faim

10) to drink
a) commander
b) boire
c) serveuse
d) fourchette à salade

11) main course
a) dessert
b) hors-d'oeuvre
c) déjeuner
d) dîner

12) cheap
a) boisson
b) dîner
c) bon marché
d) carte

13) soup spoon
a) cuillière à soupe
b) boire
c) dessert
d) nappe

14) menu
a) dîner
b) déjeuner
c) carte
d) hors-d'oeuvre

15) to eat
a) garçon
b) dîner
c) manger
d) assoiffé

16) meal
a) repas
b) nappe
c) manger
d) dîner

17) setting
a) serveuse
b) fourchette à salade
c) assoiffé
d) cadre

18) thirsty
a) cher
b) carte des vins
c) assoiffé
d) bon marché

19) wine list
a) restaurent
b) carte des vins
c) hors-d'oeuvre
d) saladier

20) to order
a) hors-d'oeuvre
b) cadre
c) serveuse
d) commander

21) hungry
a) boire
b) repas
c) nappe
d) faim

22) salad bowl
a) boire
b) saladier
c) déjeuner
d) serveuse

23) waitress
a) bol à soupe
b) serveuse
c) manger
d) faim

24) tablecloth
a) carte des vins
b) nappe
c) cuillière à soupe
d) garçon

167

#160 - Restaurant
Select the closest French word to match the English word.

1) lunch
a) manger
b) bon marché
c) bol à soupe
d) déjeuner

2) hungry
a) faim
b) bon marché
c) cadre
d) boire

3) to order
a) commander
b) faim
c) manger
d) cuillière à soupe

4) expensive
a) serveuse
b) hors-d'oeuvre
c) repas
d) cher

5) thirsty
a) restaurent
b) hors-d'oeuvre
c) assoiffé
d) fourchette à salade

6) to eat
a) manger
b) nappe
c) dîner
d) serveuse

7) beverage
a) commander
b) cadre
c) faim
d) boisson

8) dinner
a) bon marché
b) fourchette à salade
c) boire
d) dîner

9) meal
a) repas
b) boisson
c) faim
d) fourchette à salade

10) setting
a) carte des vins
b) cadre
c) manger
d) carte

11) wine list
a) cadre
b) commander
c) carte des vins
d) dessert

12) dessert
a) manger
b) dessert
c) fourchette à salade
d) saladier

13) waiter
a) assoiffé
b) cuillière à soupe
c) garçon
d) repas

14) soup bowl
a) dessert
b) bol à soupe
c) cuillière à soupe
d) dîner

15) waitress
a) nappe
b) dessert
c) garçon
d) serveuse

16) restaurant
a) carte
b) cher
c) restaurent
d) repas

17) tablecloth
a) fourchette à salade
b) cuillière à soupe
c) nappe
d) dîner

18) soup spoon
a) dîner
b) restaurent
c) cadre
d) cuillière à soupe

19) salad fork
a) fourchette à salade
b) carte des vins
c) déjeuner
d) cher

20) salad bowl
a) repas
b) saladier
c) bon marché
d) manger

21) main course
a) boisson
b) carte des vins
c) carte
d) hors-d'oeuvre

22) menu
a) carte
b) dessert
c) boisson
d) bol à soupe

23) cheap
a) cher
b) déjeuner
c) bon marché
d) cuillière à soupe

24) to drink
a) restaurent
b) nappe
c) garçon
d) boire

#161 - Restaurant
Select the closest French word to match the English word.

1) dessert
a) boisson
b) dessert
c) carte
d) cadre

2) beverage
a) boisson
b) carte
c) dessert
d) nappe

3) cheap
a) carte des vins
b) boire
c) cuillière à soupe
d) bon marché

4) expensive
a) dîner
b) cuillière à soupe
c) boire
d) cher

5) to drink
a) restaurent
b) faim
c) dessert
d) boire

6) to eat
a) carte
b) manger
c) boire
d) nappe

7) soup bowl
a) restaurent
b) cher
c) carte des vins
d) bol à soupe

8) to order
a) commander
b) cadre
c) repas
d) dessert

9) setting
a) cadre
b) boisson
c) carte des vins
d) hors-d'oeuvre

10) waiter
a) cher
b) dîner
c) cadre
d) garçon

11) meal
a) cuillière à soupe
b) carte des vins
c) serveuse
d) repas

12) main course
a) boisson
b) restaurent
c) hors-d'oeuvre
d) dessert

13) waitress
a) hors-d'oeuvre
b) déjeuner
c) assoiffé
d) serveuse

14) salad bowl
a) faim
b) saladier
c) cadre
d) cher

15) restaurant
a) hors-d'oeuvre
b) restaurent
c) boire
d) bol à soupe

16) wine list
a) dessert
b) carte des vins
c) cadre
d) boire

17) thirsty
a) serveuse
b) dîner
c) assoiffé
d) fourchette à salade

18) hungry
a) faim
b) bol à soupe
c) boire
d) serveuse

19) soup spoon
a) carte des vins
b) serveuse
c) cadre
d) cuillière à soupe

20) tablecloth
a) nappe
b) assoiffé
c) dîner
d) boire

21) dinner
a) garçon
b) manger
c) boisson
d) dîner

22) menu
a) repas
b) dessert
c) saladier
d) carte

23) salad fork
a) boisson
b) bon marché
c) saladier
d) fourchette à salade

24) lunch
a) déjeuner
b) carte des vins
c) bol à soupe
d) cher

169

#162 - Restaurant
Select the closest French word to match the English word.

1) soup bowl
a) bol à soupe
b) hors-d'oeuvre
c) assoiffé
d) restaurent

2) to eat
a) commander
b) cuillière à soupe
c) manger
d) dessert

3) salad fork
a) assoiffé
b) fourchette à salade
c) dîner
d) boisson

4) lunch
a) déjeuner
b) dessert
c) faim
d) dîner

5) cheap
a) hors-d'oeuvre
b) cadre
c) boire
d) bon marché

6) beverage
a) nappe
b) fourchette à salade
c) cuillière à soupe
d) boisson

7) menu
a) bon marché
b) carte
c) cuillière à soupe
d) nappe

8) dessert
a) boisson
b) assoiffé
c) dessert
d) fourchette à salade

9) waiter
a) bol à soupe
b) garçon
c) carte
d) hors-d'oeuvre

10) to order
a) commander
b) bol à soupe
c) boisson
d) nappe

11) meal
a) dessert
b) cadre
c) repas
d) restaurent

12) tablecloth
a) commander
b) déjeuner
c) garçon
d) nappe

13) thirsty
a) manger
b) assoiffé
c) bon marché
d) cadre

14) hungry
a) garçon
b) manger
c) hors-d'oeuvre
d) faim

15) dinner
a) boire
b) hors-d'oeuvre
c) dessert
d) dîner

16) waitress
a) carte des vins
b) serveuse
c) restaurent
d) cher

17) expensive
a) restaurent
b) cher
c) garçon
d) serveuse

18) main course
a) hors-d'oeuvre
b) bon marché
c) fourchette à salade
d) cuillière à soupe

19) wine list
a) bol à soupe
b) manger
c) restaurent
d) carte des vins

20) salad bowl
a) bon marché
b) cuillière à soupe
c) saladier
d) assoiffé

21) restaurant
a) boire
b) boisson
c) fourchette à salade
d) restaurent

22) setting
a) boire
b) cadre
c) faim
d) déjeuner

23) soup spoon
a) cuillière à soupe
b) cher
c) serveuse
d) carte des vins

24) to drink
a) faim
b) boisson
c) boire
d) repas

#163 - Restaurant
Select the closest French word to match the English word.

1) meal
a) dessert
b) repas
c) cuillière à soupe
d) fourchette à salade

2) dessert
a) dessert
b) cher
c) cadre
d) hors-d'oeuvre

3) setting
a) hors-d'oeuvre
b) faim
c) boire
d) cadre

4) expensive
a) cher
b) boisson
c) assoiffé
d) nappe

5) salad fork
a) cadre
b) dessert
c) cher
d) fourchette à salade

6) waitress
a) dîner
b) bon marché
c) serveuse
d) hors-d'oeuvre

7) thirsty
a) cuillière à soupe
b) assoiffé
c) hors-d'oeuvre
d) bon marché

8) main course
a) nappe
b) hors-d'oeuvre
c) bol à soupe
d) carte

9) menu
a) boire
b) nappe
c) carte
d) manger

10) tablecloth
a) manger
b) repas
c) cadre
d) nappe

11) to drink
a) saladier
b) boire
c) fourchette à salade
d) boisson

12) hungry
a) dîner
b) serveuse
c) déjeuner
d) faim

13) to order
a) serveuse
b) commander
c) boire
d) assoiffé

14) salad bowl
a) carte des vins
b) nappe
c) cadre
d) saladier

15) dinner
a) dîner
b) manger
c) bon marché
d) cadre

16) soup bowl
a) manger
b) bol à soupe
c) carte des vins
d) cadre

17) lunch
a) déjeuner
b) dîner
c) serveuse
d) faim

18) to eat
a) restaurent
b) bol à soupe
c) cher
d) manger

19) beverage
a) restaurent
b) boisson
c) bon marché
d) bol à soupe

20) restaurant
a) carte
b) restaurent
c) boire
d) déjeuner

21) wine list
a) cher
b) carte des vins
c) boire
d) saladier

22) waiter
a) garçon
b) cadre
c) assoiffé
d) carte des vins

23) cheap
a) fourchette à salade
b) bon marché
c) carte des vins
d) serveuse

24) soup spoon
a) cadre
b) faim
c) déjeuner
d) cuillière à soupe

#164 - Restaurant
Select the closest French word to match the English word.

1) waitress
a) assoiffé
b) saladier
c) bol à soupe
d) serveuse

2) soup spoon
a) cuillière à soupe
b) dîner
c) fourchette à salade
d) nappe

3) restaurant
a) faim
b) repas
c) restaurent
d) boisson

4) beverage
a) boisson
b) cher
c) garçon
d) déjeuner

5) main course
a) carte des vins
b) boisson
c) déjeuner
d) hors-d'oeuvre

6) expensive
a) cher
b) assoiffé
c) manger
d) dîner

7) cheap
a) hors-d'oeuvre
b) déjeuner
c) manger
d) bon marché

8) soup bowl
a) fourchette à salade
b) bol à soupe
c) hors-d'oeuvre
d) cuillière à soupe

9) menu
a) nappe
b) carte
c) serveuse
d) faim

10) salad bowl
a) saladier
b) serveuse
c) boisson
d) repas

11) to drink
a) boire
b) cuillière à soupe
c) nappe
d) assoiffé

12) to eat
a) hors-d'oeuvre
b) saladier
c) manger
d) bol à soupe

13) thirsty
a) assoiffé
b) carte des vins
c) boisson
d) bon marché

14) hungry
a) nappe
b) faim
c) commander
d) déjeuner

15) dinner
a) dîner
b) faim
c) assoiffé
d) boire

16) dessert
a) dessert
b) faim
c) cadre
d) nappe

17) waiter
a) boisson
b) garçon
c) boire
d) assoiffé

18) salad fork
a) carte des vins
b) fourchette à salade
c) boire
d) serveuse

19) meal
a) cher
b) repas
c) déjeuner
d) nappe

20) setting
a) cher
b) cadre
c) manger
d) commander

21) to order
a) commander
b) boire
c) garçon
d) nappe

22) tablecloth
a) saladier
b) nappe
c) bol à soupe
d) garçon

23) wine list
a) déjeuner
b) cher
c) dîner
d) carte des vins

24) lunch
a) repas
b) déjeuner
c) cher
d) fourchette à salade

#165 - Restaurant
Select the closest French word to match the English word.

1) to drink
a) cher
b) bon marché
c) restaurent
d) boire

2) dinner
a) nappe
b) dîner
c) saladier
d) garçon

3) menu
a) carte
b) commander
c) boire
d) nappe

4) to order
a) commander
b) restaurent
c) hors-d'oeuvre
d) dîner

5) restaurant
a) commander
b) manger
c) restaurent
d) faim

6) meal
a) nappe
b) manger
c) repas
d) cher

7) wine list
a) carte des vins
b) manger
c) carte
d) hors-d'oeuvre

8) expensive
a) serveuse
b) carte des vins
c) cher
d) cadre

9) waitress
a) dessert
b) boisson
c) cadre
d) serveuse

10) cheap
a) bon marché
b) déjeuner
c) garçon
d) fourchette à salade

11) soup bowl
a) cadre
b) cuillière à soupe
c) bol à soupe
d) manger

12) dessert
a) dîner
b) dessert
c) carte des vins
d) commander

13) to eat
a) manger
b) bon marché
c) cuillière à soupe
d) saladier

14) setting
a) cuillière à soupe
b) carte des vins
c) bon marché
d) cadre

15) salad bowl
a) dîner
b) saladier
c) cuillière à soupe
d) cadre

16) salad fork
a) carte
b) fourchette à salade
c) saladier
d) déjeuner

17) soup spoon
a) cuillière à soupe
b) assoiffé
c) cadre
d) commander

18) beverage
a) carte des vins
b) bol à soupe
c) dîner
d) boisson

19) main course
a) cuillière à soupe
b) hors-d'oeuvre
c) faim
d) cher

20) tablecloth
a) manger
b) saladier
c) nappe
d) carte

21) waiter
a) garçon
b) hors-d'oeuvre
c) boisson
d) fourchette à salade

22) hungry
a) repas
b) faim
c) dîner
d) serveuse

23) lunch
a) boisson
b) manger
c) déjeuner
d) cher

24) thirsty
a) nappe
b) cuillière à soupe
c) carte des vins
d) assoiffé

#166 - Vegetables
Select the closest English word to match the French word.

1) poivre
a) zucchini
b) corn
c) pepper
d) tomato

2) épinards
a) fennel
b) asparagus
c) cucumber
d) spinach

3) chou
a) radish
b) cabbage
c) onion
d) chick-peas

4) persil
a) parsley
b) cabbage
c) mushroom
d) beans

5) cornichons
a) gherkins
b) spinach
c) broccoli
d) pumpkin

6) radis
a) pepper
b) peas
c) radish
d) chick-peas

7) carotte
a) carrot
b) cabbage
c) celery
d) parsley

8) aubergine
a) chick-peas
b) pepper
c) aubergine
d) asparagus

9) céleri
a) celery
b) vegetable
c) pumpkin
d) potato

10) brocolis
a) pepper
b) corn
c) asparagus
d) broccoli

11) concombre
a) cucumber
b) pumpkin
c) cabbage
d) corn

12) fenouil
a) tomato
b) carrot
c) zucchini
d) fennel

13) tomate
a) aubergine
b) pumpkin
c) cabbage
d) tomato

14) oignon
a) aubergine
b) onion
c) fennel
d) corn

15) courgettes
a) zucchini
b) spinach
c) vegetable
d) corn

16) laitue
a) lettuce
b) onion
c) corn
d) vegetable

17) artichaut
a) onion
b) cucumber
c) zucchini
d) artichoke

18) maïs
a) cabbage
b) corn
c) parsley
d) gherkins

19) citrouille
a) pumpkin
b) gherkins
c) corn
d) broccoli

20) haricots
a) pepper
b) artichoke
c) asparagus
d) beans

21) petits pois
a) asparagus
b) zucchini
c) gherkins
d) peas

22) pois chiche
a) asparagus
b) corn
c) chick-peas
d) potato

23) ail
a) mushroom
b) garlic
c) asparagus
d) fennel

24) chou-fleur
a) broccoli
b) cauliflower
c) lettuce
d) chick-peas

#167 - Vegetables
Select the closest English word to match the French word.

1) légume
   a) carrot
   b) artichoke
   c) vegetable
   d) cauliflower

2) radis
   a) carrot
   b) potato
   c) celery
   d) radish

3) laitue
   a) cucumber
   b) chick-peas
   c) lettuce
   d) parsley

4) tomate
   a) potato
   b) tomato
   c) onion
   d) mushroom

5) petits pois
   a) beet
   b) peas
   c) carrot
   d) aubergine

6) carotte
   a) carrot
   b) peas
   c) celery
   d) corn

7) persil
   a) radish
   b) carrot
   c) parsley
   d) corn

8) champignon
   a) artichoke
   b) potato
   c) mushroom
   d) chick-peas

9) chou
   a) cabbage
   b) cucumber
   c) artichoke
   d) vegetable

10) brocolis
   a) artichoke
   b) aubergine
   c) broccoli
   d) parsley

11) citrouille
   a) pumpkin
   b) spinach
   c) cabbage
   d) pepper

12) épinards
   a) artichoke
   b) vegetable
   c) potato
   d) spinach

13) betterave
   a) garlic
   b) parsley
   c) pepper
   d) beet

14) chou-fleur
   a) chick-peas
   b) corn
   c) cauliflower
   d) onion

15) asperge
   a) pepper
   b) beet
   c) mushroom
   d) asparagus

16) haricots
   a) beans
   b) asparagus
   c) lettuce
   d) pumpkin

17) courgettes
   a) beet
   b) peas
   c) zucchini
   d) asparagus

18) maïs
   a) vegetable
   b) carrot
   c) mushroom
   d) corn

19) aubergine
   a) garlic
   b) parsley
   c) peas
   d) aubergine

20) céleri
   a) chick-peas
   b) radish
   c) onion
   d) celery

21) oignon
   a) onion
   b) fennel
   c) asparagus
   d) pepper

22) ail
   a) garlic
   b) parsley
   c) cabbage
   d) cucumber

23) artichaut
   a) garlic
   b) artichoke
   c) pumpkin
   d) cabbage

24) cornichons
   a) carrot
   b) asparagus
   c) beet
   d) gherkins

#168 - Vegetables
Select the closest English word to match the French word.

1) aubergine
a) carrot
b) spinach
c) aubergine
d) peas

2) chou-fleur
a) carrot
b) cauliflower
c) asparagus
d) cabbage

3) brocolis
a) pepper
b) onion
c) carrot
d) broccoli

4) carotte
a) onion
b) carrot
c) cauliflower
d) beans

5) concombre
a) cucumber
b) celery
c) vegetable
d) broccoli

6) céleri
a) celery
b) zucchini
c) broccoli
d) cucumber

7) pois chiche
a) tomato
b) gherkins
c) chick-peas
d) artichoke

8) persil
a) zucchini
b) celery
c) parsley
d) corn

9) asperge
a) asparagus
b) chick-peas
c) parsley
d) pumpkin

10) pomme de terre
a) spinach
b) lettuce
c) zucchini
d) potato

11) artichaut
a) cucumber
b) onion
c) artichoke
d) lettuce

12) champignon
a) cauliflower
b) corn
c) mushroom
d) broccoli

13) courgettes
a) radish
b) gherkins
c) zucchini
d) corn

14) légume
a) zucchini
b) chick-peas
c) tomato
d) vegetable

15) fenouil
a) fennel
b) beet
c) peas
d) lettuce

16) maïs
a) broccoli
b) zucchini
c) chick-peas
d) corn

17) tomate
a) zucchini
b) aubergine
c) tomato
d) beans

18) épinards
a) vegetable
b) spinach
c) artichoke
d) gherkins

19) poivre
a) spinach
b) cucumber
c) pepper
d) beet

20) petits pois
a) vegetable
b) artichoke
c) mushroom
d) peas

21) chou
a) beans
b) tomato
c) celery
d) cabbage

22) betterave
a) beet
b) asparagus
c) pepper
d) beans

23) citrouille
a) aubergine
b) broccoli
c) garlic
d) pumpkin

24) oignon
a) spinach
b) fennel
c) onion
d) tomato

#169 - Vegetables
Select the closest English word to match the French word.

1) brocolis
a) corn
b) beet
c) zucchini
d) broccoli

2) artichaut
a) gherkins
b) tomato
c) radish
d) artichoke

3) champignon
a) gherkins
b) mushroom
c) cabbage
d) cauliflower

4) radis
a) radish
b) spinach
c) cauliflower
d) cucumber

5) épinards
a) carrot
b) spinach
c) beans
d) tomato

6) concombre
a) cabbage
b) artichoke
c) broccoli
d) cucumber

7) maïs
a) corn
b) pumpkin
c) carrot
d) mushroom

8) aubergine
a) beans
b) onion
c) spinach
d) aubergine

9) oignon
a) asparagus
b) lettuce
c) onion
d) cauliflower

10) ail
a) cabbage
b) garlic
c) gherkins
d) onion

11) laitue
a) potato
b) lettuce
c) tomato
d) spinach

12) céleri
a) pumpkin
b) celery
c) aubergine
d) fennel

13) haricots
a) beans
b) broccoli
c) radish
d) celery

14) cornichons
a) asparagus
b) mushroom
c) cauliflower
d) gherkins

15) chou
a) cucumber
b) cauliflower
c) pepper
d) cabbage

16) poivre
a) broccoli
b) asparagus
c) beet
d) pepper

17) fenouil
a) fennel
b) tomato
c) garlic
d) radish

18) courgettes
a) aubergine
b) zucchini
c) onion
d) broccoli

19) persil
a) gherkins
b) parsley
c) artichoke
d) celery

20) carotte
a) cauliflower
b) vegetable
c) beans
d) carrot

21) tomate
a) cucumber
b) lettuce
c) cabbage
d) tomato

22) chou-fleur
a) cauliflower
b) radish
c) tomato
d) lettuce

23) betterave
a) cabbage
b) carrot
c) beet
d) asparagus

24) asperge
a) pepper
b) artichoke
c) asparagus
d) cauliflower

#170 - Vegetables
Select the closest English word to match the French word.

1) laitue
a) pepper
b) tomato
c) lettuce
d) aubergine

2) persil
a) parsley
b) corn
c) lettuce
d) broccoli

3) betterave
a) pepper
b) potato
c) cabbage
d) beet

4) artichaut
a) lettuce
b) artichoke
c) asparagus
d) cucumber

5) ail
a) broccoli
b) garlic
c) carrot
d) beet

6) oignon
a) broccoli
b) spinach
c) cabbage
d) onion

7) chou-fleur
a) cauliflower
b) vegetable
c) peas
d) fennel

8) maïs
a) corn
b) spinach
c) gherkins
d) asparagus

9) tomate
a) zucchini
b) celery
c) gherkins
d) tomato

10) poivre
a) pepper
b) spinach
c) peas
d) pumpkin

11) asperge
a) cauliflower
b) asparagus
c) radish
d) spinach

12) citrouille
a) radish
b) cabbage
c) pumpkin
d) cauliflower

13) carotte
a) carrot
b) mushroom
c) peas
d) potato

14) céleri
a) radish
b) celery
c) spinach
d) parsley

15) cornichons
a) beans
b) celery
c) corn
d) gherkins

16) pomme de terre
a) cucumber
b) mushroom
c) carrot
d) potato

17) brocolis
a) potato
b) garlic
c) corn
d) broccoli

18) haricots
a) beans
b) aubergine
c) chick-peas
d) peas

19) petits pois
a) cabbage
b) peas
c) corn
d) chick-peas

20) légume
a) onion
b) asparagus
c) corn
d) vegetable

21) aubergine
a) fennel
b) aubergine
c) onion
d) gherkins

22) épinards
a) pumpkin
b) mushroom
c) spinach
d) celery

23) concombre
a) cucumber
b) chick-peas
c) peas
d) zucchini

24) chou
a) cabbage
b) beans
c) potato
d) cucumber

#171 - Vegetables
Select the closest English word to match the French word.

1) concombre
a) tomato
b) cucumber
c) broccoli
d) vegetable

2) pois chiche
a) celery
b) spinach
c) chick-peas
d) gherkins

3) aubergine
a) corn
b) cauliflower
c) aubergine
d) radish

4) citrouille
a) pepper
b) fennel
c) pumpkin
d) gherkins

5) brocolis
a) radish
b) broccoli
c) pepper
d) cauliflower

6) cornichons
a) fennel
b) onion
c) gherkins
d) corn

7) betterave
a) corn
b) beet
c) spinach
d) aubergine

8) laitue
a) pumpkin
b) corn
c) lettuce
d) pepper

9) oignon
a) spinach
b) onion
c) aubergine
d) lettuce

10) maïs
a) zucchini
b) beet
c) cabbage
d) corn

11) fenouil
a) fennel
b) aubergine
c) artichoke
d) beet

12) ail
a) lettuce
b) fennel
c) tomato
d) garlic

13) chou
a) broccoli
b) cabbage
c) peas
d) aubergine

14) persil
a) tomato
b) pepper
c) aubergine
d) parsley

15) légume
a) vegetable
b) parsley
c) beet
d) broccoli

16) pomme de terre
a) parsley
b) chick-peas
c) pumpkin
d) potato

17) chou-fleur
a) cucumber
b) fennel
c) cauliflower
d) asparagus

18) radis
a) mushroom
b) beans
c) celery
d) radish

19) céleri
a) cauliflower
b) pepper
c) celery
d) gherkins

20) poivre
a) carrot
b) tomato
c) pepper
d) cucumber

21) champignon
a) lettuce
b) pepper
c) mushroom
d) spinach

22) carotte
a) carrot
b) potato
c) peas
d) asparagus

23) courgettes
a) corn
b) artichoke
c) zucchini
d) parsley

24) haricots
a) corn
b) beans
c) zucchini
d) gherkins

#172 - Vegetables
Select the closest English word to match the French word.

1) haricots
a) parsley
b) spinach
c) pepper
d) beans

2) citrouille
a) cabbage
b) aubergine
c) gherkins
d) pumpkin

3) ail
a) garlic
b) vegetable
c) potato
d) spinach

4) maïs
a) pumpkin
b) spinach
c) potato
d) corn

5) oignon
a) broccoli
b) zucchini
c) mushroom
d) onion

6) aubergine
a) gherkins
b) lettuce
c) aubergine
d) radish

7) cornichons
a) cauliflower
b) beans
c) gherkins
d) cabbage

8) légume
a) vegetable
b) carrot
c) tomato
d) lettuce

9) persil
a) celery
b) parsley
c) garlic
d) gherkins

10) brocolis
a) broccoli
b) cucumber
c) asparagus
d) fennel

11) petits pois
a) tomato
b) peas
c) radish
d) celery

12) asperge
a) lettuce
b) pepper
c) onion
d) asparagus

13) fenouil
a) mushroom
b) fennel
c) zucchini
d) garlic

14) pomme de terre
a) zucchini
b) tomato
c) aubergine
d) potato

15) laitue
a) radish
b) lettuce
c) artichoke
d) tomato

16) artichaut
a) artichoke
b) chick-peas
c) cauliflower
d) vegetable

17) betterave
a) tomato
b) onion
c) carrot
d) beet

18) chou
a) gherkins
b) cabbage
c) celery
d) tomato

19) carotte
a) radish
b) asparagus
c) carrot
d) tomato

20) épinards
a) fennel
b) tomato
c) spinach
d) artichoke

21) courgettes
a) asparagus
b) garlic
c) pepper
d) zucchini

22) tomate
a) corn
b) cucumber
c) tomato
d) potato

23) poivre
a) broccoli
b) peas
c) chick-peas
d) pepper

24) champignon
a) zucchini
b) lettuce
c) mushroom
d) broccoli

#173 - Vegetables
Select the closest English word to match the French word.

1) concombre
a) corn
b) beans
c) cucumber
d) garlic

2) maïs
a) carrot
b) radish
c) corn
d) cucumber

3) céleri
a) broccoli
b) mushroom
c) celery
d) garlic

4) asperge
a) cabbage
b) asparagus
c) broccoli
d) chick-peas

5) tomate
a) tomato
b) pumpkin
c) lettuce
d) zucchini

6) haricots
a) broccoli
b) beans
c) beet
d) pepper

7) chou
a) zucchini
b) chick-peas
c) cabbage
d) asparagus

8) radis
a) radish
b) garlic
c) artichoke
d) cauliflower

9) citrouille
a) pumpkin
b) chick-peas
c) zucchini
d) broccoli

10) pois chiche
a) corn
b) chick-peas
c) carrot
d) pepper

11) laitue
a) garlic
b) parsley
c) lettuce
d) gherkins

12) cornichons
a) gherkins
b) zucchini
c) chick-peas
d) aubergine

13) légume
a) mushroom
b) beans
c) vegetable
d) celery

14) aubergine
a) spinach
b) beet
c) aubergine
d) chick-peas

15) carotte
a) onion
b) carrot
c) pumpkin
d) artichoke

16) pomme de terre
a) potato
b) aubergine
c) garlic
d) pumpkin

17) fenouil
a) zucchini
b) fennel
c) vegetable
d) asparagus

18) persil
a) parsley
b) onion
c) beet
d) fennel

19) oignon
a) pumpkin
b) aubergine
c) fennel
d) onion

20) artichaut
a) artichoke
b) zucchini
c) cabbage
d) tomato

21) courgettes
a) chick-peas
b) zucchini
c) asparagus
d) beet

22) ail
a) vegetable
b) pepper
c) chick-peas
d) garlic

23) betterave
a) peas
b) fennel
c) radish
d) beet

24) petits pois
a) gherkins
b) peas
c) zucchini
d) celery

#174 - Vegetables
Select the closest French word to match the English word.

1) parsley
a) artichaut
b) betterave
c) persil
d) pomme de terre

2) beans
a) haricots
b) cornichons
c) asperge
d) céleri

3) broccoli
a) cornichons
b) pois chiche
c) brocolis
d) légume

4) mushroom
a) pois chiche
b) champignon
c) légume
d) oignon

5) garlic
a) ail
b) cornichons
c) asperge
d) pois chiche

6) gherkins
a) épinards
b) cornichons
c) ail
d) céleri

7) potato
a) tomate
b) oignon
c) pomme de terre
d) cornichons

8) artichoke
a) céleri
b) artichaut
c) oignon
d) aubergine

9) spinach
a) radis
b) artichaut
c) épinards
d) laitue

10) peas
a) céleri
b) radis
c) petits pois
d) chou-fleur

11) onion
a) oignon
b) céleri
c) petits pois
d) pois chiche

12) cauliflower
a) persil
b) pois chiche
c) chou-fleur
d) brocolis

13) beet
a) oignon
b) chou-fleur
c) concombre
d) betterave

14) tomato
a) citrouille
b) légume
c) tomate
d) aubergine

15) zucchini
a) ail
b) asperge
c) poivre
d) courgettes

16) carrot
a) laitue
b) tomate
c) artichaut
d) carotte

17) pepper
a) poivre
b) radis
c) persil
d) courgettes

18) asparagus
a) laitue
b) ail
c) fenouil
d) asperge

19) corn
a) poivre
b) maïs
c) radis
d) tomate

20) pumpkin
a) épinards
b) cornichons
c) champignon
d) citrouille

21) chick-peas
a) citrouille
b) maïs
c) asperge
d) pois chiche

22) cucumber
a) ail
b) radis
c) concombre
d) asperge

23) cabbage
a) légume
b) chou
c) courgettes
d) fenouil

24) radish
a) radis
b) fenouil
c) oignon
d) pomme de terre

#175 - Vegetables
Select the closest French word to match the English word.

1) vegetable
a) chou
b) aubergine
c) légume
d) concombre

2) aubergine
a) concombre
b) carotte
c) poivre
d) aubergine

3) pumpkin
a) champignon
b) citrouille
c) tomate
d) betterave

4) asparagus
a) chou-fleur
b) légume
c) asperge
d) chou

5) cabbage
a) pois chiche
b) poivre
c) chou
d) courgettes

6) lettuce
a) concombre
b) fenouil
c) laitue
d) citrouille

7) garlic
a) laitue
b) ail
c) aubergine
d) citrouille

8) radish
a) radis
b) épinards
c) cornichons
d) petits pois

9) potato
a) pomme de terre
b) laitue
c) citrouille
d) artichaut

10) broccoli
a) radis
b) aubergine
c) brocolis
d) haricots

11) artichoke
a) artichaut
b) haricots
c) épinards
d) chou-fleur

12) cauliflower
a) chou-fleur
b) concombre
c) oignon
d) fenouil

13) peas
a) chou
b) citrouille
c) épinards
d) petits pois

14) mushroom
a) artichaut
b) radis
c) champignon
d) laitue

15) tomato
a) ail
b) tomate
c) oignon
d) haricots

16) zucchini
a) cornichons
b) radis
c) courgettes
d) poivre

17) beans
a) brocolis
b) persil
c) haricots
d) oignon

18) chick-peas
a) pois chiche
b) brocolis
c) haricots
d) betterave

19) fennel
a) persil
b) légume
c) fenouil
d) petits pois

20) onion
a) citrouille
b) asperge
c) haricots
d) oignon

21) corn
a) haricots
b) poivre
c) maïs
d) artichaut

22) gherkins
a) ail
b) pois chiche
c) cornichons
d) chou

23) parsley
a) céleri
b) aubergine
c) persil
d) pomme de terre

24) carrot
a) carotte
b) aubergine
c) artichaut
d) citrouille

#176 - Vegetables
Select the closest French word to match the English word.

1) chick-peas
a) tomate
b) maïs
c) chou
d) pois chiche

2) cucumber
a) asperge
b) brocolis
c) concombre
d) petits pois

3) broccoli
a) asperge
b) artichaut
c) brocolis
d) chou-fleur

4) artichoke
a) chou-fleur
b) brocolis
c) artichaut
d) asperge

5) peas
a) oignon
b) radis
c) petits pois
d) asperge

6) potato
a) radis
b) concombre
c) chou
d) pomme de terre

7) lettuce
a) laitue
b) aubergine
c) courgettes
d) radis

8) carrot
a) épinards
b) cornichons
c) carotte
d) chou-fleur

9) fennel
a) laitue
b) fenouil
c) oignon
d) artichaut

10) asparagus
a) tomate
b) asperge
c) céleri
d) concombre

11) cauliflower
a) pois chiche
b) légume
c) chou-fleur
d) maïs

12) cabbage
a) betterave
b) tomate
c) asperge
d) chou

13) radish
a) champignon
b) radis
c) brocolis
d) pomme de terre

14) pumpkin
a) laitue
b) artichaut
c) citrouille
d) fenouil

15) spinach
a) tomate
b) céleri
c) épinards
d) chou

16) beet
a) épinards
b) champignon
c) maïs
d) betterave

17) parsley
a) légume
b) fenouil
c) persil
d) petits pois

18) beans
a) haricots
b) pois chiche
c) épinards
d) chou

19) aubergine
a) chou
b) tomate
c) aubergine
d) pois chiche

20) tomato
a) petits pois
b) maïs
c) pois chiche
d) tomate

21) vegetable
a) légume
b) artichaut
c) laitue
d) carotte

22) gherkins
a) fenouil
b) carotte
c) cornichons
d) pois chiche

23) pepper
a) poivre
b) radis
c) pomme de terre
d) ail

24) celery
a) épinards
b) céleri
c) pomme de terre
d) petits pois

#177 - Vegetables
Select the closest French word to match the English word.

1) fennel
a) pois chiche
b) betterave
c) maïs
d) fenouil

2) potato
a) pois chiche
b) pomme de terre
c) chou-fleur
d) laitue

3) tomato
a) aubergine
b) concombre
c) artichaut
d) tomate

4) garlic
a) ail
b) courgettes
c) céleri
d) pois chiche

5) celery
a) asperge
b) céleri
c) pois chiche
d) artichaut

6) beet
a) courgettes
b) cornichons
c) maïs
d) betterave

7) gherkins
a) asperge
b) cornichons
c) carotte
d) aubergine

8) spinach
a) chou-fleur
b) artichaut
c) petits pois
d) épinards

9) onion
a) haricots
b) laitue
c) épinards
d) oignon

10) beans
a) fenouil
b) chou
c) haricots
d) tomate

11) broccoli
a) laitue
b) fenouil
c) maïs
d) brocolis

12) pepper
a) poivre
b) persil
c) asperge
d) betterave

13) artichoke
a) betterave
b) artichaut
c) petits pois
d) asperge

14) corn
a) pomme de terre
b) épinards
c) pois chiche
d) maïs

15) radish
a) tomate
b) petits pois
c) citrouille
d) radis

16) mushroom
a) aubergine
b) concombre
c) pomme de terre
d) champignon

17) cucumber
a) céleri
b) légume
c) pois chiche
d) concombre

18) carrot
a) poivre
b) légume
c) oignon
d) carotte

19) pumpkin
a) poivre
b) artichaut
c) citrouille
d) ail

20) cabbage
a) épinards
b) radis
c) chou
d) concombre

21) peas
a) légume
b) petits pois
c) courgettes
d) épinards

22) cauliflower
a) chou-fleur
b) carotte
c) brocolis
d) asperge

23) lettuce
a) persil
b) pomme de terre
c) ail
d) laitue

24) zucchini
a) courgettes
b) légume
c) asperge
d) brocolis

#178 - Vegetables
Select the closest French word to match the English word.

1) spinach
a) concombre
b) pois chiche
c) radis
d) épinards

2) mushroom
a) pomme de terre
b) citrouille
c) champignon
d) oignon

3) garlic
a) laitue
b) ail
c) céleri
d) artichaut

4) beet
a) épinards
b) betterave
c) cornichons
d) tomate

5) asparagus
a) champignon
b) aubergine
c) asperge
d) petits pois

6) zucchini
a) laitue
b) courgettes
c) céleri
d) oignon

7) broccoli
a) laitue
b) brocolis
c) petits pois
d) chou

8) corn
a) radis
b) maïs
c) tomate
d) oignon

9) aubergine
a) aubergine
b) laitue
c) légume
d) radis

10) peas
a) chou
b) petits pois
c) cornichons
d) pomme de terre

11) vegetable
a) ail
b) épinards
c) laitue
d) légume

12) carrot
a) poivre
b) pois chiche
c) carotte
d) oignon

13) celery
a) céleri
b) ail
c) concombre
d) haricots

14) potato
a) courgettes
b) pois chiche
c) pomme de terre
d) céleri

15) cucumber
a) tomate
b) épinards
c) pomme de terre
d) concombre

16) lettuce
a) persil
b) laitue
c) courgettes
d) carotte

17) beans
a) artichaut
b) brocolis
c) betterave
d) haricots

18) tomato
a) pomme de terre
b) tomate
c) cornichons
d) légume

19) onion
a) asperge
b) cornichons
c) oignon
d) maïs

20) fennel
a) haricots
b) betterave
c) pomme de terre
d) fenouil

21) pumpkin
a) radis
b) citrouille
c) carotte
d) chou

22) pepper
a) poivre
b) carotte
c) chou-fleur
d) concombre

23) cabbage
a) chou-fleur
b) brocolis
c) chou
d) tomate

24) radish
a) concombre
b) radis
c) tomate
d) betterave

#179 - Vegetables
Select the closest French word to match the English word.

1) broccoli
a) courgettes
b) légume
c) laitue
d) brocolis

2) lettuce
a) haricots
b) légume
c) laitue
d) concombre

3) pepper
a) légume
b) cornichons
c) oignon
d) poivre

4) garlic
a) haricots
b) champignon
c) ail
d) betterave

5) corn
a) chou
b) concombre
c) maïs
d) radis

6) pumpkin
a) tomate
b) chou
c) betterave
d) citrouille

7) vegetable
a) pois chiche
b) légume
c) fenouil
d) carotte

8) spinach
a) asperge
b) cornichons
c) carotte
d) épinards

9) onion
a) courgettes
b) poivre
c) oignon
d) aubergine

10) artichoke
a) haricots
b) artichaut
c) fenouil
d) chou-fleur

11) carrot
a) légume
b) carotte
c) laitue
d) champignon

12) chick-peas
a) pois chiche
b) courgettes
c) haricots
d) oignon

13) gherkins
a) radis
b) chou-fleur
c) cornichons
d) oignon

14) aubergine
a) légume
b) tomate
c) aubergine
d) poivre

15) peas
a) petits pois
b) pomme de terre
c) céleri
d) courgettes

16) beans
a) haricots
b) aubergine
c) concombre
d) citrouille

17) celery
a) pois chiche
b) aubergine
c) céleri
d) fenouil

18) fennel
a) courgettes
b) aubergine
c) champignon
d) fenouil

19) tomato
a) petits pois
b) tomate
c) pois chiche
d) légume

20) mushroom
a) champignon
b) chou-fleur
c) aubergine
d) petits pois

21) radish
a) radis
b) légume
c) laitue
d) cornichons

22) cucumber
a) épinards
b) chou-fleur
c) concombre
d) cornichons

23) asparagus
a) citrouille
b) pomme de terre
c) asperge
d) maïs

24) potato
a) artichaut
b) laitue
c) pomme de terre
d) chou-fleur

#180 - Vegetables
Select the closest French word to match the English word.

1) tomato
   a) tomate
   b) artichaut
   c) persil
   d) pois chiche

2) beans
   a) carotte
   b) betterave
   c) haricots
   d) concombre

3) mushroom
   a) petits pois
   b) chou-fleur
   c) champignon
   d) laitue

4) spinach
   a) épinards
   b) fenouil
   c) aubergine
   d) brocolis

5) gherkins
   a) pois chiche
   b) citrouille
   c) cornichons
   d) pomme de terre

6) artichoke
   a) ail
   b) laitue
   c) artichaut
   d) champignon

7) carrot
   a) légume
   b) haricots
   c) carotte
   d) concombre

8) vegetable
   a) ail
   b) maïs
   c) champignon
   d) légume

9) cauliflower
   a) poivre
   b) citrouille
   c) laitue
   d) chou-fleur

10) asparagus
   a) asperge
   b) ail
   c) poivre
   d) laitue

11) potato
   a) pomme de terre
   b) cornichons
   c) citrouille
   d) ail

12) zucchini
   a) laitue
   b) courgettes
   c) concombre
   d) céleri

13) pepper
   a) brocolis
   b) artichaut
   c) poivre
   d) citrouille

14) peas
   a) carotte
   b) petits pois
   c) citrouille
   d) fenouil

15) lettuce
   a) laitue
   b) artichaut
   c) épinards
   d) poivre

16) beet
   a) chou
   b) fenouil
   c) carotte
   d) betterave

17) parsley
   a) chou-fleur
   b) carotte
   c) persil
   d) céleri

18) fennel
   a) fenouil
   b) aubergine
   c) courgettes
   d) laitue

19) cabbage
   a) pois chiche
   b) maïs
   c) fenouil
   d) chou

20) onion
   a) poivre
   b) oignon
   c) persil
   d) carotte

21) corn
   a) chou
   b) aubergine
   c) oignon
   d) maïs

22) broccoli
   a) courgettes
   b) asperge
   c) brocolis
   d) chou

23) pumpkin
   a) laitue
   b) citrouille
   c) chou
   d) tomate

24) cucumber
   a) poivre
   b) artichaut
   c) concombre
   d) haricots

Solutions

#1 - 1) a - connection 2) a - passport 3) a - gangway 4) d - to take off 5) a - to fly 6) a - stewardess 7) a - crew 8) d - no smoking 9) d - round trip ticket 10) d - liftoff 11) d - flying 12) a - single ticket 13) d - cabin 14) c - boarding pass 15) c - check-in 16) a - to check bags 17) c - seat 18) d - to declare 19) c - suitcase 20) d - security 21) c - smoking 22) a - ticket agent 23) a - pilot 24) c - metal detector

#2 - 1) b - information 2) b - direct 3) d - ticket agent 4) a - land 5) b - check-in 6) c - to cancel 7) d - passenger 8) a - gate 9) d - toilet 10) a - suitcase 11) a - cabin 12) c - first class 13) a - life preserver 14) a - travel agency 15) b - weight 16) c - airplane 17) b - connection 18) a - altitude 19) a - departure 20) a - nonstop 21) c - economy class 22) a - wing 23) d - luggage 24) c - emergency

#3 - 1) a - departure 2) d - runway 3) a - economy class 4) c - gate 5) c - luggage 6) a - domestic 7) d - helipad 8) d - first class 9) d - suitcase 10) c - weight 11) d - crew 12) c - to take off 13) b - round trip ticket 14) a - oxygen 15) a - toilet 16) d - passenger 17) b - connection 18) a - copilot 19) d - smoking 20) d - to declare 21) a - travel agency 22) a - liftoff 23) c - tray 24) a - wing

#4 - 1) a - turbulence 2) d - stewardess 3) a - domestic 4) d - travel agency 5) c - ticket 6) b - late 7) c - oxygen 8) a - passenger 9) c - no smoking 10) a - life preserver 11) c - to carry 12) d - non-smoking 13) a - airport 14) c - helipad 15) d - to cancel 16) a - international 17) c - to board 18) a - destination 19) b - check-in 20) a - security 21) c - departure 22) a - luggage 23) b - round trip ticket 24) a - economy class

#5 - 1) c - travel agency 2) c - suitcase 3) d - turbulence 4) b - passport 5) c - check-in 6) a - wheel 7) a - airplane 8) a - air hostess 9) b - international 10) d - gangway 11) b - emergency 12) b - economy class 13) a - ticket 14) b - departure 15) b - copilot 16) d - destination 17) d - flying 18) a - to check bags 19) d - pilot 20) d - passenger 21) a - smoking 22) d - toilet 23) d - crew 24) d - hangar

#6 - 1) b - to land 2) c - gate 3) d - departure 4) a - airport 5) b - helipad 6) b - to fly 7) d - gangway 8) a - to declare 9) c - no smoking 10) b - suitcase 11) a - wing 12) c - ticket 13) b - liftoff 14) d - hangar 15) d - domestic 16) c - to cancel 17) a - pilot 18) d - air hostess 19) d - duty-free 20) a - to board 21) d - toilet 22) b - copilot 23) c - rucksack 24) a - land

#7 - 1) c - to board 2) a - information 3) d - helicopter 4) a - altitude 5) d - copilot 6) a - rucksack 7) d - non-smoking 8) a - window 9) a - single ticket 10) d - passenger 11) c - stewardess 12) d - pilot 13) b - helipad 14) a - arrival 15) d - departure 16) a - tray 17) c - to fly 18) b - international 19) a - ticket agent 20) a - first class 21) a - liftoff 22) a - to sit down 23) c - to check bags 24) c - airplane

#8 - 1) a - life preserver 2) c - copilot 3) b - officer 4) b - information 5) d - window 6) a - to carry 7) b - to check bags 8) c - early 9) a - luggage 10) d - late 11) d - metal detector 12) a - smoking 13) b - to board 14) d - toilet 15) d - hangar 16) b - destination 17) b - ticket agent 18) d - single ticket 19) a - wing 20) a - altitude 21) c - non-smoking 22) a - gangway 23) a - nonstop 24) a - runway

Solutions

#9 - 1) c - plateau   2) b - hôstesse de l'air   3) c - enregistrement   4) b - direct   5) c - allée centrale
6) a - tôt   7) c - urgence   8) d - non-fumeur   9) b - toilette   10) a - fenêtre   11) d - voler   12) c - place
13) d - hors-taxes   14) a - hangar   15) b - classe économique   16) a - équipage   17) a - écouteurs
18) a - tard   19) b - officier   20) a - aéroport   21) a - copilote   22) a - vol direct   23) a - gilet de sauvetage
24) b - aller simple

#10 - 1) a - bagage   2) c - hors-taxes   3) d - aile   4) a - voler   5) b - détecteur de métal   6) b - hangar
7) a - aller-retour   8) c - fenêtre   9) a - arrivée   10) d - s'embarquer   11) b - vendeur de billet   12) a - vol
direct   13) b - sécurité   14) b - avion   15) d - terre   16) b - direct   17) d - tôt   18) a - hélicoptère
19) a - vol   20) c - enregistrement   21) a - allée centrale   22) d - altitude   23) b - hélistation   24) a - billet

#11 - 1) b - poids   2) b - sécurité   3) b - correspondance   4) a - départ   5) b - piste   6) b - terre
7) b - écouteurs   8) d - destination   9) c - information   10) d - hélicoptère   11) b - aller-retour
12) a - tard   13) c - place   14) d - urgence   15) d - aéroport   16) b - fenêtre   17) a - annuler
18) b - officier   19) b - hôtesse de l'air   20) d - aile   21) c - direct   22) a - roue   23) b - gilet de sauvetage
24) d - valise

#12 - 1) c - place   2) d - destination   3) d - décoler   4) d - sécurité   5) a - non-fumeur   6) b - aéroport
7) c - hangar   8) b - plateau   9) d - arrivée   10) b - passeport   11) c - hélistation   12) c - bagage
13) c - tôt   14) c - hôtesse de l'air   15) c - défense de fumer   16) c - fumeur   17) b - toilette   18) a - hors-
taxes   19) d - direct   20) d - hélicoptère   21) c - fenêtre   22) a - salle d'embarquement   23) b - billet
24) d - vendeur de billet

#13 - 1) b - allée centrale   2) d - terre   3) b - valise   4) d - bagage   5) b - hangar   6) a - copilote
7) c - cabine   8) d - place   9) a - équipage   10) b - sac à dos   11) a - hors-taxes   12) d - passager
13) d - première classe   14) a - hélistation   15) d - vérifier les sacs   16) b - décoler   17) b - défense de
fumer   18) d - vol   19) b - piste   20) d - arrivée   21) a - déclarer   22) d - fenêtre   23) a - sécurité
24) a - information

#14 - 1) a - hors-taxes   2) d - fumeur   3) b - toilette   4) b - hôtesse de l'air   5) b - aller simple
6) d - vendeur de billet   7) b - tard   8) c - hélicoptère   9) d - oxygène   10) d - bagage   11) d - cabine
12) d - hôtesse de l'air   13) a - équipage   14) a - avion   15) b - passeport   16) a - correspondance
17) c - tôt   18) b - urgence   19) c - hélistation   20) c - atterrir   21) a - fenêtre   22) b - classe économique
23) b - agence de voyage   24) c - information

#15 - 1) b - international   2) a - première classe   3) b - cabine   4) d - toilette   5) b - annuler   6) b - vol
direct   7) c - vendeur de billet   8) b - aller simple   9) a - valise   10) c - décollage   11) c - information
12) c - porter   13) b - décoler   14) b - passager   15) a - plateau   16) b - sécurité   17) c - hôtesse de l'air
18) a - sac à dos   19) c - carte d'embarquement   20) d - pilote   21) c - aile   22) b - roue   23) d - écouteurs
24) c - urgence

#16 - 1) a - gorilla   2) c - cougar   3) a - mule   4) b - rat   5) d - panda   6) a - horse   7) d - hippopotamus
8) d - deer   9) b - beaver   10) d - wallaby   11) b - llama   12) a - bear   13) c - snake   14) d - camel
15) d - toad   16) d - donkey   17) d - tiger   18) c - kangaroo   19) d - monkey   20) c - fox   21) a - panther
22) b - dog   23) c - cat   24) c - porcupine

Solutions

#17 - 1) b - armadillo 2) c - zebra 3) d - aardvark 4) d - mule 5) d - baboon 6) c - horse 7) c - buffalo 8) a - pig 9) c - giraffe 10) c - hippopotamus 11) d - lamb 12) d - animal 13) c - wolf 14) b - bull 15) d - cow 16) d - hyena 17) b - cat 18) b - fox 19) a - crocodile 20) d - goat 21) b - rabbit 22) c - panther 23) a - toad 24) d - deer

#18 - 1) a - hippopotamus 2) c - rat 3) c - toad 4) a - wolf 5) a - animal 6) c - lion 7) d - tiger 8) b - cougar 9) a - fox 10) d - wallaby 11) b - leopard 12) b - porcupine 13) a - gorilla 14) b - mouse 15) a - gazelle 16) b - frog 17) a - dog 18) b - bobcat 19) a - armadillo 20) b - crocodile 21) c - pig 22) c - lamb 23) a - hyena 24) b - bear

#19 - 1) a - tortoise 2) d - anteater 3) b - mule 4) d - sheep 5) d - camel 6) d - ocelot 7) a - wolf 8) a - buffalo 9) a - hippopotamus 10) d - hyena 11) c - cougar 12) d - pig 13) c - koala 14) a - rat 15) d - baboon 16) d - gazelle 17) c - pup 18) c - bull 19) c - lion 20) c - animal 21) d - toad 22) d - cheetah 23) a - lamb 24) c - llama

#20 - 1) c - giraffe 2) a - cat 3) c - aardvark 4) b - squirrel 5) b - donkey 6) d - badger 7) a - horse 8) d - mule 9) d - beaver 10) a - jaguar 11) b - sheep 12) b - armadillo 13) d - leopard 14) c - alligator 15) d - llama 16) b - cougar 17) d - little dog 18) b - koala 19) b - hippopotamus 20) d - lion 21) a - rhinoceros 22) a - zebra 23) b - bobcat 24) d - toad

#21 - 1) b - llama 2) c - pup 3) d - rabbit 4) d - crocodile 5) b - mouse 6) b - ocelot 7) b - donkey 8) a - jaguar 9) c - toad 10) d - gazelle 11) a - anteater 12) b - lion 13) a - snake 14) d - cheetah 15) a - monkey 16) a - hyena 17) d - chipmunk 18) d - wallaby 19) c - wolf 20) c - cat 21) d - beaver 22) d - cougar 23) a - frog 24) d - buffalo

#22 - 1) b - rat 2) a - anteater 3) b - gorilla 4) b - tiger 5) c - llama 6) c - badger 7) a - hyena 8) c - squirrel 9) a - little dog 10) c - cat 11) b - pup 12) a - monkey 13) d - lion 14) d - deer 15) a - cougar 16) b - pig 17) d - hippopotamus 18) a - horse 19) b - baboon 20) d - toad 21) a - bobcat 22) b - goat 23) a - crocodile 24) c - chipmunk

#23 - 1) d - tiger 2) d - hyena 3) b - animal 4) d - lamb 5) b - zebra 6) d - donkey 7) a - kangaroo 8) a - horse 9) d - jaguar 10) d - pig 11) d - baboon 12) b - tortoise 13) c - giraffe 14) b - beaver 15) b - badger 16) c - wallaby 17) a - rabbit 18) d - lion 19) a - snake 20) b - koala 21) d - pup 22) c - bull 23) a - little dog 24) c - aardvark

#24 - 1) d - tigre 2) d - serpent 3) a - cochon 4) c - lynx 5) a - mulet 6) b - petit chien 7) c - mouton 8) c - baudet 9) c - chat 10) c - porc-épic 11) a - tamanoir 12) c - cerf 13) d - chien 14) c - loup 15) b - panda 16) b - taureau 17) d - tamias rayé 18) b - lama 19) d - koala 20) d - couguar 21) c - rat 22) c - hippopotame 23) a - guépard 24) a - girafe

Solutions

#25 - 1) c - hippopotame   2) b - baudet   3) d - chameau   4) c - petit chien   5) d - renard   6) c - souris   7) c - cochon   8) c - jaguar   9) b - oryctérope du Cap   10) b - taureau   11) b - wallaby   12) b - kangourou   13) c - mouton   14) c - ours   15) b - alligator   16) c - blaireau   17) c - serpent   18) c - rhinocéros   19) a - porc-épic   20) c - panthère   21) b - loup   22) c - rat   23) a - tortue   24) d - girafe

#26 - 1) c - serpent   2) b - gorille   3) d - kangourou   4) c - tigre   5) d - mulet   6) a - singe   7) c - porc-épic   8) c - léopard   9) c - panda   10) d - mouton   11) b - chameau   12) a - chiot   13) c - castor   14) b - éléphant   15) b - petit chien   16) b - crapaud   17) b - lapin   18) d - cochon   19) a - taureau   20) c - lama   21) d - couguar   22) a - blaireau   23) b - cheval   24) d - babouin

#27 - 1) a - tatou   2) d - bison   3) c - blaireau   4) b - panthère   5) c - couguar   6) c - singe   7) a - mulet   8) d - léopard   9) d - girafe   10) b - alligator   11) c - zèbre   12) a - gorille   13) d - taureau   14) a - ours   15) b - tortue   16) b - hyène   17) b - lama   18) a - petit chien   19) b - agneau   20) c - tamanoir   21) b - vache   22) b - tamias rayé   23) d - gazelle   24) c - kangourou

#28 - 1) a - porc-épic   2) d - wallaby   3) c - cochon   4) d - panthère   5) d - alligator   6) c - cheval   7) c - renard   8) d - koala   9) d - hippopotame   10) c - bison   11) c - tigre   12) c - singe   13) c - babouin   14) d - tamanoir   15) b - couguar   16) a - loup   17) a - tatou   18) c - gorille   19) b - lynx   20) a - guépard   21) c - tamias rayé   22) b - chameau   23) d - grenouille   24) d - zèbre

#29 - 1) c - tigre   2) b - ours   3) a - tortue   4) d - souris   5) d - blaireau   6) b - léopard   7) c - couguar   8) d - rat   9) a - crapaud   10) a - éléphant   11) b - oryctérope du Cap   12) d - lynx   13) b - panthère   14) d - zèbre   15) b - kangourou   16) d - girafe   17) c - jaguar   18) d - cochon   19) c - baudet   20) b - gazelle   21) c - grenouille   22) a - animal   23) b - panda   24) d - guépard

#30 - 1) a - hyène   2) b - loup   3) c - lama   4) d - animal   5) b - léopard   6) c - cochon   7) d - couguar   8) a - kangourou   9) d - bison   10) c - tamias rayé   11) c - taureau   12) a - lynx   13) b - oryctérope du Cap   14) b - souris   15) c - vache   16) c - ours   17) c - crapaud   18) c - panda   19) c - serpent   20) a - baudet   21) a - jaguar   22) d - guépard   23) c - wallaby   24) d - chiot

#31 - 1) c - cot   2) a - roof   3) a - shower curtain   4) c - dishwasher   5) d - wall   6) c - drawer   7) d - pillow   8) b - blender   9) c - bottle   10) c - alarm clock   11) d - telephone   12) a - broom   13) d - toaster   14) d - television   15) b - shower   16) a - stove   17) d - kitchen   18) b - house   19) b - tap   20) c - loo   21) d - vase   22) a - wardrobe   23) d - clock   24) c - wallet

#32 - 1) b - spoon   2) a - kitchen sink   3) c - blanket   4) b - refrigerator   5) a - television   6) d - telephone   7) c - shower curtain   8) d - mirror   9) a - knife   10) c - freezer   11) c - bowl   12) c - bath (tub)   13) a - box   14) c - chair   15) d - water   16) c - image   17) d - house   18) d - frying pan   19) c - lamp   20) b - sleeping bag   21) c - cot   22) c - purse   23) d - vase   24) b - pillow

Solutions

#33 - 1) d - vase 2) d - box 3) d - water 4) b - pillow 5) b - fork 6) a - refrigerator 7) b - table 8) d - stove 9) a - couch 10) a - lamp 11) d - curtain 12) b - rubbish can 13) c - loo 14) d - shelf 15) a - furniture 16) c - dresser 17) d - roof 18) b - pot 19) d - chair 20) d - freezer 21) c - bed 22) a - purse 23) b - carpet 24) d - shower

#34 - 1) a - bowl 2) c - bed 3) a - freezer 4) c - wardrobe 5) b - cabinet 6) c - blender 7) d - dish 8) b - stove 9) c - shower 10) a - carpet 11) a - television 12) c - water 13) c - torch 14) a - radio 15) a - pillow 16) c - hoover 17) c - curtain 18) d - chair 19) c - vase 20) d - fork 21) b - house 22) a - plate 23) d - telephone 24) d - frying pan

#35 - 1) a - purse 2) b - drier 3) d - sleeping bag 4) c - couch 5) a - curtain 6) c - tap 7) c - alarm clock 8) a - mirror 9) d - rubbish bag 10) b - dresser 11) b - wallet 12) a - pot 13) b - shower 14) d - box 15) a - image 16) a - dishwasher 17) b - cot 18) a - knife 19) b - handbag 20) b - rubbish can 21) d - staircase 22) b - torch 23) b - key 24) a - coffee pot

#36 - 1) b - ashtray 2) d - bowl 3) d - bed 4) c - chair 5) c - cot 6) c - box 7) b - napkin 8) c - floor 9) c - cabinet 10) d - table 11) d - furniture 12) b - dresser 13) a - house 14) b - bookcase 15) d - water 16) c - carpet 17) a - purse 18) a - frying pan 19) b - staircase 20) c - sleeping bag 21) d - soap 22) d - wallet 23) d - freezer 24) d - bottle

#37 - 1) d - wallet 2) d - shelf 3) a - chair 4) a - dish 5) c - loo 6) c - telephone 7) a - plate 8) b - dresser 9) b - floor 10) d - sheet 11) a - bookcase 12) b - alarm clock 13) d - coffee pot 14) d - refrigerator 15) c - door 16) c - bottle 17) d - television 18) c - house 19) b - blender 20) d - broom 21) d - purse 22) d - torch 23) c - mirror 24) c - drinking glass

#38 - 1) a - bookcase 2) d - loo 3) c - drinking glass 4) b - pail 5) b - bottle 6) b - switch 7) b - carpet 8) b - floor 9) d - bowl 10) c - door 11) a - box 12) a - wardrobe 13) c - water 14) b - tap 15) c - table 16) a - sleeping bag 17) a - coffee pot 18) b - handbag 19) b - roof 20) d - soap 21) a - curtain 22) c - vase 23) c - shelf 24) a - shower curtain

#39 - 1) a - tableau 2) b - sac poubelle 3) a - cafetière 4) a - plafond 5) a - sac de couchage 6) a - lit de camp 7) b - poste de radio 8) a - porte 9) a - oreiller 10) c - rideau 11) c - bouteille 12) d - toit 13) a - maison 14) d - bibliothèque 15) d - réveille-matin 16) a - tiroir 17) c - salle de bain 18) a - rideau de douche 19) c - lampe de poche 20) d - meuble 21) d - portefeuille 22) d - plat 23) c - balai 24) b - bouilloire

#40 - 1) b - lave-vaisselle 2) d - réfrigérateur 3) d - porte-monnaie 4) c - aspirateur 5) b - armoire 6) a - rideau 7) b - robinet 8) c - commode 9) a - plat 10) b - balai 11) b - étagère 12) d - télévision 13) c - douche 14) a - plancher 15) c - serviette 16) d - miroir 17) d - baignoire 18) b - évier 19) d - savon 20) b - table 21) a - sac à main 22) b - marmite 23) d - tableau 24) c - eau

Solutions

#41 - 1) c - bouilloire 2) d - boîte 3) c - bouteille 4) d - portefeuille 5) b - salle de bain 6) c - cafetière 7) a - toit 8) a - vase 9) c - grille-pain 10) a - évier 11) c - tiroir 12) a - sac poubelle 13) c - téléphone 14) b - machine à laver 15) a - mixeur 16) b - cuisinière 17) d - eau 18) d - tapis 19) b - miroir 20) b - rideau 21) a - porte-monnaie 22) a - commode 23) b - réfrigérateur 24) a - interrupteur

#42 - 1) b - baignoire 2) d - image 3) d - maison 4) c - assiette 5) b - plancher 6) a - rideau 7) a - armoire 8) b - bouilloire 9) a - peinture 10) c - drap 11) b - réfrigérateur 12) c - toit 13) b - poste de radio 14) c - portefeuille 15) b - lit de camp 16) c - lampe de poche 17) a - escalier 18) c - évier 19) d - réveille-matin 20) c - balai 21) a - oreiller 22) d - mur 23) c - sac à main 24) a - canapé

#43 - 1) c - sèche-linge 2) a - plafond 3) d - téléphone 4) c - réveille-matin 5) a - poste de radio 6) b - eau 7) c - poêle 8) d - horloge 9) c - bol 10) a - télévision 11) c - boîte 12) a - douche 13) d - bouilloire 14) c - portefeuille 15) b - évier 16) b - sac à main 17) b - vase 18) a - réfrigérateur 19) d - lit 20) c - armoire 21) d - assiette 22) c - oreiller 23) a - plat 24) a - sac poubelle

#44 - 1) d - poste de radio 2) d - fourchette 3) c - drap 4) b - tiroir 5) d - eau 6) b - cuisinière 7) b - réveille-matin 8) b - cuisine 9) c - couverture 10) b - rideau de douche 11) d - douche 12) c - miroir 13) d - peinture 14) a - meuble 15) c - tapis 16) b - lit 17) c - cendrier 18) b - sac 19) a - bol 20) b - bouteille 21) b - télévision 22) c - étagère 23) d - tableau 24) b - lit de camp

#45 - 1) b - escalier 2) c - chaise 3) d - couverture 4) d - sèche-linge 5) a - lit 6) b - porte 7) c - mixeur 8) b - bouilloire 9) a - évier 10) a - cendrier 11) b - peinture 12) b - marmite 13) a - miroir 14) c - sac de couchage 15) b - grille-pain 16) a - commode 17) b - congélateur 18) c - lave-vaisselle 19) c - cuisinière 20) b - sac à main 21) c - bibliothèque 22) d - bouteille 23) c - baignoire 24) d - douche

#46 - 1) d - sparrow 2) a - crow 3) c - vulture 4) a - hen 5) d - stork 6) d - eagle 7) c - goose 8) a - hawk 9) c - ostrich 10) a - flamingo 11) d - swan 12) a - bird 13) c - nightingale 14) d - pheasant 15) c - owl 16) c - turkey 17) c - pigeon 18) d - rooster 19) c - duck 20) a - seagull 21) a - parrot 22) a - dove 23) b - heron 24) c - pelican

#47 - 1) d - eagle 2) c - rooster 3) d - dove 4) c - duck 5) d - sparrow 6) a - hen 7) c - crow 8) d - owl 9) a - stork 10) b - nightingale 11) b - pelican 12) c - turkey 13) d - pheasant 14) c - flamingo 15) c - swan 16) b - hawk 17) b - pigeon 18) b - heron 19) d - seagull 20) d - parrot 21) c - vulture 22) d - ostrich 23) d - bird 24) b - goose

#48 - 1) a - eagle 2) d - hawk 3) a - goose 4) b - ostrich 5) d - dove 6) c - parrot 7) b - hen 8) b - rooster 9) a - stork 10) d - turkey 11) d - bird 12) a - heron 13) c - nightingale 14) d - pheasant 15) c - pigeon 16) b - owl 17) b - pelican 18) c - crow 19) b - duck 20) d - seagull 21) d - vulture 22) c - swan 23) b - flamingo 24) c - sparrow

Solutions

#49 - 1) c - rooster 2) b - sparrow 3) b - eagle 4) d - heron 5) c - parrot 6) a - pheasant 7) a - swan 8) c - pelican 9) a - flamingo 10) a - owl 11) d - dove 12) b - seagull 13) d - ostrich 14) a - goose 15) a - hawk 16) d - crow 17) a - turkey 18) c - nightingale 19) b - pigeon 20) a - hen 21) c - bird 22) a - duck 23) c - stork 24) d - vulture

#50 - 1) c - nightingale 2) a - goose 3) a - duck 4) a - owl 5) b - seagull 6) a - flamingo 7) c - pheasant 8) c - bird 9) c - pigeon 10) d - rooster 11) a - parrot 12) c - hen 13) c - pelican 14) d - eagle 15) b - stork 16) c - heron 17) d - sparrow 18) b - hawk 19) c - turkey 20) b - dove 21) b - crow 22) b - swan 23) a - ostrich 24) c - vulture

#51 - 1) d - owl 2) c - hawk 3) d - seagull 4) d - turkey 5) a - pelican 6) a - dove 7) a - swan 8) a - pheasant 9) b - stork 10) a - ostrich 11) a - rooster 12) d - sparrow 13) b - heron 14) c - hen 15) c - goose 16) d - duck 17) d - flamingo 18) b - crow 19) b - nightingale 20) b - eagle 21) a - parrot 22) c - bird 23) c - vulture 24) a - pigeon

#52 - 1) d - owl 2) d - turkey 3) c - hawk 4) d - hen 5) b - duck 6) b - goose 7) b - pelican 8) b - swan 9) b - flamingo 10) a - eagle 11) d - ostrich 12) a - pigeon 13) d - sparrow 14) d - nightingale 15) c - crow 16) a - parrot 17) d - vulture 18) b - stork 19) d - seagull 20) d - pheasant 21) a - dove 22) a - heron 23) a - rooster 24) d - bird

#53 - 1) a - owl 2) a - eagle 3) d - pelican 4) b - stork 5) d - goose 6) b - crow 7) d - dove 8) b - hawk 9) c - sparrow 10) c - turkey 11) a - flamingo 12) d - rooster 13) b - hen 14) c - bird 15) d - swan 16) c - pheasant 17) b - ostrich 18) b - duck 19) a - heron 20) d - vulture 21) c - pigeon 22) a - nightingale 23) b - parrot 24) c - seagull

#54 - 1) b - pigeon 2) d - vautour 3) b - cigogne 4) b - perroquet 5) a - corbeau 6) a - dinde 7) d - faisan 8) c - moineau 9) b - faucon 10) b - hibou 11) d - mouette 12) a - cygne 13) b - aigle 14) a - poule 15) a - colombe 16) b - coq 17) b - rossignol 18) a - oiseau 19) d - héron 20) d - pélican 21) a - autruche 22) b - flamant 23) d - oie 24) b - canard

#55 - 1) a - cygne 2) c - dinde 3) c - moineau 4) a - pigeon 5) a - faucon 6) d - mouette 7) a - perroquet 8) a - canard 9) b - poule 10) d - autruche 11) a - pélican 12) a - corbeau 13) c - hibou 14) d - oiseau 15) c - aigle 16) c - colombe 17) b - héron 18) a - vautour 19) d - flamant 20) d - coq 21) a - cigogne 22) a - rossignol 23) a - faisan 24) c - oie

#56 - 1) c - corbeau 2) c - vautour 3) a - poule 4) d - colombe 5) a - pigeon 6) b - cigogne 7) b - oie 8) a - faucon 9) a - cygne 10) a - flamant 11) d - moineau 12) b - autruche 13) b - mouette 14) c - coq 15) a - oiseau 16) a - hibou 17) c - dinde 18) a - héron 19) d - pélican 20) b - canard 21) d - perroquet 22) c - rossignol 23) b - faisan 24) a - aigle

Solutions

#57 - 1) c - dinde 2) a - pélican 3) c - oie 4) a - hibou 5) a - pigeon 6) c - moineau 7) a - faucon
8) c - corbeau 9) b - rossignol 10) b - oiseau 11) c - colombe 12) a - cigogne 13) a - faisan
14) b - aigle 15) b - flamant 16) a - héron 17) a - coq 18) d - mouette 19) a - autruche 20) a - poule
21) c - canard 22) b - vautour 23) c - cygne 24) a - perroquet

#58 - 1) c - coq 2) d - pélican 3) b - dinde 4) d - hibou 5) b - cygne 6) c - perroquet 7) d - aigle
8) c - vautour 9) c - colombe 10) b - rossignol 11) b - canard 12) c - faisan 13) b - oie 14) d - faucon
15) b - oiseau 16) b - corbeau 17) b - poule 18) c - moineau 19) c - autruche 20) d - héron
21) c - cigogne 22) b - pigeon 23) a - mouette 24) c - flamant

#59 - 1) c - flamant 2) b - dinde 3) c - perroquet 4) c - oie 5) d - faisan 6) a - colombe 7) b - moineau
8) c - cygne 9) a - faucon 10) a - pélican 11) b - hibou 12) c - poule 13) b - rossignol 14) d - oiseau
15) c - pigeon 16) d - aigle 17) c - vautour 18) d - coq 19) a - autruche 20) d - canard
21) c - corbeau 22) c - mouette 23) a - cigogne 24) a - héron

#60 - 1) b - hibou 2) d - mouette 3) c - faucon 4) d - canard 5) a - faisan 6) d - flamant 7) c - dinde
8) b - vautour 9) d - poule 10) c - autruche 11) a - moineau 12) b - cygne 13) d - corbeau
14) c - colombe 15) a - aigle 16) b - rossignol 17) a - oiseau 18) a - coq 19) a - oie 20) d - perroquet
21) a - cigogne 22) b - pélican 23) a - héron 24) b - pigeon

#61 - 1) b - running shoes 2) c - pyjamas 3) b - mackintosh 4) c - T-shirt 5) d - scarf 6) a - sandals
7) d - trousers 8) b - blouse 9) d - corset 10) a - waistcoat 11) d - sweatshirt 12) b - belt
13) c - stockings 14) a - overalls 15) a - jeans 16) a - overcoat 17) d - anorak 18) d - gloves
19) a - shirt 20) c - clothes 21) d - briefs 22) d - cap 23) b - slippers 24) d - size

#62 - 1) d - bikini 2) a - T-shirt 3) b - briefs 4) a - skirt 5) d - blouse 6) a - hat 7) c - anorak
8) c - glove 9) c - overalls 10) d - bow tie 11) d - socks 12) a - cardigan 13) a - dress 14) d - bra
15) c - stockings 16) d - hiking boots 17) b - shirt 18) a - overcoat 19) a - gloves 20) d - size
21) c - necktie 22) c - jacket 23) d - clothes 24) c - dressing gown

#63 - 1) b - dressing gown 2) a - corset 3) c - bra 4) c - zip 5) d - slippers 6) d - suit 7) d - socks
8) d - jumpsuit 9) a - T-shirt 10) c - braces/suspenders 11) a - belt 12) c - jeans 13) a - briefs
14) b - mackintosh 15) b - bow tie 16) b - stockings 17) b - bathing suit 18) c - blouse 19) d - bikini
20) c - clothes 21) d - pyjamas 22) c - necktie 23) d - running shoes 24) a - shirt

#64 - 1) a - slippers 2) c - glove 3) a - umbrella 4) c - briefs 5) b - jeans 6) a - cardigan
7) c - overcoat 8) b - bikini 9) a - jacket 10) b - belt 11) b - bathing suit 12) b - bow tie
13) c - handkerchief 14) c - hiking boots 15) c - braces/suspenders 16) b - mackintosh 17) b - anorak
18) c - socks 19) a - clothes 20) c - running shoes 21) c - pyjamas 22) b - sweatshirt 23) d - overalls
24) c - blouse

Solutions

#65 - 1) d - shirt 2) a - umbrella 3) b - briefs 4) b - clothes 5) b - bra 6) b - jacket 7) a - anorak 8) d - waistcoat 9) a - necktie 10) b - overalls 11) d - braces/suspenders 12) a - mackintosh 13) b - trousers 14) a - running shoes 15) a - knickers 16) b - hat 17) c - blouse 18) a - belt 19) a - suit 20) d - coat 21) c - bikini 22) d - hiking boots 23) b - glove 24) a - slippers

#66 - 1) a - bathing suit 2) b - skirt 3) d - dressing gown 4) c - mackintosh 5) b - braces/suspenders 6) a - briefs 7) b - shirt 8) c - zip 9) d - cardigan 10) a - sweatshirt 11) b - coat 12) c - clothes 13) b - waistcoat 14) d - bra 15) b - belt 16) b - pyjamas 17) c - bow tie 18) a - sandals 19) a - stockings 20) b - T-shirt 21) c - jumpsuit 22) b - hiking boots 23) a - slippers 24) b - bikini

#67 - 1) c - shirt 2) d - T-shirt 3) b - jacket 4) a - dressing gown 5) a - cap 6) b - gloves 7) d - briefs 8) c - necktie 9) b - pyjamas 10) c - bikini 11) d - hiking boots 12) a - waistcoat 13) b - jeans 14) d - suit 15) a - jumpsuit 16) a - slippers 17) b - knickers 18) a - bow tie 19) c - blouse 20) d - braces/suspenders 21) d - sweatshirt 22) a - belt 23) a - scarf 24) a - anorak

#68 - 1) b - overalls 2) a - jeans 3) b - trousers 4) c - gloves 5) c - briefs 6) c - mackintosh 7) b - slippers 8) b - jumpsuit 9) a - corset 10) b - braces/suspenders 11) c - bikini 12) d - scarf 13) b - overcoat 14) a - necktie 15) c - waistcoat 16) b - shirt 17) d - pyjamas 18) b - clothes 19) a - bathing suit 20) c - size 21) b - suit 22) c - blouse 23) b - skirt 24) b - sandals

#69 - 1) a - costume 2) c - chemisier 3) d - robe 4) b - fermeture-éclair 5) b - chemise 6) b - manteau 7) c - pantalon 8) c - veste 9) d - culotte 10) c - gaine 11) a - bretelles 12) b - pardessus 13) d - chaussure de marche 14) c - gants 15) c - soutien-gorge 16) d - mouchoir 17) c - taille 18) d - baskets 19) c - chapeau 20) b - gilet 21) c - parapluie 22) c - casquette 23) d - gant 24) d - T-shirt

#70 - 1) b - vêtements 2) a - gant 3) b - pantalon 4) d - bretelles 5) a - robe 6) a - parapluie 7) b - gaine 8) b - peignoir 9) a - noeud papillon 10) c - pyjama 11) a - sandales 12) a - pardessus 13) c - veste 14) d - salopette 15) b - chemise 16) b - culotte 17) d - chaussettes 18) d - bikini 19) a - slip 20) c - chapeau 21) b - gilet 22) c - pantoufles 23) d - fermeture-éclair 24) d - jupe

#71 - 1) d - pyjama 2) c - fermeture-éclair 3) c - maillot de sport 4) d - bikini 5) c - pardessus 6) a - chemise 7) a - baskets 8) b - noeud papillon 9) c - soutien-gorge 10) b - slip 11) d - chapeau 12) d - costume 13) d - ceinture 14) a - pantoufles 15) d - veste 16) b - salopette 17) b - écharpe 18) a - vêtements 19) c - anorak 20) c - T-shirt 21) b - chaussettes 22) d - gilet 23) d - cardigan 24) a - taille

#72 - 1) b - chaussettes 2) c - jupe 3) a - soutien-gorge 4) d - noeud papillon 5) b - pyjama 6) a - combinaison 7) d - gilet 8) b - salopette 9) c - veste 10) d - ceinture 11) b - collants 12) a - parapluie 13) d - pantoufles 14) b - sandales 15) b - gaine 16) c - anorak 17) b - casquette 18) b - pantalon 19) d - fermeture-éclair 20) d - manteau 21) d - bretelles 22) b - chemise 23) d - imperméable 24) a - écharpe

Solutions

#73 - 1) c - cravate   2) b - pantoufles   3) c - T-shirt   4) d - chaussettes   5) b - costume   6) a - gant
7) a - casquette   8) d - soutien-gorge   9) b - bikini   10) b - gants   11) b - fermeture-éclair   12) c - culotte
13) c - bretelles   14) c - gaine   15) c - combinaison   16) d - chemise   17) a - cardigan   18) b - collants
19) c - jupe   20) a - robe   21) d - écharpe   22) b - noeud papillon   23) d - vêtements   24) b - chapeau

#74 - 1) c - collants   2) d - cravate   3) a - gants   4) b - casquette   5) a - manteau   6) b - ceinture
7) a - pantalon   8) c - peignoir   9) c - pyjama   10) b - culotte   11) b - jupe   12) a - gant
13) b - pantoufles   14) d - pardessus   15) a - chemisier   16) a - gilet   17) a - bikini   18) b - costume
19) b - T-shirt   20) a - fermeture-éclair   21) a - anorak   22) b - maillot de sport   23) d - mouchoir
24) a - robe

#75 - 1) a - écharpe   2) a - vêtements   3) b - T-shirt   4) a - salopette   5) a - pantalon   6) a - pardessus
7) b - pantoufles   8) c - manteau   9) c - robe   10) a - ceinture   11) a - collants   12) a - chemisier
13) b - slip   14) b - parapluie   15) c - combinaison   16) c - chaussure de marche   17) c - jupe
18) a - costume   19) d - chemise   20) a - baskets   21) a - maillot de bain   22) a - fermeture-éclair
23) d - bikini   24) b - veste

#76 - 1) b - nephew   2) b - sister   3) a - brother   4) a - grandmother   5) b - uncle   6) d - grandchild
7) a - niece   8) d - stepdaughter   9) a - father   10) c - grandfather   11) a - cousin   12) a - stepson
13) b - son   14) c - stepbrother   15) a - parent   16) c - wife   17) d - husband   18) c - dad   19) d - bride
20) b - aunt   21) b - stepsister   22) c - mother   23) a - stepmother   24) b - mum

#77 - 1) d - bride   2) c - aunt   3) a - stepmother   4) d - sister   5) d - grandchild   6) a - stepbrother
7) b - stepfather   8) c - niece   9) a - parent   10) a - daughter   11) b - father   12) c - husband
13) d - stepdaughter   14) a - grandfather   15) d - grandmother   16) d - mother   17) c - family
18) c - uncle   19) d - son   20) b - wife   21) b - brother   22) b - dad   23) c - stepson   24) b - cousin

#78 - 1) b - uncle   2) a - father   3) b - grandchild   4) a - brother   5) c - parent   6) b - sister
7) c - stepfather   8) d - grandmother   9) c - daughter   10) c - grandfather   11) c - cousin   12) d - stepsister
13) c - niece   14) d - aunt   15) c - nephew   16) b - stepmother   17) a - bride   18) c - mother   19) c - dad
20) b - family   21) c - wife   22) d - son   23) a - stepdaughter   24) c - husband

#79 - 1) b - mum   2) b - brother   3) b - bride   4) d - wife   5) c - nephew   6) d - husband   7) a - stepsister
8) a - stepdaughter   9) d - grandmother   10) d - cousin   11) d - stepmother   12) c - stepson   13) d - dad
14) b - parent   15) d - grandfather   16) b - stepfather   17) a - daughter   18) d - father   19) d - grandchild
20) d - niece   21) c - family   22) a - stepbrother   23) a - aunt   24) a - son

#80 - 1) c - grandchild   2) d - stepmother   3) c - father   4) c - mother   5) a - cousin   6) b - nephew
7) a - grandfather   8) c - stepsister   9) d - niece   10) c - daughter   11) a - mum   12) c - grandmother
13) c - family   14) c - stepdaughter   15) d - husband   16) b - aunt   17) d - wife   18) d - stepbrother
19) a - son   20) d - brother   21) a - uncle   22) b - parent   23) c - bride   24) b - stepson

Solutions

#81 - 1) d - grandfather 2) d - brother 3) b - aunt 4) d - husband 5) d - nephew 6) c - family 7) a - stepbrother 8) a - stepdaughter 9) d - cousin 10) a - mother 11) b - grandmother 12) d - stepmother 13) b - grandchild 14) b - uncle 15) b - stepsister 16) d - bride 17) c - niece 18) b - daughter 19) c - father 20) a - parent 21) d - stepson 22) d - dad 23) c - son 24) a - sister

#82 - 1) c - mum 2) d - uncle 3) a - aunt 4) c - sister 5) a - dad 6) b - husband 7) b - brother 8) d - nephew 9) d - father 10) b - grandfather 11) b - stepdaughter 12) a - son 13) d - stepfather 14) b - bride 15) d - grandchild 16) c - wife 17) c - niece 18) b - stepbrother 19) b - mother 20) d - stepmother 21) a - grandmother 22) c - parent 23) c - cousin 24) b - stepsister

#83 - 1) a - husband 2) b - father 3) b - brother 4) a - family 5) a - niece 6) c - parent 7) a - sister 8) b - nephew 9) c - stepmother 10) b - daughter 11) a - grandfather 12) b - uncle 13) a - mother 14) b - stepbrother 15) a - aunt 16) d - bride 17) d - stepson 18) b - son 19) b - stepsister 20) a - grandchild 21) d - mum 22) c - stepdaughter 23) a - cousin 24) d - grandmother

#84 - 1) c - famille 2) c - petit-fils 3) c - grand-père 4) b - nièce 5) d - cousin 6) c - oncle 7) c - frère 8) b - papa 9) c - mère 10) b - belle-mère 11) c - soeur 12) a - belle-fille 13) c - maman 14) b - beau-fils 15) a - grand-mère 16) c - demi-frère 17) c - épouse 18) b - parents 19) c - neveu 20) c - demi-mère 21) d - fils 22) c - père 23) a - beau-père 24) b - mari

#85 - 1) c - belle-fille 2) a - mari 3) a - fils 4) c - tante 5) a - mère 6) b - oncle 7) c - demi-frère 8) d - frère 9) a - beau-fils 10) b - grand-père 11) d - beau-père 12) d - famille 13) c - papa 14) c - soeur 15) c - cousin 16) a - épouse 17) d - petit-fils 18) d - père 19) b - maman 20) a - fille 21) a - nièce 22) b - marié 23) c - neveu 24) d - grand-mère

#86 - 1) d - épouse 2) b - soeur 3) a - papa 4) a - marié 5) d - mari 6) b - grand-père 7) b - beau-père 8) a - petit-fils 9) c - frère 10) a - beau-fils 11) a - père 12) a - belle-fille 13) d - tante 14) a - oncle 15) d - grand-mère 16) b - nièce 17) c - mère 18) a - belle-mère 19) b - cousin 20) d - neveu 21) a - fils 22) b - fille 23) c - parents 24) b - demi-frère

#87 - 1) a - parents 2) d - grand-père 3) c - petit-fils 4) c - demi-frère 5) b - belle-fille 6) b - frère 7) a - soeur 8) d - mère 9) a - nièce 10) b - beau-père 11) c - belle-mère 12) c - père 13) d - cousin 14) b - oncle 15) b - neveu 16) c - maman 17) d - beau-fils 18) c - marié 19) d - tante 20) a - fille 21) b - mari 22) a - demi-mère 23) c - famille 24) b - épouse

#88 - 1) a - famille 2) d - fils 3) b - grand-père 4) d - beau-fils 5) d - neveu 6) c - parents 7) a - belle-mère 8) c - soeur 9) b - frère 10) a - papa 11) c - cousin 12) d - maman 13) d - nièce 14) a - demi-frère 15) d - épouse 16) d - belle-fille 17) c - tante 18) d - père 19) c - mère 20) a - beau-père 21) b - petit-fils 22) b - demi-mère 23) d - marié 24) b - fille

Solutions

#89 - 1) c - fille 2) c - parents 3) d - tante 4) b - marié 5) d - famille 6) b - oncle 7) b - papa
8) a - grand-père 9) c - mari 10) a - petit-fils 11) a - belle-mère 12) a - maman 13) a - père
14) c - fils 15) a - mère 16) c - demi-frère 17) d - frère 18) c - belle-fille 19) a - épouse
20) c - cousin 21) c - beau-père 22) c - beau-fils 23) c - nièce 24) c - demi-mère

#90 - 1) a - tante 2) d - cousin 3) c - maman 4) d - oncle 5) c - fille 6) a - petit-fils 7) d - famille
8) b - belle-mère 9) d - nièce 10) a - mère 11) b - demi-mère 12) a - fils 13) c - frère 14) c - mari
15) b - neveu 16) a - demi-frère 17) c - papa 18) d - beau-fils 19) d - grand-père 20) a - belle-fille
21) b - grand-mère 22) c - père 23) b - épouse 24) c - parents

#91 - 1) d - cake 2) a - salad 3) c - pastry 4) a - sugar 5) d - egg 6) d - mustard 7) b - roll
8) b - chocolate bar 9) c - biscuit 10) d - salt 11) d - vinegar 12) b - cracker 13) b - milk
14) b - cheese 15) b - bread 16) d - bun 17) a - food 18) d - olive oil 19) b - butter 20) d - yoghurt
21) b - ice-cream 22) d - vegetable soup 23) a - cheese 24) c - butter

#92 - 1) d - egg 2) d - olive oil 3) c - vegetable soup 4) d - pastry 5) c - salad 6) c - bread
7) b - yoghurt 8) b - cake 9) d - cracker 10) c - chocolate bar 11) d - bun 12) d - food 13) d - butter
14) d - vinegar 15) d - milk 16) d - ice-cream 17) a - salt 18) d - roll 19) d - biscuit 20) a - mustard
21) a - sugar 22) c - cheese 23) d - vinegar 24) a - sugar

#93 - 1) b - milk 2) c - butter 3) b - yoghurt 4) a - biscuit 5) a - pastry 6) b - roll 7) c - ice-cream
8) c - olive oil 9) b - salad 10) d - cake 11) a - chocolate bar 12) c - bread 13) b - food
14) a - vinegar 15) a - egg 16) a - mustard 17) a - vegetable soup 18) c - salt 19) b - sugar
20) c - cheese 21) a - bun 22) d - cracker 23) d - vegetable soup 24) c - butter

#94 - 1) b - food 2) d - vegetable soup 3) c - vinegar 4) c - chocolate bar 5) a - bun 6) c - salt
7) b - cracker 8) c - biscuit 9) a - yoghurt 10) a - butter 11) c - bread 12) a - milk 13) a - egg
14) b - mustard 15) d - roll 16) d - cake 17) b - salad 18) d - ice-cream 19) d - pastry 20) a - cheese
21) b - sugar 22) b - olive oil 23) a - biscuit 24) d - salt

#95 - 1) c - milk 2) c - cheese 3) d - biscuit 4) b - olive oil 5) a - salt 6) b - vegetable soup
7) d - bread 8) b - roll 9) b - vinegar 10) d - yoghurt 11) b - butter 12) a - sugar 13) c - ice-cream
14) c - mustard 15) a - food 16) b - pastry 17) b - cake 18) a - salad 19) d - egg 20) b - chocolate bar
21) a - bun 22) a - cracker 23) d - butter 24) c - cake

#96 - 1) a - ice-cream 2) b - chocolate bar 3) a - vegetable soup 4) c - milk 5) d - sugar 6) c - salad
7) b - bread 8) b - yoghurt 9) b - olive oil 10) b - roll 11) b - cheese 12) c - food 13) d - butter
14) b - cake 15) b - vinegar 16) d - pastry 17) c - mustard 18) c - biscuit 19) c - salt 20) c - cracker
21) a - bun 22) d - egg 23) d - pastry 24) b - sugar

Solutions

#97 - 1) c - mustard 2) c - vegetable soup 3) b - sugar 4) c - cake 5) d - butter 6) d - food
7) b - yoghurt 8) c - cheese 9) c - cracker 10) d - milk 11) a - biscuit 12) c - pastry 13) a - bread
14) d - chocolate bar 15) d - bun 16) a - egg 17) d - olive oil 18) b - roll 19) b - vinegar 20) c - salad
21) a - salt 22) a - ice-cream 23) a - cracker 24) c - food

#98 - 1) a - cake 2) c - mustard 3) c - butter 4) d - pastry 5) b - chocolate bar 6) a - bun 7) c - cheese
8) a - vegetable soup 9) c - sugar 10) b - egg 11) d - roll 12) d - bread 13) a - ice-cream
14) c - yoghurt 15) b - salt 16) c - salad 17) b - biscuit 18) a - olive oil 19) a - vinegar 20) d - food
21) c - cracker 22) d - milk 23) d - cake 24) d - ice-cream

#99 - 1) a - moutarde 2) d - pain pistolet 3) b - pain 4) c - soupe de légume 5) d - beurre 6) c - sel
7) a - barre de chocolat 8) a - salade 9) a - biscuit 10) a - huile d'olive 11) a - oeuf 12) d - nourriture
13) b - lait 14) d - pâtisserie 15) b - crème glacée 16) a - gâteau 17) d - sucre 18) b - fromage
19) c - crackers 20) c - vinaigre 21) d - petit pain 22) c - yaourt 23) c - yaourt 24) c - lait

#100 - 1) a - sucre 2) c - pain 3) b - sel 4) a - huile d'olive 5) b - oeuf 6) d - yaourt 7) b - crackers
8) c - lait 9) c - gâteau 10) d - biscuit 11) d - salade 12) c - beurre 13) d - vinaigre 14) b - pain
pistolet 15) c - crême glacée 16) d - nourriture 17) c - pâtisserie 18) a - soupe de légume 19) d - barre
de chocolat 20) a - petit pain 21) b - fromage 22) a - moutarde 23) a - huile d'olive 24) c - soupe de
légume

#101 - 1) b - lait 2) c - oeuf 3) c - petit pain 4) b - biscuit 5) b - sel 6) a - nourriture 7) d - pâtisserie
8) a - huile d'olive 9) c - crackers 10) b - soupe de légume 11) d - moutarde 12) a - pain 13) c - pain
pistolet 14) c - yaourt 15) d - sucre 16) a - crême glacée 17) b - salade 18) c - barre de chocolat
19) c - fromage 20) b - vinaigre 21) d - beurre 22) a - gâteau 23) b - fromage 24) b - gâteau

#102 - 1) c - pain pistolet 2) d - soupe de légume 3) c - lait 4) c - barre de chocolat 5) c - salade
6) a - sel 7) d - yaourt 8) b - fromage 9) b - pain 10) b - nourriture 11) b - pâtisserie 12) c - vinaigre
13) b - oeuf 14) c - sucre 15) b - crême glacée 16) b - gâteau 17) d - beurre 18) c - biscuit
19) c - petit pain 20) a - crackers 21) a - huile d'olive 22) d - moutarde 23) b - fromage 24) a - biscuit

#103 - 1) a - pain pistolet 2) a - sucre 3) d - salade 4) c - beurre 5) c - crême glacée 6) a - fromage
7) a - crackers 8) c - lait 9) c - oeuf 10) c - vinaigre 11) a - gâteau 12) a - barre de chocolat
13) a - pâtisserie 14) b - sel 15) d - petit pain 16) b - moutarde 17) a - biscuit 18) d - nourriture
19) b - yaourt 20) d - soupe de légume 21) a - huile d'olive 22) b - pain 23) b - pain 24) d - huile
d'olive

#104 - 1) c - soupe de légume 2) a - gâteau 3) c - huile d'olive 4) a - lait 5) c - petit pain 6) d - pain
pistolet 7) d - fromage 8) d - moutarde 9) a - vinaigre 10) d - pain 11) a - pâtisserie 12) c - beurre
13) d - biscuit 14) d - oeuf 15) b - crackers 16) d - nourriture 17) a - crême glacée 18) b - salade
19) c - sucre 20) a - sel 21) d - barre de chocolat 22) a - yaourt 23) c - yaourt 24) d - pain

Solutions

#105 - 1) a - yaourt   2) a - gâteau   3) b - nourriture   4) c - barre de chocolat   5) a - sel   6) d - soupe de légume   7) b - huile d'olive   8) a - vinaigre   9) b - fromage   10) b - moutarde   11) d - oeuf   12) d - lait   13) c - pain pistolet   14) a - sucre   15) c - petit pain   16) a - beurre   17) d - pain   18) d - pâtisserie   19) d - crême glacée   20) a - salade   21) a - biscuit   22) b - crackers   23) a - sel   24) c - gâteau

#106 - 1) b - melon   2) a - watermelon   3) d - tangerine   4) a - peanut   5) c - hazelnut   6) c - orange   7) a - fruit   8) c - grape   9) b - walnut   10) c - rhubarb   11) b - fig   12) d - lemon   13) c - chestnut   14) c - coconut   15) a - raisin   16) b - pear   17) c - blueberry   18) a - cherry   19) b - lime   20) b - pineapple   21) b - banana   22) c - blackberry   23) a - almond   24) c - prune

#107 - 1) a - rhubarb   2) b - grapefruit   3) b - pineapple   4) c - chestnut   5) d - blueberry   6) c - coconut   7) b - blackberry   8) c - pear   9) c - almond   10) d - apricot   11) d - banana   12) b - fruit   13) c - watermelon   14) a - raisin   15) a - orange   16) c - hazelnut   17) c - date   18) d - plum   19) b - cherry   20) b - apple   21) d - tangerine   22) d - grape   23) d - melon   24) c - prune

#108 - 1) c - strawberry   2) b - apricot   3) c - almond   4) d - blackberry   5) c - rhubarb   6) d - tangerine   7) c - raisin   8) d - cherry   9) c - raspberry   10) b - fig   11) d - hazelnut   12) a - walnut   13) c - plum   14) b - peach   15) b - grapefruit   16) c - blueberry   17) a - grape   18) b - watermelon   19) a - lime   20) b - banana   21) d - lemon   22) b - fruit   23) b - prune   24) a - date

#109 - 1) c - peanut   2) b - fig   3) b - plum   4) d - fruit   5) c - rhubarb   6) d - raisin   7) d - lime   8) c - prune   9) b - apricot   10) c - almond   11) a - hazelnut   12) d - raspberry   13) a - pear   14) a - chestnut   15) c - banana   16) b - cherry   17) c - lemon   18) a - peach   19) d - apple   20) b - walnut   21) b - date   22) d - blueberry   23) c - orange   24) b - tangerine

#110 - 1) a - orange   2) b - coconut   3) c - strawberry   4) c - chestnut   5) b - apple   6) d - walnut   7) b - tangerine   8) a - melon   9) a - blackberry   10) b - cherry   11) d - hazelnut   12) c - raisin   13) d - fig   14) b - rhubarb   15) c - raspberry   16) a - peanut   17) c - grapefruit   18) d - apricot   19) b - watermelon   20) b - grape   21) a - blueberry   22) c - peach   23) c - lemon   24) b - pear

#111 - 1) d - blackberry   2) b - prune   3) a - cherry   4) d - walnut   5) c - raisin   6) c - peach   7) b - lemon   8) c - watermelon   9) c - melon   10) c - apple   11) a - banana   12) c - pineapple   13) a - orange   14) d - strawberry   15) c - grapefruit   16) b - almond   17) a - plum   18) c - fig   19) d - chestnut   20) d - raspberry   21) a - rhubarb   22) a - fruit   23) c - date   24) d - apricot

#112 - 1) b - coconut   2) a - almond   3) a - banana   4) a - plum   5) b - raisin   6) c - chestnut   7) a - grape   8) b - raspberry   9) a - prune   10) a - peanut   11) a - peach   12) c - melon   13) d - blackberry   14) c - date   15) b - rhubarb   16) c - lemon   17) b - walnut   18) b - pineapple   19) d - apricot   20) b - fig   21) d - fruit   22) d - lime   23) b - cherry   24) a - tangerine

Solutions

#113 - 1) a - raspberry   2) c - prune   3) c - coconut   4) a - strawberry   5) b - almond   6) a - banana
7) c - apple   8) a - orange   9) d - rhubarb   10) d - watermelon   11) a - apricot   12) b - fig   13) c - cherry
14) d - grapefruit   15) d - lime   16) a - fruit   17) a - walnut   18) c - date   19) c - plum   20) c - blueberry
21) b - hazelnut   22) a - pineapple   23) c - peach   24) c - pear

#114 - 1) b - noix   2) d - mandarine   3) d - fruit   4) a - pruneau   5) a - prune   6) b - banane   7) a - raisin
8) c - pastèque   9) a - rhubarbe   10) b - pamplemousse   11) b - figue   12) d - noisette   13) a - raisin sec
14) d - amande   15) d - poire   16) c - ananas   17) d - cacahuète   18) c - châtaigne   19) b - mûre
20) d - citron vert   21) a - pêche   22) b - myrtille   23) b - cerise   24) b - orange

#115 - 1) d - fraise   2) a - mûre   3) d - mandarine   4) b - noix   5) c - orange   6) d - amande
7) c - rhubarbe   8) d - pêche   9) b - raisin sec   10) d - datte   11) c - pruneau   12) d - banane   13) c - noix
de coco   14) c - poire   15) c - myrtille   16) a - melon   17) b - citron   18) d - cacahuète   19) c - pomme
20) d - abricot   21) b - framboise   22) b - cerise   23) a - pastèque   24) d - figue

#116 - 1) b - abricot   2) a - pêche   3) a - châtaigne   4) d - citron   5) a - pamplemousse   6) b - mandarine
7) d - pruneau   8) b - noisette   9) c - poire   10) b - cacahuète   11) b - framboise   12) b - cerise
13) b - fruit   14) c - amande   15) c - myrtille   16) b - pastèque   17) c - prune   18) b - melon
19) c - mûre   20) d - banane   21) b - figue   22) b - datte   23) d - rhubarbe   24) b - raisin sec

#117 - 1) c - pruneau   2) c - pastèque   3) d - citron   4) d - melon   5) d - framboise   6) d - mandarine
7) c - amande   8) b - raisin   9) b - raisin sec   10) a - châtaigne   11) b - prune   12) d - cerise
13) a - banane   14) d - citron vert   15) b - myrtille   16) c - noix de coco   17) b - poire   18) a - ananas
19) c - rhubarbe   20) a - cacahuète   21) a - abricot   22) b - fraise   23) d - orange   24) c - fruit

#118 - 1) c - figue   2) d - noix   3) d - fraise   4) d - mandarine   5) a - ananas   6) b - pomme   7) b - banane
8) a - rhubarbe   9) b - raisin   10) c - pamplemousse   11) b - citron   12) c - myrtille   13) a - prune
14) a - citron vert   15) c - pastèque   16) c - raisin sec   17) c - pruneau   18) d - cerise   19) b - framboise
20) b - fruit   21) b - orange   22) b - mûre   23) a - melon   24) c - noisette

#119 - 1) b - citron   2) b - raisin   3) b - fraise   4) d - framboise   5) a - prune   6) d - figue   7) b - datte
8) d - orange   9) c - pastèque   10) a - châtaigne   11) b - pamplemousse   12) c - melon   13) d - noix
14) b - banane   15) b - myrtille   16) a - pêche   17) b - mandarine   18) b - fruit   19) b - raisin sec
20) a - pomme   21) c - amande   22) c - mûre   23) a - cacahuète   24) b - noix de coco

#120 - 1) d - citron vert   2) c - banane   3) b - noix de coco   4) c - noisette   5) d - raisin sec   6) a - ananas
7) a - prune   8) d - orange   9) c - mandarine   10) b - fraise   11) b - melon   12) b - cerise   13) a - citron
14) a - fruit   15) d - châtaigne   16) d - abricot   17) c - pruneau   18) d - noix   19) b - pastèque
20) c - mûre   21) c - poire   22) d - cacahuète   23) d - figue   24) b - datte

Solutions

#121 - 1) c - price 2) b - garage 3) a - ground floor 4) a - manager 5) a - stairs 6) a - entrance
7) c - receptionist 8) a - to pay 9) b - swimming pool 10) d - room service 11) b - maid
12) b - booking 13) d - view 14) d - lobby 15) a - taxi 16) a - doorman 17) a - bill 18) b - bellboy
19) b - receipt 20) c - breakfast 21) c - balcony 22) d - air conditioning 23) a - suite 24) b - lift

#122 - 1) b - swimming pool 2) d - garage 3) b - booking 4) a - suite 5) a - lobby 6) c - receipt
7) c - bellboy 8) c - entrance 9) d - floor 10) b - balcony 11) b - room service 12) c - price
13) b - lift 14) b - hotel 15) c - air conditioning 16) d - ground floor 17) d - doorman
18) c - receptionist 19) d - internet 20) b - manager 21) b - living room 22) b - check-out 23) a - ice
24) a - complaint

#123 - 1) b - swimming pool 2) d - air conditioning 3) d - check-out 4) c - ground floor 5) b - lobby
6) c - receipt 7) b - to pay 8) a - bill 9) c - balcony 10) a - reception desk 11) d - hotel
12) a - message 13) d - maid 14) d - entrance 15) b - price 16) d - dining room 17) d - taxi
18) b - bellboy 19) c - manager 20) c - stairs 21) b - view 22) b - complaint 23) a - floor
24) c - doorman

#124 - 1) a - garage 2) b - maid 3) b - room service 4) d - entrance 5) d - breakfast 6) b - ice
7) a - ground floor 8) a - stairs 9) b - floor 10) a - internet 11) d - bellboy 12) b - price
13) b - complaint 14) b - bill 15) b - view 16) d - message 17) d - balcony 18) a - lobby
19) b - booking 20) b - to pay 21) a - check-out 22) c - dining room 23) c - reception desk 24) d - air
conditioning

#125 - 1) a - check-out 2) a - stairs 3) a - to pay 4) a - view 5) b - ice 6) a - receptionist 7) c - lift
8) b - entrance 9) b - doorman 10) b - room service 11) d - bellboy 12) d - reception desk
13) d - suite 14) c - air conditioning 15) d - hotel 16) c - manager 17) b - swimming pool
18) d - ground floor 19) b - garage 20) a - booking 21) c - message 22) c - complaint 23) c - receipt
24) a - bill

#126 - 1) d - air conditioning 2) a - taxi 3) d - dining room 4) b - booking 5) a - internet 6) d - lift
7) b - suite 8) c - complaint 9) d - message 10) a - maid 11) a - balcony 12) a - price
13) c - receptionist 14) a - reception desk 15) c - recreation 16) c - bill 17) b - breakfast 18) c - living
room 19) c - entrance 20) a - room 21) c - garage 22) b - view 23) b - to pay 24) b - check-out

#127 - 1) d - lift 2) b - lobby 3) b - view 4) d - bellboy 5) a - stairs 6) c - message 7) a - air
conditioning 8) b - to pay 9) b - hotel 10) a - check-out 11) c - room service 12) d - breakfast
13) c - doorman 14) c - living room 15) c - taxi 16) a - internet 17) a - recreation 18) c - receipt
19) d - floor 20) a - ice 21) b - balcony 22) a - manager 23) a - maid 24) d - suite

#128 - 1) c - complaint 2) d - message 3) c - price 4) b - room 5) d - maid 6) c - check-out
7) b - garage 8) d - dining room 9) c - receptionist 10) b - breakfast 11) a - lift 12) b - to pay
13) d - entrance 14) b - ice 15) d - swimming pool 16) a - doorman 17) d - receipt 18) d - living room
19) d - stairs 20) c - bill 21) d - ground floor 22) b - air conditioning 23) c - view 24) d - room
service

Solutions

#129 - 1) d - petit-déjeuner   2) a - rez-de-chaussé   3) c - climatisation   4) d - payer   5) a - garage   6) c - message   7) d - facture   8) a - salon   9) b - réservation   10) c - étage   11) d - bonne   12) c - escaliers   13) c - chambre   14) d - hôtel   15) a - ascenseur   16) b - portier   17) d - check-out   18) a - piscine   19) c - réceptionniste   20) a - balcon   21) b - salle à manger   22) c - taxi   23) c - récréation   24) d - entrée

#130 - 1) b - étage   2) c - foyer   3) a - petit-déjeuner   4) a - réceptionniste   5) c - réception   6) b - facture   7) c - directeur   8) d - garage   9) b - prix   10) d - réservation   11) d - taxi   12) c - vue   13) b - escaliers   14) a - portier   15) a - service de chambre   16) b - salon   17) a - balcon   18) a - groom   19) b - entrée   20) d - chambre   21) c - suite   22) c - récréation   23) b - payer   24) a - glace

#131 - 1) d - service de chambre   2) c - bonne   3) d - vue   4) a - récréation   5) a - réservation   6) a - salle à manger   7) a - réclamation   8) a - salon   9) c - petit-déjeuner   10) b - foyer   11) c - payer   12) c - facture   13) c - garage   14) b - ascenseur   15) b - check-out   16) c - hôtel   17) d - étage   18) a - internet   19) b - message   20) a - réception   21) b - entrée   22) c - directeur   23) d - suite   24) c - reçu

#132 - 1) b - garage   2) c - service de chambre   3) a - salle à manger   4) d - directeur   5) d - bonne   6) d - entrée   7) c - réservation   8) a - taxi   9) b - escaliers   10) c - internet   11) a - réclamation   12) b - reçu   13) c - climatisation   14) c - groom   15) c - payer   16) b - réceptionniste   17) d - récréation   18) c - piscine   19) a - foyer   20) a - prix   21) b - suite   22) c - vue   23) d - message   24) d - réception

#133 - 1) a - facture   2) b - réception   3) a - salon   4) b - check-out   5) b - étage   6) a - bonne   7) a - internet   8) b - service de chambre   9) c - reçu   10) b - glace   11) c - portier   12) a - climatisation   13) b - récréation   14) b - taxi   15) d - rez-de-chaussé   16) d - directeur   17) b - vue   18) c - groom   19) d - chambre   20) d - foyer   21) a - prix   22) c - piscine   23) d - réservation   24) d - salle à manger

#134 - 1) c - portier   2) d - groom   3) a - check-out   4) b - entrée   5) c - internet   6) d - petit-déjeuner   7) c - glace   8) a - taxi   9) d - hôtel   10) b - climatisation   11) a - reçu   12) a - payer   13) b - vue   14) a - foyer   15) c - piscine   16) b - salle à manger   17) d - service de chambre   18) c - garage   19) b - facture   20) a - étage   21) c - rez-de-chaussé   22) d - salon   23) c - prix   24) d - balcon

#135 - 1) b - suite   2) a - message   3) b - réservation   4) d - reçu   5) c - taxi   6) b - balcon   7) c - service de chambre   8) b - directeur   9) c - réceptionniste   10) b - payer   11) c - réclamation   12) a - portier   13) d - internet   14) b - vue   15) d - glace   16) c - chambre   17) d - prix   18) a - étage   19) b - entrée   20) a - check-out   21) c - piscine   22) d - groom   23) d - bonne   24) c - escaliers

#136 - 1) d - eyelash   2) c - ankle   3) c - fist   4) a - thorax   5) a - tonsils   6) b - liver   7) c - forehead   8) d - chin   9) c - hand   10) a - tooth   11) a - rib   12) c - shoulder   13) c - tendon   14) d - thigh   15) b - vein   16) d - foot   17) c - nose   18) d - feet   19) b - ear   20) d - gland   21) a - muscle   22) c - iris   23) b - eye   24) c - knee

Solutions

#137 - 1) b - backbone 2) c - hand 3) c - forehead 4) a - bone 5) a - lung 6) c - leg 7) c - back
8) c - nose 9) a - finger 10) c - freckles 11) d - cheek 12) c - ankle 13) c - gland 14) c - hair
15) a - body 16) c - thumb 17) a - head 18) b - jaw 19) a - arm 20) a - ear 21) b - heart
22) b - brain 23) d - feet 24) b - liver

#138 - 1) c - lung 2) d - leg 3) d - shoulder 4) d - fist 5) d - moustache 6) d - head 7) d - finger
8) b - face 9) c - hand 10) d - gland 11) d - hip 12) a - freckles 13) d - thumb 14) b - tooth
15) c - artery 16) c - beard 17) c - bladder 18) d - eyelid 19) b - vein 20) d - elbow 21) c - nose
22) a - ankle 23) b - mouth 24) a - arm

#139 - 1) c - finger 2) c - tonsils 3) d - fingernail 4) c - hair 5) a - shoulder 6) b - wrist 7) b - leg
8) c - back 9) d - nerve 10) d - thigh 11) a - breast 12) d - tooth 13) b - muscle 14) d - vein
15) a - bone 16) d - face 17) d - calf 18) a - toe 19) c - head 20) a - artery 21) d - fist 22) a - elbow
23) a - thumb 24) d - foot

#140 - 1) d - calf 2) b - jaw 3) c - vein 4) b - ankle 5) b - breast 6) c - iris 7) d - body 8) d - head
9) c - belly 10) c - feet 11) b - backbone 12) d - skin 13) b - neck 14) b - appendix 15) b - toe
16) d - nerve 17) b - gland 18) c - shoulder 19) a - heart 20) c - tooth 21) a - liver 22) b - arm
23) c - freckles 24) b - nose

#141 - 1) d - joint 2) a - kidney 3) b - mouth 4) c - hip 5) d - leg 6) b - rib 7) b - artery
8) d - stomach 9) b - tendon 10) c - skin 11) d - heart 12) c - iris 13) b - forehead 14) a - foot
15) d - brain 16) d - thumb 17) d - blood 18) c - gland 19) b - throat 20) c - elbow 21) a - finger
22) d - nerve 23) c - tonsils 24) c - jaw

#142 - 1) c - joint 2) b - muscle 3) d - breast 4) b - rib 5) c - toe 6) c - beard 7) c - hand 8) c - hip
9) d - body 10) d - jaw 11) a - iris 12) d - arm 13) a - eyebrow 14) b - finger 15) b - lung
16) d - back 17) d - skin 18) b - neck 19) b - head 20) b - parts of the body 21) c - kidney
22) c - chin 23) c - elbow 24) a - tongue

#143 - 1) b - back 2) d - calf 3) a - head 4) c - cheek 5) c - ankle 6) d - joint 7) a - foot 8) b - wrist
9) b - thigh 10) c - forehead 11) a - vein 12) a - toe 13) b - skin 14) a - feet 15) a - belly
16) d - beard 17) c - neck 18) c - jaw 19) a - mouth 20) d - appendix 21) d - bladder 22) c - finger
23) a - body 24) c - backbone

#144 - 1) a - hanche 2) a - colonne vertébrale 3) b - muscle 4) b - langue 5) b - nerf 6) d - bouche
7) b - sourcil 8) d - glande 9) a - bras 10) a - cou 11) c - iris 12) a - front 13) c - mâchoire
14) c - sein 15) c - foie 16) d - ongle 17) b - côte 18) a - paupière 19) c - vessie 20) a - joue
21) b - parties du corps 22) a - corps 23) a - cheveux 24) d - poignet

Solutions

#145 - 1) a - cuisse 2) b - dents 3) c - ongle 4) d - tendon 5) d - orteil 6) c - nerf 7) b - cou
8) b - bouche 9) d - articulation 10) b - poing 11) c - côte 12) d - pouce 13) d - taches de rousseur
14) a - estomac 15) a - dos 16) c - jambe 17) c - coude 18) a - oreille 19) b - mâchoire 20) b - nez
21) b - colonne vertébrale 22) b - sein 23) d - peau 24) b - poumon

#146 - 1) b - coeur 2) b - tête 3) d - glande 4) b - côte 5) b - sourcil 6) b - lèvre 7) c - joue
8) b - colonne vertébrale 9) d - pieds 10) b - main 11) c - dents 12) a - cou 13) a - iris
14) b - poumon 15) b - bouche 16) a - ventre 17) c - dos 18) c - dent 19) a - cerveau 20) c - doigt
21) b - pouce 22) a - moustache 23) a - paupière 24) c - poing

#147 - 1) a - gorge 2) d - cil 3) a - amygdales 4) a - articulation 5) d - nerf 6) c - barbe 7) b - colonne
vertébrale 8) c - bouche 9) c - main 10) a - artère 11) a - glande 12) a - corps 13) c - sein
14) c - tête 15) a - taches de rousseur 16) b - mâchoire 17) c - poing 18) d - os 19) a - doigt
20) b - veine 21) b - nez 22) d - thorax 23) c - poumon 24) b - côte

#148 - 1) b - sourcil 2) a - front 3) a - cheveux 4) d - nerf 5) d - colonne vertébrale 6) c - thorax
7) c - barbe 8) a - hanche 9) c - pouce 10) b - oreille 11) d - dents 12) d - main 13) d - estomac
14) d - menton 15) a - cheville 16) d - artère 17) b - iris 18) a - pieds 19) a - foie 20) d - oeil
21) b - joue 22) b - poing 23) b - appendice 24) c - paupière

#149 - 1) b - colonne vertébrale 2) a - coude 3) d - sein 4) c - gorge 5) b - thorax 6) b - pied
7) c - jambe 8) d - parties du corps 9) a - cuisse 10) c - glande 11) b - coeur 12) b - dos
13) a - langue 14) d - paupière 15) a - veine 16) b - bouche 17) a - mollet 18) a - joue
19) d - cerveau 20) a - tête 21) b - tendon 22) b - poing 23) d - amygdales 24) a - rein

#150 - 1) c - cuisse 2) d - poignet 3) c - dent 4) a - orteil 5) b - lèvre 6) c - front 7) b - cerveau
8) b - dents 9) d - artère 10) c - pieds 11) d - nerf 12) d - barbe 13) d - colonne vertébrale
14) c - veine 15) c - bras 16) c - sourcil 17) a - cheville 18) b - côte 19) b - joue 20) d - épaule
21) a - dos 22) b - tête 23) c - mollet 24) a - rein

#151 - 1) c - hungry 2) d - main course 3) a - menu 4) b - tablecloth 5) b - to order 6) c - lunch
7) a - cheap 8) b - beverage 9) c - soup spoon 10) b - waitress 11) c - restaurant 12) d - expensive
13) c - salad bowl 14) d - soup bowl 15) c - setting 16) c - wine list 17) c - meal 18) d - salad fork
19) a - waiter 20) d - dinner 21) a - to drink 22) a - thirsty 23) d - to eat 24) a - dessert

#152 - 1) c - expensive 2) d - waiter 3) d - dessert 4) d - setting 5) a - lunch 6) b - waitress 7) a - to
drink 8) c - hungry 9) c - cheap 10) c - thirsty 11) d - menu 12) c - meal 13) b - salad bowl
14) b - tablecloth 15) c - restaurant 16) b - soup bowl 17) b - to order 18) a - main course 19) a - wine
list 20) c - soup spoon 21) a - beverage 22) b - dinner 23) b - salad fork 24) a - to eat

Solutions

#153 - 1) d - to drink   2) a - soup bowl   3) c - setting   4) b - waitress   5) a - dessert   6) b - soup spoon   7) d - salad bowl   8) b - cheap   9) a - meal   10) b - to eat   11) a - hungry   12) d - main course   13) d - to order   14) b - thirsty   15) d - dinner   16) b - waiter   17) b - tablecloth   18) d - menu   19) b - salad fork   20) c - expensive   21) b - wine list   22) b - beverage   23) d - restaurant   24) c - lunch

#154 - 1) b - dessert   2) d - waiter   3) c - restaurant   4) c - meal   5) a - dinner   6) c - main course   7) a - salad bowl   8) a - to drink   9) b - setting   10) c - to order   11) a - to eat   12) c - expensive   13) c - waitress   14) c - thirsty   15) b - lunch   16) c - menu   17) c - cheap   18) b - soup spoon   19) c - wine list   20) d - beverage   21) a - tablecloth   22) b - soup bowl   23) a - salad fork   24) c - hungry

#155 - 1) a - soup spoon   2) d - lunch   3) c - thirsty   4) b - to drink   5) c - soup bowl   6) a - restaurant   7) c - salad bowl   8) c - expensive   9) d - main course   10) b - beverage   11) d - cheap   12) d - dinner   13) d - to eat   14) a - waitress   15) c - waiter   16) d - dessert   17) c - setting   18) b - menu   19) b - to order   20) b - meal   21) b - hungry   22) a - wine list   23) a - tablecloth   24) b - salad fork

#156 - 1) b - hungry   2) b - to drink   3) d - lunch   4) c - wine list   5) d - cheap   6) d - setting   7) d - to order   8) c - soup bowl   9) d - dinner   10) d - beverage   11) d - expensive   12) c - menu   13) b - soup spoon   14) a - restaurant   15) c - main course   16) d - thirsty   17) b - dessert   18) b - meal   19) b - to eat   20) d - waiter   21) c - salad bowl   22) d - waitress   23) c - tablecloth   24) a - salad fork

#157 - 1) a - waitress   2) d - soup bowl   3) d - to drink   4) b - to order   5) a - restaurant   6) b - menu   7) d - salad bowl   8) b - thirsty   9) d - dinner   10) d - lunch   11) a - to eat   12) c - setting   13) b - soup spoon   14) d - meal   15) c - hungry   16) c - cheap   17) d - tablecloth   18) d - main course   19) a - expensive   20) a - salad fork   21) c - beverage   22) a - dessert   23) a - waiter   24) c - wine list

#158 - 1) c - main course   2) d - waiter   3) d - to drink   4) d - setting   5) d - dessert   6) a - cheap   7) b - to order   8) d - beverage   9) a - waitress   10) c - expensive   11) c - to eat   12) b - soup spoon   13) a - wine list   14) a - salad bowl   15) b - tablecloth   16) b - soup bowl   17) d - dinner   18) a - meal   19) b - lunch   20) c - menu   21) d - hungry   22) a - thirsty   23) a - salad fork   24) b - restaurant

#159 - 1) b - fourchette à salade   2) a - déjeuner   3) b - bol à soupe   4) d - dîner   5) b - cher   6) c - garçon   7) a - boisson   8) d - dessert   9) a - restaurent   10) b - boire   11) b - hors-d'oeuvre   12) c - bon marché   13) a - cuillière à soupe   14) c - carte   15) c - manger   16) a - repas   17) d - cadre   18) c - assoiffé   19) b - carte des vins   20) d - commander   21) d - faim   22) b - saladier   23) b - serveuse   24) b - nappe

#160 - 1) d - déjeuner   2) a - faim   3) a - commander   4) d - cher   5) c - assoiffé   6) a - manger   7) d - boisson   8) d - dîner   9) a - repas   10) b - cadre   11) c - carte des vins   12) b - dessert   13) c - garçon   14) b - bol à soupe   15) d - serveuse   16) c - restaurent   17) c - nappe   18) d - cuillière à soupe   19) a - fourchette à salade   20) b - saladier   21) d - hors-d'oeuvre   22) a - carte   23) c - bon marché   24) d - boire

Solutions

#161 - 1) b - dessert 2) a - boisson 3) d - bon marché 4) d - cher 5) d - boire 6) b - manger 7) d - bol à soupe 8) a - commander 9) a - cadre 10) d - garçon 11) d - repas 12) c - hors-d'oeuvre 13) d - serveuse 14) b - saladier 15) b - restaurent 16) b - carte des vins 17) c - assoiffé 18) a - faim 19) d - cuillière à soupe 20) a - nappe 21) d - dîner 22) d - carte 23) d - fourchette à salade 24) a - déjeuner

#162 - 1) a - bol à soupe 2) c - manger 3) b - fourchette à salade 4) a - déjeuner 5) d - bon marché 6) d - boisson 7) b - carte 8) c - dessert 9) b - garçon 10) a - commander 11) c - repas 12) d - nappe 13) b - assoiffé 14) d - faim 15) d - dîner 16) b - serveuse 17) b - cher 18) a - hors-d'oeuvre 19) d - carte des vins 20) c - saladier 21) d - restaurent 22) b - cadre 23) a - cuillière à soupe 24) c - boire

#163 - 1) b - repas 2) a - dessert 3) d - cadre 4) a - cher 5) d - fourchette à salade 6) c - serveuse 7) b - assoiffé 8) b - hors-d'oeuvre 9) c - carte 10) d - nappe 11) b - boire 12) d - faim 13) b - commander 14) d - saladier 15) a - dîner 16) b - bol à soupe 17) a - déjeuner 18) d - manger 19) b - boisson 20) b - restaurent 21) b - carte des vins 22) a - garçon 23) b - bon marché 24) d - cuillière à soupe

#164 - 1) d - serveuse 2) a - cuillière à soupe 3) c - restaurent 4) a - boisson 5) d - hors-d'oeuvre 6) a - cher 7) d - bon marché 8) b - bol à soupe 9) b - carte 10) a - saladier 11) a - boire 12) c - manger 13) a - assoiffé 14) b - faim 15) a - dîner 16) a - dessert 17) b - garçon 18) b - fourchette à salade 19) b - repas 20) b - cadre 21) a - commander 22) b - nappe 23) d - carte des vins 24) b - déjeuner

#165 - 1) d - boire 2) b - dîner 3) a - carte 4) a - commander 5) c - restaurent 6) c - repas 7) a - carte des vins 8) c - cher 9) d - serveuse 10) a - bon marché 11) c - bol à soupe 12) b - dessert 13) a - manger 14) d - cadre 15) b - saladier 16) b - fourchette à salade 17) a - cuillière à soupe 18) d - boisson 19) b - hors-d'oeuvre 20) c - nappe 21) a - garçon 22) b - faim 23) c - déjeuner 24) d - assoiffé

#166 - 1) c - pepper 2) d - spinach 3) b - cabbage 4) a - parsley 5) a - gherkins 6) c - radish 7) a - carrot 8) c - aubergine 9) a - celery 10) d - broccoli 11) a - cucumber 12) d - fennel 13) d - tomato 14) b - onion 15) a - zucchini 16) a - lettuce 17) d - artichoke 18) b - corn 19) a - pumpkin 20) d - beans 21) d - peas 22) c - chick-peas 23) b - garlic 24) b - cauliflower

#167 - 1) c - vegetable 2) d - radish 3) c - lettuce 4) b - tomato 5) b - peas 6) a - carrot 7) c - parsley 8) c - mushroom 9) a - cabbage 10) c - broccoli 11) a - pumpkin 12) d - spinach 13) d - beet 14) c - cauliflower 15) d - asparagus 16) a - beans 17) c - zucchini 18) d - corn 19) d - aubergine 20) d - celery 21) a - onion 22) a - garlic 23) b - artichoke 24) d - gherkins

#168 - 1) c - aubergine 2) b - cauliflower 3) d - broccoli 4) b - carrot 5) a - cucumber 6) a - celery 7) c - chick-peas 8) c - parsley 9) a - asparagus 10) d - potato 11) c - artichoke 12) c - mushroom 13) c - zucchini 14) d - vegetable 15) a - fennel 16) d - corn 17) c - tomato 18) b - spinach 19) c - pepper 20) d - peas 21) d - cabbage 22) a - beet 23) d - pumpkin 24) c - onion

Solutions

#169 - 1) d - broccoli   2) d - artichoke   3) b - mushroom   4) a - radish   5) b - spinach   6) d - cucumber   7) a - corn   8) d - aubergine   9) c - onion   10) b - garlic   11) b - lettuce   12) b - celery   13) a - beans   14) d - gherkins   15) d - cabbage   16) d - pepper   17) a - fennel   18) b - zucchini   19) b - parsley   20) d - carrot   21) d - tomato   22) a - cauliflower   23) c - beet   24) c - asparagus

#170 - 1) c - lettuce   2) a - parsley   3) d - beet   4) b - artichoke   5) b - garlic   6) d - onion   7) a - cauliflower   8) a - corn   9) d - tomato   10) a - pepper   11) b - asparagus   12) c - pumpkin   13) a - carrot   14) b - celery   15) d - gherkins   16) d - potato   17) d - broccoli   18) a - beans   19) b - peas   20) d - vegetable   21) b - aubergine   22) c - spinach   23) a - cucumber   24) a - cabbage

#171 - 1) b - cucumber   2) c - chick-peas   3) c - aubergine   4) c - pumpkin   5) b - broccoli   6) c - gherkins   7) b - beet   8) c - lettuce   9) b - onion   10) d - corn   11) a - fennel   12) d - garlic   13) b - cabbage   14) d - parsley   15) a - vegetable   16) d - potato   17) c - cauliflower   18) d - radish   19) c - celery   20) c - pepper   21) c - mushroom   22) a - carrot   23) c - zucchini   24) b - beans

#172 - 1) d - beans   2) d - pumpkin   3) a - garlic   4) d - corn   5) d - onion   6) c - aubergine   7) c - gherkins   8) a - vegetable   9) b - parsley   10) a - broccoli   11) b - peas   12) d - asparagus   13) b - fennel   14) d - potato   15) b - lettuce   16) a - artichoke   17) d - beet   18) b - cabbage   19) c - carrot   20) c - spinach   21) d - zucchini   22) c - tomato   23) d - pepper   24) c - mushroom

#173 - 1) c - cucumber   2) c - corn   3) c - celery   4) b - asparagus   5) a - tomato   6) b - beans   7) c - cabbage   8) a - radish   9) a - pumpkin   10) b - chick-peas   11) c - lettuce   12) a - gherkins   13) c - vegetable   14) c - aubergine   15) b - carrot   16) a - potato   17) b - fennel   18) a - parsley   19) d - onion   20) a - artichoke   21) b - zucchini   22) d - garlic   23) d - beet   24) b - peas

#174 - 1) c - persil   2) a - haricots   3) c - brocolis   4) b - champignon   5) a - ail   6) b - cornichons   7) c - pomme de terre   8) b - artichaut   9) c - épinards   10) c - petits pois   11) a - oignon   12) c - chou-fleur   13) d - betterave   14) c - tomate   15) d - courgettes   16) d - carotte   17) a - poivre   18) d - asperge   19) b - maïs   20) d - citrouille   21) d - pois chiche   22) c - concombre   23) b - chou   24) a - radis

#175 - 1) c - légume   2) d - aubergine   3) b - citrouille   4) c - asperge   5) c - chou   6) c - laitue   7) b - ail   8) a - radis   9) a - pomme de terre   10) c - brocolis   11) a - artichaut   12) a - chou-fleur   13) d - petits pois   14) c - champignon   15) b - tomate   16) c - courgettes   17) c - haricots   18) a - pois chiche   19) c - fenouil   20) d - oignon   21) c - maïs   22) c - cornichons   23) c - persil   24) a - carotte

#176 - 1) d - pois chiche   2) c - concombre   3) c - brocolis   4) c - artichaut   5) c - petits pois   6) d - pomme de terre   7) a - laitue   8) c - carotte   9) b - fenouil   10) b - asperge   11) c - chou-fleur   12) d - chou   13) b - radis   14) c - citrouille   15) c - épinards   16) d - betterave   17) c - persil   18) a - haricots   19) c - aubergine   20) d - tomate   21) a - légume   22) c - cornichons   23) a - poivre   24) b - céleri

Solutions

#177 - 1) d - fenouil   2) b - pomme de terre   3) d - tomate   4) a - ail   5) b - céleri   6) d - betterave
7) b - cornichons   8) d - épinards   9) d - oignon   10) c - haricots   11) d - brocolis   12) a - poivre
13) b - artichaut   14) d - maïs   15) d - radis   16) d - champignon   17) d - concombre   18) d - carotte
19) c - citrouille   20) c - chou   21) b - petits pois   22) a - chou-fleur   23) d - laitue   24) a - courgettes

#178 - 1) d - épinards   2) c - champignon   3) b - ail   4) b - betterave   5) c - asperge   6) b - courgettes
7) b - brocolis   8) b - maïs   9) a - aubergine   10) b - petits pois   11) d - légume   12) c - carotte
13) a - céleri   14) c - pomme de terre   15) d - concombre   16) b - laitue   17) d - haricots   18) b - tomate
19) c - oignon   20) d - fenouil   21) b - citrouille   22) a - poivre   23) c - chou   24) b - radis

#179 - 1) d - brocolis   2) c - laitue   3) d - poivre   4) c - ail   5) c - maïs   6) d - citrouille   7) b - légume
8) d - épinards   9) c - oignon   10) b - artichaut   11) b - carotte   12) a - pois chiche   13) c - cornichons
14) c - aubergine   15) a - petits pois   16) a - haricots   17) c - céleri   18) d - fenouil   19) b - tomate
20) a - champignon   21) a - radis   22) c - concombre   23) c - asperge   24) c - pomme de terre

#180 - 1) a - tomate   2) c - haricots   3) c - champignon   4) a - épinards   5) c - cornichons   6) c - artichaut
7) c - carotte   8) d - légume   9) d - chou-fleur   10) a - asperge   11) a - pomme de terre   12) b - courgettes
13) c - poivre   14) b - petits pois   15) a - laitue   16) d - betterave   17) c - persil   18) a - fenouil
19) d - chou   20) b - oignon   21) d - maïs   22) c - brocolis   23) b - citrouille   24) c - concombre

About the Author

Erik Zidowecki is a computer programmer and language lover. He is a co-founder of UniLang and founder of Parleremo, both web communities dedicated to helping people learn languages. He is also the Editor in Chief of Parrot Time magazine, a magazine devoted to language, linguistics, culture and the Parleremo community.

About Scriveremo

Scriveremo Publishing was founded in 2012, as a division of Parleremo Languages, for the purpose of publishing books and resources on languages, language learning, and language learning aids.

About Parleremo Languages

Parleremo is a language learning web site and online community. Free to any who wish to learn about languages and cultures, Parleremo uses a mixture of static and interactive resources as well as peer to peer sharing of knowledge and experience.

We are devoted to providing language materials and resources to people that want to learn and work with a like minded community.

Connect with Us:

Follow us on Twitter: https://twitter.com/Scriveremo

Follow us on Facebook: https://www.facebook.com/scriveremopublishing

Visit our site: https://www.scriveremo.com

Made in the USA
Monee, IL
15 September 2020